· 教育部创新团队发展计划“资源型产业与企业可持续成长方式研究团队”（IRT1258）项目资助

资源富集地区企业家精神培育机制研究

郭晓川　马富萍◎著

A Research on
The Cultivation Mechanism
of Entrepreneurship
in Resource Rich Areas

以内蒙古地区为例

Take Inner Mongolia as an example

中国经济出版社
CHINA ECONOMIC PUBLISHING HOUSE
北京

图书在版编目（CIP）数据

资源富集地区企业家精神培育机制研究：以内蒙古地区为例／郭晓川，马富萍著．--北京：中国经济出版社，2023.3

ISBN 978-7-5136-7271-9

Ⅰ．①资… Ⅱ．①郭… ②马… Ⅲ．①企业家-企业精神-研究-内蒙古 Ⅳ．①F279.272.6

中国国家版本馆 CIP 数据核字（2023）第 068074 号

责任编辑　贺　静
责任印制　马小宾
封面设计　华子设计

出版发行　中国经济出版社
印 刷 者　北京科信印刷有限公司
经 销 者　各地新华书店
开　　本　710mm×1000mm　1/16
印　　张　16
字　　数　262 千字
版　　次　2023 年 3 月第 1 版
印　　次　2023 年 3 月第 1 次
定　　价　79.00 元
广告经营许可证　京西工商广字第 8179 号

中国经济出版社 **网址** www.economyph.com **社址** 北京市东城区安定门外大街 58 号 **邮编** 100011
本版图书如存在印装质量问题，请与本社销售中心联系调换（联系电话：010-57512564）

前 言
Preface

在工业化进程中，中国处于自然资源地域分布不均衡的状态。资源富集地区依托其强大的自然资源优势大力发展能源产业和重化工产业，并以此带动其他相关产业发展，为国民经济发展做出了不可磨灭的贡献。然而，随着“互联网+”以及大数据时代的到来，资源富集地区单纯依靠资源开发支持经济增长的方式遭受了严重打击。伴随我国经济发展步入“新常态”，促升级、转方式、调结构、去产能砥砺而行，如何充分利用宏观政策与微观发展形成的“倒逼”机制，在调整中实现资源富集地区发展转型，已成为理论界与实践界高度关注的焦点问题。

20 世纪 90 年代以来，企业家精神逐渐成为经济增长的“发动机”。企业家精神通过优化资源配置、激励劳动投入、推动技术创新、诱导制度变迁以及发挥“干中学”效应等方式改变发展方式，逐渐成为推动经济发展的关键动力来源。回首中国改革开发 40 余年的发展历程，中国经济发展的进程也是中国企业家队伍和企业家精神从无到有逐渐形成的过程。2014 年中国提出了经济“新常态”，明确指出“中国经济需要从要素驱动、投资驱动向创新驱动转变”。2015 年中国提出了“供给侧结构性改革”，强调从供给方的要素上进行调整，主要从资源配置、创新引领乃至制度保障上进行改革，以保证中国的经济增长方式能够加快转变。2017 年 9 月 25 日，中共中央、国务院发布了《中共中央国务院关于营造企业家健康成长环境，弘扬优秀企业家精神，更好发挥企业家作用的意见》，提出要从新时期国家战略出发，为企业家营造健康成长环境，弘扬优秀企业家精神，更好地发挥企业家作用。因此，资源富集地区应该借着中央以及地方政府大力培育和发扬企业家精神的契机，把培养企业家精神作为实现可持续发展的重要着力点，抢抓机遇，实现真正意义上的发展转型。

相比于中国沿海地区，企业家精神对资源富集地区的作用似乎不是很明显，但不可否认企业家精神的存在。那么，企业家精神真的能够成为促进资源富集地区产业结构升级以及经济增长的一剂良药吗？环境在资源富集地区企业家精神培育的过程中到底起着什么样的作用？如何才能培育出资源富集地区的企业家精神？因此，本书将企业家精神理论、产业升级理论、经济增长理论、环境理论的基本观点和资源富集地区的特殊性相结合，以典型资源富集地区内蒙古地区为例，来探讨企业家精神培育问题，重点研究以下内容：第一，企业家精神培育实践中的典型区域分析。从中国资源富集地区行政区域划分来看，内蒙古是中国典型的资源富集地区。对内蒙古企业家精神培育问题的研究，具有较强的代表性。而本书就是要从特殊性中揭示一般性，为资源富集地区企业家精神的培育发挥示范引导作用。第二，企业家精神对内蒙古产业结构升级以及经济增长的影响分析。其一，以内蒙古 12 个盟市地区为研究对象，分析内蒙古地区产业结构的现状与总体演变趋势，实证检验企业家精神对产业结构升级的影响；其二，分析内蒙古地区经济增长现状，引入柯布—道格拉斯生产函数实证检验了企业家精神对内蒙古经济增长的影响。第三，环境对内蒙古企业家精神的影响分析。其一，进一步拓展企业家精神培育环境内涵，从整体层面上提取企业家精神培育环境的维度，建立测量模型；遵循合理的量表开发程序，开发出具有良好信度与效度的企业家精神培育环境的量表。其二，基于问卷调查获取的大样本数据，分析内蒙古企业家的现状、企业家精神的现状以及企业家精神培育环境的现状，并采用多元线性回归的方法实证检验环境对企业家精神的影响。第四，内蒙古企业家精神培育的对策分析。其一，对美国和日本两个发达国家以及深圳和浙江两个国内发达省份的企业家精神培育的经验进行了介绍。其二，对企业家精神培育的总体要求、新时代企业家精神的内容以及企业家精神培育主体的作用进行了阐述。其三，提出了企业家精神培育的对策。

结集成书的艰辛过程汇聚了团队的辛劳和智慧。在本书即将出版之际，我要感谢内蒙古大学经济管理学院的硕士研究生王飞、李欣、陶世佳以及张雨梦等为本书付出的艰苦努力。本书的出版得到了中国经济出版社贺静编辑的支持，在此表示真诚的感谢。在本书的编写过程中，编者参阅和借鉴了大量相关文献，在此谨向这些文献的作者表示感谢。虽然我们付出了极大的努力，但由于水平有限，书中的纰漏和不足在所难免，敬请各位同人、专家和读者朋友批评指正，使本书能够日臻完善。

党的二十大报告中指出，“高质量发展是全面建设社会主义现代化国家的首要任务”。我国经济已由高速增长阶段转向高质量发展阶段，正处在转变发展方式、优化经济结构、转换增长动力的攻关期，建设现代化经济体系是跨越关口的迫切要求和我国发展的战略目标。时代是发扬企业家精神的时空背景，新的时代呼唤企业家精神，资源富集地区更呼唤企业家精神，具有企业家精神的企业家需要我们一起加倍呵护。我希望与学术界同人们一起去关注这个非常重要的问题！

上海大学管理学院　郭晓川

2022 年 7 月 24 日于上海大学宝山校区

目 录
Contents

第一章 引 言

第一节 研究背景与研究意义

一、研究背景

（一）资源富集地区的发展转型是中国经济新常态的客观要求

在工业化进程中，中国处于自然资源短缺与地域分布不均衡并存的状态。资源富集地区，是指依托矿产资源、能源资源、生物资源等自然资源开发而兴建或发展起来的地区。在资源富集的地区，逐渐建立起一类基于自然资源的占有或独占，以自然资源的开采和初级加工为基本生产方式，依靠自然资源的消耗来实现企业的发展，以自然资源占有优势为核心竞争力的资源型企业。作为国民经济的重要组成部分，资源型企业依托丰富的自然资源，不仅为下游企业提供基础原材料，还为一切经济和社会活动提供生长源，它的发展直接关系到整个国家的繁荣。

一般而言，地区资源富集程度多以开采性或开发性资源的富集程度来表示，可以用资源丰度来衡量。岳利萍等（2011）以石油、煤炭、天然气和铁矿石地域分布基础储量来对资源富集地区进行界定。研究结果表明：我国石油储量富集的省份分别为黑龙江、新疆、山东、河北、陕西、辽宁、吉林、甘肃、内蒙古和河南；煤炭储量富集的省份分别为山西、内蒙古、陕西、贵州、新疆、河南、山东、安徽、云南和黑龙江；天然气储量富集的省份分别为陕西、新疆、四川、内蒙古、青海、黑龙江、重庆、吉林、山东和天津；铁矿石储量富集的省份分别为辽宁、河北、四川、内蒙古、山东、安徽、甘肃、山西、云南和湖北。从上述中国资源富集地区行政区域划分来看，内蒙古是中国典型的资源富集地区。内蒙古依托其强大的自然资源优势大力发展能源产业和重化工产业，并以此带动其他相关产业，为国民经济快速发展乃至国家安全做出了不可磨灭的贡献。

从内蒙古自治区的生产总值及其占国内生产总值比重来看（见图 1-1），内蒙古近年来经济发展十分迅速。2016—2020 年，内蒙古地区生产总值分别为 13789.3 亿元、14898.1 亿元、16140.8 亿元、17212.5 亿元、17359.8 亿元，分别占国内生产总值的 1.85%、1.79%、1.76%、1.74%、1.71%。可以看出，内蒙古为中国经济的发展做出了巨大的贡献。

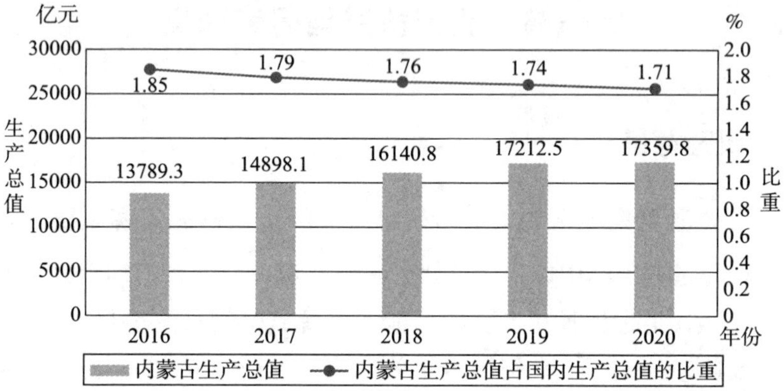

图 1-1　2016—2020 年内蒙古自治区生产总值及其占国内生产总值比重

资料来源：《内蒙古统计年鉴》（2016—2020）、《中国统计年鉴》（2016—2020）。

尽管自然资源在促进内蒙古经济发展的过程中发挥着不可磨灭的重要作用，但是内蒙古由于长期遵循以自然资源的占有或独占为依托，以初级加工产品为最终产品，以高物耗、高能耗、高排放以及高污染为特征的粗放型发展模式，不得不面临一系列的现实问题。例如，内蒙古为满足不断加大的资源需求而过度开采资源，因此面临资源枯竭和资源富集地区的生态环境遭到严重破坏的威胁；考虑到资源型产业可以为内蒙古地区带来丰厚的收益，内蒙古地区过分依靠资源型产业，最终导致该地区出现产业结构较为简单、产业转型升级的动力和意识不足以及对国外市场过度依赖的问题。随着自然资源的逐渐减少以及新技术革命带来的产业结构升级，资源富集地区单纯依靠资源开发支持经济增长的方式遭受了严重打击，煤炭、石油、冶金等传统资源型产业相继丧失了原有的支配地位。一些资源丰裕的国家在近几次国际金融危机爆发后成为“退潮后的裸泳者”，这一事实再一次说明了自然资源优势不一定能带来经济的持续繁荣和社会的全面进步。

上述问题不仅是制约资源富集地区可持续发展的瓶颈，更是中国经济实现新常态所要解决的重点问题，逐渐引起了人们对于资源富集地区发展转型以及如何保持经济持续增长的思考。20 世纪 60 年代以后，所谓“荷兰病”的出现进一步推动了人们对资源富集地区经济发展的关注，同时也促使人们开始重点研究资源富集地区如何规避“资源诅咒”以及保持经济长期增长的动力机制。因此，伴随我国经济发展步入“新常态”，促升级、转方式、调结构、去产能砥砺而行（姚刚等，2016），如何充分利用宏观政策与微观发展形成的“倒逼”机制，在调整中实现资源富集地区发展转型，已成为上至国家下至内蒙古地方政府高度关注的焦点问题。

（二）企业家精神是资源富集地区发展转型的有力推手

自 20 世纪 90 年代以来，企业家精神在经济运行与经济发展中的作用就越来越凸显，企业家精神成为促进经济增长的主要推动力。Holcombe（1998）曾宣称“企业家精神是经济增长的发动机”。OECD 的监测显示，在整个 20 世纪 90 年代，新办企业比例与 GDP 增长率之间呈正相关，高水平的企业家精神能促进生产率和产出的提高，而持续的经济增长也可能促进企业家精神的高涨。由于企业家精神在经济运行与经济发展中越来越重要，一些经济学家甚至认为世界经济将由“管理型经济”向“企业家经济”转变。企业家精神是一国发展过程中特殊的要素资源，优秀的企业家精神能够极大地促进企业的迅速发展并推动区域的发展，从而影响一个地区乃至整个国家的发展。近年来，随着我国社会主义市场经济改革进程的深入，人们的关注点逐渐由传统的劳动力、资本、土地等要素，转向人力资本、知识创新等方面，更多影响地区发展的广义因素被纳入研究讨论范畴，其中就包括企业家精神。无论是在微观的企业还是在宏观的地区或者国家，保守、停滞和贫穷的出现往往伴随着企业家精神的缺乏，而发展迅速的地区往往企业家精神受到重视。企业家精神是一种极其珍贵的无形资源，它可以整合各种资源要素、提高企业生产效率、提高企业核心竞争力以及促进企业可持续发展。中国在过去 40 多年能保持举世瞩目的发展速度，关键原因是改革开放唤醒了企业家精神。中国改革开放和经济发展的进程也是中国企业家队伍和企业家精神从无到有逐渐形成的过程。企业家精神通过优化资源配置、激励劳动投入、推动技术创新、诱导制度变迁以及发挥“干中学”效应等方式改变发展方式，逐渐成为地区发展的关键动力来源。中国未来的发展将实现发展运行主体企业家化，从政府作为选择主体进行过度耗费生产资源的低效率发展，转变为个人特别是企业家作为选择主体进行有效使用生产资源的高效率发展。

培育与弘扬企业家精神已成为上至国家下至地方政府高度关注的焦点问题。2014 年中国提出了经济“新常态”，明确指出“中国经济需要从要素驱动、投资驱动向创新驱动转变”，这反映出决策者对于中国经济增长方式转变的认识。2015 年中国提出了“供给侧改革”，强调从供给方的要素上进行调整，主要从资源配置、创新引领乃至制度保障上进行改革，以保证中国的经济增长方式能够加快转变。为了进一步激发与保护企业家精神，中共中央、国务院在 2017 年 9 月 25 日发布了《中共中央 国务院关于营造企业家健康成长环境 弘扬优秀企业家精神 更好发挥企业家作用的意见》，提出在经济新常态的背景下，要从新时期国家战略出发，为企业家营造健康成长环境，弘扬优秀企业家精神，更好地发挥企业家作用。内蒙古依靠传统的资源优势、国家政策扶持等外力已经不可能实现可持续发展，所以培育企业家群体和强化企业家精神才是培育自我发展能力和创新商业模式的突破口。企业家精神是内蒙古区域经济发展的重要资源，对内蒙古利用资源禀赋和发挥特色产业优势起到了催化剂的作用。因此，资源富集地区应该借着中央以及地方政府大力培育和发扬企业家精神的契机，把培养企业家精神作为实现可持续发展的重要着力点，抢抓机遇，实现真正意义上的发展转型。

二、研究意义

企业家精神关系到一种产业、一国经济乃至一个国家未来的发展（Huarng & Ribeiro-Soriano，2014）。2014 年度全球创业观察①（Global Entrepreneurship Monitor，GEM）的研究报告显示，当前发达国家经济增长已经迈入创新推动阶段（Innovation-Driven Economics），中国已经渡过了初级的要素推动阶段（Factor-Driven Economics），正处于经济发展水平中的效率推动阶段（Efficiency-Driven Economics）。在这样的背景下，企业家精神作为实现资源优化

---

① 全球创业观察（Global Entrepreneurship Monitor，GEM）是由美国巴布森学院（Babson College）和英国伦敦商学院（London Business School）共同发起和成立的国际创业研究项目，该项目以“整体创业活动率”（Total Entrepreneurship Activity，TEA）作为衡量一个国家和地区创业环境的指标，通过在一个地区进行随机调查与企业家面对面访谈相结合的方式，采取程序化的做法对企业家精神进行调查，该项目在国际的创业研究和教育上享有盛誉。

配置、提高经济效率的无形要素，无疑是促进资源富集地区可持续发展的关键。相比于中国沿海地区，企业家精神在内蒙古的作用似乎不是很明显，但不可否认企业家精神的存在。那么，企业家精神真的是能够成为促进内蒙古产业结构升级以及经济增长的“一剂良药”吗？环境在内蒙古企业家精神培育的过程中到底起着什么样的作用？如何才能培育出内蒙古地区的企业家精神？本书以典型的资源富集地区——内蒙古自治区为例，对企业家精神的培育进行研究。研究的意义具体表现在以下两个方面。

（一）理论意义

1. 拓展了理论的应用空间

以往关于企业家精神培育的研究要么是在全国范围内展开的，要么是以温商、鲁商、粤商、浙商等为研究样本，而针对资源富集地区企业家精神的研究却罕见。本书将企业家精神的相关理论应用到资源富集地区，由此拓展了理论的应用空间。

2. 丰富了理论的研究内容

本书融合企业家精神理论、产业升级理论、经济增长理论以及环境理论的研究成果，探讨了企业家精神对产业结构升级的影响，分析了企业家精神对经济增长的影响，构建了企业家精神培育环境的概念模型与评价体系，检验了环境对企业家精神的影响，这在一定程度上是对前人研究的拓展和补充，丰富了理论的研究内容。

（二）实践意义

1. 为资源富集地区企业家精神培育提供了理论指导

从理论视角剖析了企业家精神对产业结构升级以及经济增长的影响，分析了环境对企业家精神培育的作用机理，明确了政府、社会、高校以及企业在企业家精神培育中所起作用的机理，从而为培育资源富集地区企业家精神提供了理论指导。

2. 为资源富集地区企业家精神培育提供了政策建议

本书依据实证研究的结论，从政府、社会、高校以及企业四个视角提出了培育企业家精神的对策，帮助资源富集地区企业家精神培育的相关主体识别需要改善的具体领域，从而为培育资源富集地区企业家精神提供政策建议。

第二节　技术路线与研究方法

一、技术路线

本书采用的技术路线如图 1-2 所示。从研究线路可以看出，研究遵循理论→实证→对策这一规范的研究逻辑。总体的研究思路为：首先，整合企业家精神的基础理论知识与相关研究文献并进行研究设计，搭建研究的背景理论平台；其次，采用实证研究的方法分析企业家精神对产业结构升级的影响、企业家精神对经济增长的影响、环境对企业家精神的影响；最后，基于实证研究的结论，提出企业家精神培育的对策。

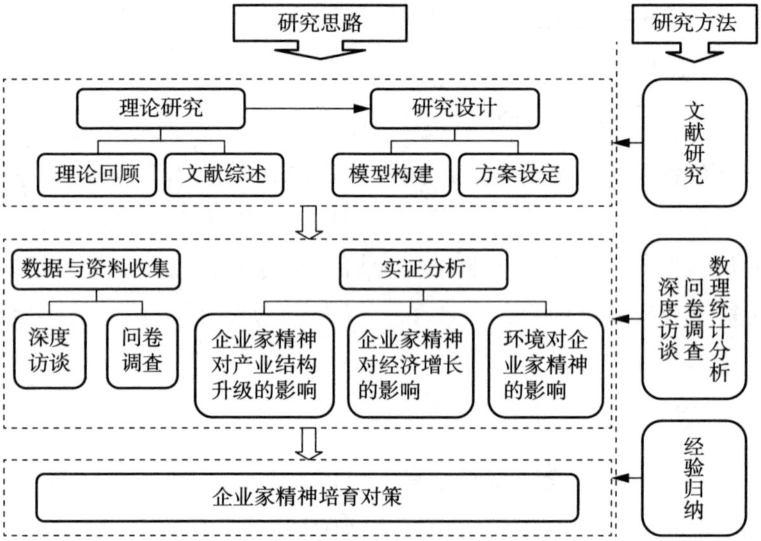

图 1-2　研究的技术路线

二、研究方法

（一）文献研究法

文献研究法是根据一定的研究目的，通过调查文献来获得资料，从而全面、正确地掌握所要研究问题的一种方法。文献研究法被广泛用于各种学科研究中。本书通过对国内外多个学术论文数据库（包括中国知网、万方、维普、EBSCO、Wiley、Springer、SCI/SSCI/AHCI 等）、纸质期刊与论著、相关搜索引擎（Baidu、Google 等）以及相关政策报道的长期跟踪检索，广泛收集了与研究主题相关的各种文献和资料，为研究奠定了理论基础。

（二）问卷调查法

问卷调查法是以书面提出问题的方式搜集资料的一种研究方法，即调查者就调查项目编制成量表，分发或邮寄给有关人员，请示填写答案，然后回收整理、统计和研究。本书通过文献回顾、征求学术界和企业界专家的意见以及小规模的样本预测试，设计了具有良好信度与效度的调查问卷。充分利用高校的 MBA、EMBA 教育平台以及项目组成员的社会关系进行问卷调查，获得了研究的相关数据，为下一步数理统计分析作准备。

（三）深度访谈法

深度访谈法是一种无结构的、直接的、个人的访问，在访问过程中，一个掌握高级技巧的调查员深入地访谈一个被调查者，以揭示被调查者对某一问题的潜在动机、信念、态度和感情。深层访谈法主要用于获取对问题的理解和深层了解的探索性研究，适合于了解复杂抽象的问题。本书通过电话访谈、面谈以及网络访谈的方式，对来自内蒙古的企业家进行了深度访谈。通过深度访谈获得了与本研究主题相关的更加丰富与完整的资料，从而有助于完善研究的概念模型、深入分析实证研究结果，以及提出相应的政策建议。

（四）数理统计分析

数理统计分析是在一定的理论指导下，遵照数学和统计学的有关原理，通过处理有关数据，建立数量模型，从而对研究现象的数量特征、数量关系和数量界限进行研究、分析和决策的一系列方法的总称。本书运用 SPSS19.0 和 AMOS7.0 统计分析工具，采用多元线性回归实证检验企业家精神对产业结构升级与经济增长的影响以及环境对企业家精神的影响；采用描述性统计分析对企业家精神与企业家精神培育环境的现状进行评价；采用信度与效度分析、因子分析等数理统计方法，对企业家精神及企业家精神培育环境测量量表的信度与效度进行检验。

（五）经验归纳

在解答比较复杂的题目时，可以先从简单的、特殊的情况入手进行分析，并从中归纳解决问题的一般规律，从而找到解决问题的最佳途径。这种解决问题的方法叫作经验归纳法。本书借鉴现有的研究理论与研究文献，基于实证分析的结果，采用经验归纳法提出培育企业家精神的对策。

第三节　结构安排与研究内容

按照上述技术路线，本书拟从解决的问题入手安排各章节的内容，共分为六个章节，具体研究内容如下：

第一章　引言。作为全书内容的概览与提要，本章从资源富集地区出发，以内蒙古地区为例，首先介绍了“资源富集地区企业家精神培育”的研究背景与研究意义；其次阐述了技术路线与研究方法；最后说明了结构安排与研究内容。

第二章　文献综述。按照时间序列，分兴起阶段、发展阶段和综合阶段3个阶段对企业家的概念进行了介绍；从个体特性与行为特性的角度对企业家精神的内涵进行概述；采用内容分析法，基于对2011—2020年发表在中文社会科学引文索引（CSSCI）来源期刊中经济与管理科学类期刊上发表文章的检索结果，从论文数量年度变化、论文发表刊物情况、文献影响力、代表学者、研究机构、基金、研究方法、研究主题等方面统计分析了国内企业家精神的研究现状，力求通过对近十年来研究中国企业家精神相关文献的梳理与评述，总结前人研究的不足，为进一步研究指明方向。

第三章　企业家精神对内蒙古产业结构升级的影响。本章试图解决的主要问题是企业家精神是否对内蒙古地区产业结构升级产生影响。具体研究内容包括如下三个部分：①理论基础与文献综述。对国内外有关企业家精神和产业结构升级的文献进行综述。主要内容包括产业结构的内涵、产业结构升级的相关理论、产业结构升级的影响因素、企业家精神与产业结构升级的关系。②内蒙古产业结构演进现状分析。以内蒙古地区12个盟市为研究对象，对内蒙古地区产业结构总体演变趋势，内蒙古地区整体的第一、第二、第三产业发展态势以及内蒙古地区各个盟市产业结构发展现状进行了分析。③实证研究。从研究假设、样本选择与数据来源、变量选取及定义、研究模型构建等方面进行研究设计，对研究假设进行实证检验，分析实证检验的结果。

第四章 企业家精神对内蒙古经济增长的影响。本章主要探讨企业家精神影响内蒙古地区经济增长的作用机制，从而为促进经济增长提供对策建议。具体研究内容包括如下四个部分：①理论基础与文献综述。对古典经济增长理论、新古典经济增长理论以及新经济增长理论进行了阐述，对企业家精神影响经济增长的国内外研究进行了文献综述。②内蒙古企业家精神与经济增长现状分析。选取企业家创新指标和创业指标量化企业家精神，对内蒙古企业家精神与经济增长的现状进行分析。③模型构建与研究设计。从提出研究假设、数据收集与变量测量、模型构建三个方面进行研究设计。④实证检验结果与分析。通过引入柯布—道格拉斯生产函数，实证检验了企业家精神对内蒙古经济增长的影响，并对研究结果进行了分析。

第五章 环境对内蒙古企业家精神的影响。本章以环境理论以及企业家精神理论为理论基础，以来自内蒙古这一典型资源型地区的企业家为研究样本，实证检验环境对企业家精神的影响。具体包括如下四个部分：①理论基础与文献综述。对与企业家精神培育环境相关的制度环境理论、社会文化环境理论、教育环境理论、行业环境理论、企业内部环境理论进行了阐述，同时对企业家精神培育环境的研究现状进行了文献综述。②概念模型与研究假设。将影响企业家精神培育的环境因素划分为制度环境、社会文化环境、教育环境、行业环境和企业环境五个维度，构建了环境对企业家精神影响的概念模型；深刻剖析了制度环境、社会文化环境、教育环境、行业环境和企业环境影响企业家精神的作用机理，并提出相应的研究假设。③研究设计。在借鉴前人相关研究成果以及征求学术界与企业界专家意见的基础上，开发了企业家精神培育环境的测量量表，修订了企业家精神的测量量表。④实证检验结果。以内蒙古地区企业的总经理（总裁）或副总经理（副总裁）为研究样本，基于调查问卷获取的数据，实证分析了内蒙古企业家的现状、企业家精神的现状、企业家精神培育环境的现状以及环境对企业家精神的影响。

第六章 内蒙古企业家精神的培育对策。具体研究内容包括如下三个部分：①企业家精神培育的国内外经验借鉴。对美国和日本两个发达国家以及深圳和浙江两个国内发达省份的企业家精神培育的经验进行了介绍。②企业家精神的内容与培育主体。对企业家精神培育的总体要求、新时代企业家精神的内容以及企业家精神培育主体的作用进行了阐述。③企业家精神的培育对策。从政府、社会、高校、企业四个角度提出培育内蒙古企业家精神的对策。

第二章 文献综述

第一节 相关概念的界定

一、企业家的内涵

“企业家”的英文单词为“Entrepreneur”，根据在线维基百科词典（WIKIPEDIA）的释义，“Entrepreneur”意为“组织或经营企业的个人”。英文单词“Entrepreneur”借自法语词汇，由法文“Entreprendre”一词演变而来，最初是指16世纪初组织和管理军事和探险的人。随着资本主义的兴起和发展，工商企业的经营者和组织者在社会经济活动中占有日益重要的地位，“Entrepreneur”一词又被用来指承担风险的工商企业的经营者和组织者，其语义中含有“承担、保证、从事”的含义。虽然学术界一直关注有关企业家理论的研究，但与目前较为成熟的企业理论相比，企业家理论显得相对薄弱。究竟如何定义企业家是一直困扰着众多学者的问题。在历史上，各个经济学流派的创始人或代表人物分别对企业家概念做出了精辟的论述。按照时间序列，经济学对企业家概念的认识经历了兴起、发展和综合三个阶段。对企业家概念在不同阶段的具体描述加以归纳，能够更加清晰地了解企业家概念的发展历程。

（一）企业家理论兴起阶段的企业家内涵

这一阶段的企业家理论属于古典企业家理论，其代表人物有Cantillon、Adam Smith以及Say。1755年，爱尔兰经济学家Cantillon在他的《商业性质概论》一书中把“按照固定价格购买和按照不确定价格出售”的风险承担者叫企业家，他根据收益的不确定性，把零售商、批发商、运输商、农场主甚至乞丐和强盗都称为企业家，这是“企业家”概念的首次出现。由此可见，Cantillon的重要贡献在于把企业家看作承担风险的人，或者说，敢于承担风险是企业家的特质。但Cantillon把所有敢于冒险的人都称为企业家，无疑于把企业家概念扩大化，使企业家和企业分离了。

法国古典经济学传统是企业家思想的源泉，其认为利润留成是一种不同于资本收入的收入，应把利润留成归功于企业家。正是由于法国古典经济学家对企业家思想的贡献，英国经济学家开始使用法语“Entrepreneur”（企业家）一词，而不用英语“Venturer”（冒险家）一词。1776 年，英国经济学家 Adam Smith 在《国富论》中将资本所有者和对企业进行组织和经营的管理者统称为“承办者”（Undertaker），事实上，Adam Smith 所说的“承办者”在当时的经济社会中扮演的正是企业家的角色。

1803 年法国经济学家 Say 认为用“承办者”这样的词汇形容“企业的经营者和管理者”过于笼统，并未体现企业家在经济社会中真正的作用和职责，因此他在《政治经济学问题》一书中提出使用“企业家”这一词汇，他把企业家定义为“结合一切生产手段并为产品寻求价值的代理人”。在 Say 的定义里，企业家并不是必须提供他自己的或借来的资本。如果他想成功，他必须具有“判断力和坚忍不拔，对于商业以及世界的知识，他必须有管理与行政的艺术”，“企业家能够把经济资源从生产率低和产量较少的领域，转移到生产率较高和产量较大的领域”。显然，Say 的重要贡献在于：①把企业家与企业联系在一起，认为只有在经营企业的活动中承担风险的人才称为企业家；②明确区分了企业家的功能和资本家的功能，认为企业家具有不同于资本家的特殊功能，这就为两者的分离奠定了理论基础；③分析了企业家具有的基本素质。他在企业家群体发展初期，从经济视角对资本家与企业家进行了界定，这是历史上最早出现的“企业家”概念。但 Say 没有分析企业家与资本家之间的关系，而且他仅仅把企业家判断力的发挥看作对外生变量的反应而已。

（二）企业家理论发展阶段的企业家内涵

这一阶段是西方企业家理论蓬勃发展的时期，形成了多元化的理论格局。其中主流学派的代表人物有 Marschall、Hayek、Kirzner、Knight、Penrose、Leibenstein 以及 Schumpeter 等。非主流学派代表人物的观点作为主流学派以后的几个支流，从不同侧面丰富和完善了企业家的概念。

Marschall 作为一个折中主义经济学家，不仅对新古典主义革命进行了静态的综合，还特别强调具体阐述均衡的实现过程才是经济学的中心课题。1897 年，Marschall 在《经济学原理》一书中指出，应在动态经济过程中定义企业家和研究企业家行为，他认为企业家是“不断变化和进步的人”。他赋予了企业家“恢复市场均衡状态的力量”的角色，他最早提出将企业家当作独立的生产要素并对其进行研究，他提出企业家通过发挥自身的才能配置市场中的生产要素使市场上的供给和需求相等，从而使市场达到效率最高、资源配置最佳的一种均衡状态。企业家在市场上的职责就是发挥自己的管理协调才能，通过敏锐的观察力和风险控制力寻找不完全竞争市场上存在的不均衡状态，把稀缺的生产要素和商品配置到最需要的供给者和需求者手里，从而达到市场资源的优化配置。由此可见，在 Marschall 眼里，企业家所扮演的角色和发挥的作用比 Cantillon 和 Say 的描述更为重要和广泛，企业家是把生产者和消费者联系起来的中枢，企业家是实现市场上资源优化配置的重要力量。Marschall 对企业家职能的论述是非常全面的，从企业家作为企业组织的领导者、协调者、中间商、创造者和不确定性承担者等方面对企业家的职能进行了研究。关于企业家能力，Marschall 认为，担当营业全部风险的企业家应具有双重的能力：“第一，以他作为商人和生产组织者的作用而论，他必须具有他自己行业中的物的透彻的知识，必须具有预测生产和消费的广泛变动能力；第二，以他作为雇主的作用而论，他必须是一个天生的领导者。”他认为企业家获得的纯营业收入具有“准地租”性质，所获得的总经营收入则是一种“混合准租”。不难看出，Marschall 不仅赋予企业家多重角色，而且对企业家的供给、能力和收入等问题进行了论证，并留下了巨大的思想空间，为后人的研究奠定了基础。

20 世纪 20 年代前后，奥地利学派第二代代表人物 Ludwig Von Mises 提出，企业家就是以其想象力、预测力对不断变化的市场信息做出反应，并推动市场有序变化的人。30 年代，Hayek 认为企业家就是能够根据不完全信息，以自己独特的才能，发现新的供给或需求机会，推动财富生产得以增长的人。他认为企业家是市场运行中的关键因素，是创新活动的人格化主体，企业家善于利用周围环境获取信息，并且对利益机会高度敏感，随时可以通过理性的经营活动来利用周围资源和机会。Kirzner 构建了自己的企业家理论，认为在经济学研究过程中，存在着多种企业家要素（Entrepreneurial Element）及其功能，企业家的职能就是凭借“企业家要素”发现潜在获利机会，调整价格，促使交易的形成。所谓“企业家要素”，Kirzner 认为就是企业家的警觉（Alertness）。企业家警觉是指企业家能发现其他实际或潜在竞争者不能发现的可能性，它是企业家所固有的发现对他有用的信息的能力或行为倾向。Kirzner 在“人类行为中都含有企业家要素”和“企业家警觉”的假设条件下定义企业家，不仅使企业家具有鲜明的形象，而且这两个假设作为奥地利学派的基本假设，使 Kirzner 的企业家理论成为非主流的企业家理论。然而 Kirzner 关于企业家作为中间商使市场逐渐趋于均衡的观点，显然是对 Marschall 和 Cantillon 观点的发展。

在所有有关企业家的经济理论中，不确定性承担者是经济学家赋予企业家的最普遍的角色，多数经济学家认为企业家的主要职责是挑战不确性环境。1921 年，美国经济学家 Knight 在其博士论文《风险、不确定性和利润》中赋予了企业家不确定决策者的角色。Knight 认为企业家具有以下几个特点：①把企业家的职能和处理不确定性的能力结合起来；②为了发挥这一能力，必须具有保证各生产要素合同产生收入的能力；③具有洞察他人能力和让别人相信自己能力的能力，使得具有经营才能的管理者处于企业首脑地位，执行企业家职能。

Penrose（1959）在其《企业成长理论》一书中指出，企业家是在企业中提供企业家服务的个人或团体。企业家服务包括：为企业利益而引进和接受新想法；引入新的经营者；从根本上改变企业的管理组织；筹集资金；制定扩张计划，包括扩张方式的选择等。企业家要提供企业家服务，必须具有进取心，即“企业家精神”。这种精神与企业家的个人性格品质密切相连，是一种在有获利能力的条件下希望尝试的心理倾向，具体讲，就是能把精力和资源及时投在能获利的行动上。企业家决定着企业能否发现和抓住扩张机会，进而决定着企业能否成长。如果企业家缺乏进取心，那么即使企业存在扩张的机会，企业家不愿意加以利用，企业也就不可能成长。Penrose 把企业家分为两种类型：一种是具有“生产型思维”或“生产者思维”的企业家。他们首要关注的是公司创造的利润及其成长性。他们致力于提高产品质量，降低成本，开发新技术，提供优质服务，推出自认为有生产和销售优势的新产品，用于扩展市场、满足消费者需要。他们以其所在组织而自豪，认为获取利润的最佳方式莫过于改善和拓展其组织的活动范围，促进其成长。另一种是“帝国缔造者”式企业家。他们想创建一个具有广大覆盖领域的强大工业“帝国”。虽然他们把提高产品质量和开发新产品作为维持企业竞争优势的途径，但他们更多地把这些活动授权给企业中的其他人去做，自己则更喜欢用兼并和淘汰竞争对手的方式来实现企业的扩张。他们有的坚守某一行业领域，做大做强自己，以抢占产业制高点，成为该领域的主导者；有的为了获得利益投机于众多领域。一个成功的“帝国缔造者”式企业家必须具有主动性、进取心和聪明才智。他们是商业领域的政治家和战略家。在 Penrose 看来，企业成长与企业家能力直接相关。企业家能力是预见未来和发现生产机会的能力。所谓生产机会，是指企业家注意到并加以利用的所有生产可能性。企业的生产机会在任何时期都是有限的，能否看到扩张机会、是否愿意运用这些机会以及能否对这些机会做出反应，关键在于企业家能力。企业家能力包括：①创见的想象力；②取得信任的说服力；③冷静的判断力；④风险的承担力。

1968 年，Leibenstein 提出企业家就是避免别人或他们所属组织出现低效率，从而取得成功的人，取得成功成为评判企业家的一个重要标准。在他看来，由于企业劳工合同不完善、企业主和雇主利益不一致、个人行为具有惰性、垄断条件下的市场结构不仅配置效率低还使得企业缺乏追求效率的动机等原因，企业组织中的 X 效率大量存在并且企业内部出现“惰性区域”（Inert Areas），这凸显了企业家职能存在的必要性。Leibenstein 认为企业家主要有两个职能：一是“填空”（Gap Filling）；二是“投入补齐”（Input Completing）。Leibenstein 对企业家职能的界定和 Marschall、Kirzner 等相似，他们有着共同的理论假设前提，即现实经济中存在着被隐藏起来的和没有得到清晰解释的获利机会，发现和开发这些获利机会需要具备强烈个性特征的企业家付出努力。然而与 Marschall、Kirzner 等不同的是：①Leibenstein 认为获得伟大成就的动机是产生企业家职能的关键因素，其决定了企业家才能的存量；②Leibenstein 将企业家职能纳入 X 效率理论框架中。显然，Leibenstein 在 X 效率理论框架中定义的企业家具有鲜明的独特性。然而由于 Leibenstein 侧重于对企业家职能的分析，忽视了对承担企业家职能的角色和资本所有者的区分，所以这种分析不具有可比性和知识的积累性。

以上介绍的 Marschall、Kirzner 等关于企业家职能的分析具有一个共同的特征，即都是从经济非均衡状态出发，分析企业家在使经济恢复均衡或趋向均衡过程中的作用和行为特征。1912 年，奥地利学派经济学家 Schumpeter 则以经济在完全竞争条件中的均衡状态为分析的出发点，研究企业家是怎样打破均衡推动经济发展的。在其成名作《经济发展理论》一书中，Schumpeter 指出“企业”是指生产手段新组合的实现，并把实现新组合的人们称为“企业家”。Schumpeter 界定的企业家职能作用于市场结构之上，以其创新理论赋予了企业家在经济运行和经济增长中的重要地位。Schumpeter 认为作为资本主义灵魂的企业家，其天职就是进行创新，“建立一种新的生产函数”，即“生产要素的重新组合”，他认为资本主义经济不断发展的动力就是企业家不断实现“这种新组合”的结果，而企业家实现这种新组合就是为了不断追逐超额利润，资本主义经济发展就是企业家不断创新，不断将新的组合引入生产函数中获得超额利润的结果。在他看来，企业家是市场秩序的破坏者，而绝不是实现和恢复均衡的支持者。他认为企业家这种“创造性破坏”行为背后有着特殊的心理倾向，它完全不同于享乐主义所理解的效用最大化心理，企业家“寻找困难，为改变而改变，以冒险为乐事”，他们“存在一种梦想和意志，要去找到一个私人王国”，追求“工业或商业上的成功”，寻找“权力和独立感觉”。企业家是不同社会结构中的一个特殊群体，企业家是不断寻找新财富机遇、不畏激烈竞争、为了实现“个人的梦想王国和意愿”而敢于“第一个吃螃蟹”的群体。创新是资本主义经济增长和发展的动力，没有企业家的“创造性破坏”，就没有资本主义经济的发展。从这一角度对企业家进行定义的优点在于：①将企业家和资本家区分开来，这一区分与普遍的定义是一致的，即资本家是资本的所有者，而企业家是资本重新组合者；②将企业家与普通股东或风险承担者区分开来，普通股东一般没有参与公司经营管理的权利；③强调了“首创性”“权威”或“远见”等对企业家的常规性描述。然而我们也要看到，Schumpeter 的理论是建立在个人充分理性与完全信息假设基础之上的，这一理论的前提条件是脱离现实社会背景的。现实经济生活中，企业家不但要有创新能力，而且必须要有较强的组织管理能力，企业家只有占有一定量资产后，才能将其能力转化为实际的经济利益，否则创新的效益将难以实现。在 Schumpeter 看来，创新和技术发明是两个完全不一样的经济概念。Schumpeter 认为，新的技术发明只有用到经济相关活动中时才可以叫作“创新”，也就是说，新发明者不一定是创新者，只有那些勇于承担风险将新的技术发明用于经济活动中的企业家，才可称为创新者，企业家是地区经济发展的动力来源，也是整个社会发展的动力源泉。

（三）企业家理论综合阶段的企业家内涵

虽然上述经济学家从各个角度对企业家行为进行了分析，但这些企业家理论都处于各自的研究框架中，要么赋予企业家个人角色，要么把企业家理论作为其理论框架的扩展，都没有建立一个以企业家职能和企业家行为为“硬核”的分析框架。Casson（1982）出版了《企业家：一个经济理论》一书，试图寻找一条贯穿企业家角色研究的主线。Casson 基于两个特定的行为假设对企业家概念进行界定和分析：①在假定信息的收集和交流是有成本的前提下，进一步假定人们在获得信息的通道和对信息的认知上存在着差异；②强调偏好的内生性和偏好的相互依赖性。在这两个行为假设下，Casson 从企业家功能的角度，将企业家定义为专门就稀缺资源的协调做出判断性决策的人，具体含义如下：①企业家是指某个人，不是团体或组织含义，因为只有个人才能根据“自己的意愿”做出决策；②企业家是提供决策服务的专家，或者说是在决策能力上具有比较优势的专家；③企业家做出的决策是判断性决策，是对环境的认知，从而具有特质性；④企业家的职能是对稀缺资源进行协调。

继承 Schumpeter 的创新理论，著名管理学大师 Peter F. Drucker（1985）在《创新与企业家精神》一书中指出企业家是一群总在寻找机遇和变化，并对其做出反应，然后加以利用的人。Drucker 曾说：“企业家就是那些愿意过不舒服的日子，或者说不愿意过舒服日子的人。”但是与 Schumpeter 观点不同，Drucker 认为企业家并非天赋异禀，其才能是后天形成的。个人可以通过教育和实践有意识地培育企业家精神。由此可见，企业家是为了达成自己的远大目标而愿意付出努力的人，是有着永不枯竭的创新动力的人。

随着时代和企业家概念的发展，也有学者将企业家概念进一步细化。如 Baumol（1990，1993）进一步将企业家分为两类，分别是生产性领域的企业家和非生产性领域的企业家。前者将企业家才能配置到创新性的生产性活动中，促进经济增长；而后者将企业家才能配置到寻租、犯罪等非生产性活动中，阻碍经济增长。随着企业数量增多和企业家社会作用凸显，企业家精神理论研究由个体层面扩展到了公司层面。公司层面的研究主要是基于企业家特质的差异，对企业家进行了详细划分。Owen（1999）按照企业家职能的不同将企业家划分为创业型和经理型两类，其中创业型企业家具备较强的管理和协调能力，通过积累工作阅历和教育培训等手段可以进一步提高这种能力。

以上学者对企业家概念的描述表明，企业家概念具有社会性和历史性。经济学明确企业家概念经历了从具体到抽象的过程（见表 2-1）。在兴起阶段，对企业家的认识是具体的，经济学家们用各种经济主体（如商人、冒险者、资本家）来描述企业家的形象。在发展阶段，各学派分别在各自的范式中赋予企业家个人地位，所以对企业家和企业家职能的界定不尽相同。在综合阶段，虽然将企业家行为纳入一个理论体系，但是综合仍待完善。对于企业家概念的界定，尽管经济学界迄今没有达成共识，但研究企业家的学者一般都认同企业家是一个表示理想形态的名词，而不是一个可以不断适用于某一人物的名词。经济学家从不同角度界定企业家概念，但他们都认为企业家不是一般的自然人，也不是一般的厂长、经理，企业家是动态经济中异质型人力资本的所有者，并通过发挥其想象力和创造力，把握潜在获利机会的人。因此，本书对企业家概念的界定如下：拥有异质性人力资本，以经营企业为职业，把自己的人力资本投入企业的经营中并承担经营风险的人才。

表 2-1　不同阶段的企业家概念

理论阶段	代表人物及观点
兴起阶段	承担风险的人，或所有敢于冒险的人（Cantillon，1755）；资本所有者和对企业进行组织和经营的管理者统称为“承办者”，这种“承办者”在当时经济社会中在某种程度上扮演的正是企业家的角色（Adam Smith，1776）；结合一切生产手段并为产品寻求价值的代理人（Say，1803）
发展阶段	“不断变化和进步的人”，扮演着“具有恢复市场均衡状态的力量”的角色（Marschall，1897）；不确定决策者（Knight，1921）；在企业中提供企业家服务的个人或团体（Penrose，1959）；避免别人或他们所属组织出现低效率，从而取得成功的人（Leibenstein，1968）；“企业”是指生产手段新组合的实现，并把其职能是实现新组合的人们称为“企业家”（Schumpeter，1912）
综合阶段	专门就稀缺性资源做出判断性决策的人（Casson，1982）；一群总在寻找机遇和变化，并对其做出反应，然后加以利用的人（Drucker，1985）；企业家分为生产性领域的企业家和非生产性领域的企业家（Baumol，1993）；按照企业家职能的不同将企业家划分为创业型和经理型两类（Owen，1999）

资料来源：笔者根据文献总结整理。

二、企业家精神的内涵

企业家精神是一类极其稀缺的社会资源，也是企业家内在素质的综合体现。国内外已有诸多学者对企业家精神进行了研究，并对企业家精神内涵提出观点。但由于企业家精神是一个动态、多维的概念，学者并未就企业家精神的内涵达成共识。本书主要从个体特性以及行为特性两个视角来对企业家精神的内涵进行阐述。

（一）个体特性视角的企业家精神内涵

有关企业家精神的研究最初是从研究企业家个体特性开始的，个体特性是指个体所具有的人格特征，放在企业家精神的研究中，即企业家应该具备什么样的人格特征。通过对企业家的成长历程、文化背景、制度背景等方面的分析，将企业家的性格特征提炼上升为整个企业家群体的共同特征，即企业家精神。学者们从两个方面对企业家精神的个体特性进行了大量研究（见表 2-2）。早期的研究强调企业家精神的先天性，认为企业家精神是企业家先天具备的良好素质。后期的研究强调企业家精神的成长性，认为企业家精神是在管理实践中培养出来的。

表 2-2　个体特性视角的企业家精神内涵

理论阶段	观点	代表学者
早期理论	强调企业家精神的先天性，认为企业家精神是企业家先天具备的良好素质	Fayol（1916）、Schumpeter（1934）、Henry（1949）、Schriesheim 和 Stogdill（1975）、Baumol（1977）
后期理论	强调企业家精神的成长性，认为企业家精神是在管理实践中培养出来的	Ghiselli（1971）、Miller（1983）、Baden-Fuller 和 Stopford（1994）、Lumpkin 和 Dess（1996）、Kirzner（1997）、Peredo（2006）、James Kouzes 和 Nery Posner（2008）、丁栋虹（2000）、李志和曹跃群（2003）、符贵兴（2004）、彭正龙和姜卫韬（2008）、蒋子军和王陆庄（2008）、丁海芹和李丽梅（2010）、曾智洪（2012）、王秀（2015）、李论基等（2016）、李桂花（2019）

资料来源：笔者根据文献总结整理。

早期的企业家精神理论认为，企业家精神是生而具有的。Fayol（1916）在《工业管理与一般管理》一书中提出企业家应具备体力、智力、品德、文化、专业知识和经验六类素质。Schumpeter（1934）从企业家精神的角度说明了企业家的本质就是不断创新，企业家需要具备创新意识、创新思想。他认为企业家精神是一种创造性的破坏，企业家不断地更换现有产品与制造程序，他们的创业投资行为包括发展新产品和新的生产方式、开拓新市场和新的原料来源以及进行产业重组等。Henry（1949）提出成功的企业家应该具备的 12 种素质分别为：强烈渴望成功、有责任心、懂得尊重领导、有良好的组织能力、果断、思维清晰、充满自信心、努力避免失败、实事求是、亲上级疏下属、忠于组织、忠于职守。Schriesheim 和 Stogdill（1975）认为企业家应具备以下品质：勇敢可靠、有责任心、有胆识有谋略、勤于自律、人际关系良好、身体健康、组织力强等。Baumol（1977）认为非凡的企业家，应该具备他作为这一角色而应该有的所有品质，如旺盛的精力、非凡的勇气、坚韧的毅力、具有煽动性、足智多谋并富于想象力、勇于承担风险、品德超人。

从上述早期的企业家精神理论研究中不难发现，在早期阶段，众多学者分别从不同的角度指出了企业家应该具备的独特优势，但他们都过分强调企业家先天具备的良好素质而忽视后天的学习和成长对企业家精神的影响。在早期企业家精神理论研究的基础上，很多现代研究者也开始通过动态视角研究企业家精神。现代的企业家精神理论通过调查研究驳斥了早期先天性的观点，他们提出在管理实践中才能培养出企业家精神。美国心理学家 Ghiselli（1971）用动态的眼光分析指出，领袖并非天生，后天的学习成长等因素对塑造成功的领导者有着重要的影响。Miller（1983）认为高层主管愿意承担风险，通过变革追求优势，具有竞争的精神。Baden-Fuller 和 Stopford（1994）进一步研究了企业家精神的共同属性，包括积极主动、超越现实、团队导向、解决困难的能力以及学习能力。Lumpkin 和 Dess（1996）发现高层主管大都愿意承担风险，富于创新，能够主动应对环境的变化，有高度的自主性和竞争意识。Kirzner（1997）视企业家为“经纪人”，他们不仅能感觉到机会，还能捕捉住机会并创造利润。他还强调，使企业家与其他人相区别的是他们的“悟性”和特殊的知识。Peredo（2006）指出企业家精神实施的基础是源自企业家个体特征的五个方面：创造社会价值的能力、鉴别机会且利用其创造出价值的能力、运用创新的能力、承担风险的能力以及不接受可获得资源限定的倾向等。James Kouzes 和 Nery Posner（2008）指出“可信任、战略眼光、能鼓舞团队、能力突出”是成功的领导者必须具备的。丁栋虹（2000）认为无论是哪种企业家理论都是在一定的社会背景下提出的，因此他开创性地提出“企业家的领导特性是异质型人力资本的来源”。李志和曹跃群（2003）对国内研究企业家精神的文献中出现的关键词进行频数统计，结果发现创新精神以 71%的频数出现在各类研究文献中，由此可知学者们普遍认可企业家精神内涵包括创新精神，这也和西方学者的主流观点不约而同。符贵兴（2004）认为中国企业家最主要的特性是诚信、开放的思维、敏锐的眼光和优秀的管理才能。彭正龙和姜卫韬（2008）指出企业家应具备品德、心理、智力和能力四方面的素质，要有竞争意识、自信心、敏捷思维、协调能力和社交能力等。蒋子军和王陆庄（2008）研究了企业家的个体特性与其行为的关系，并构建了两者之间的关系模型。丁海芹和李丽梅（2010）运用归因理论研究指出企业家应具备坚强的意志、创新洞察力和风险意识。曾智洪（2012）认为企业家应有远大的眼光和强烈的社会责任意识。王秀（2015）指出新经济型企业的企业家应具备使企业成功转型的变革能力。李论基等（2016）指出任何成功企业家应该具有的被广泛认可的特性包括成就的需要、独立自主的需要、创新及革新的倾向、适度的风险承担水平、动机和决心。李桂花（2019）利用心智模式来代替个体的理性经济人假设，提出企业家精神其实是一种能够实施出创新的心智模式，它包括自我实现动机、协同性思维、强意志力、强公平意识、弱从众心理五个要素。

综合上述关于企业家精神理论的研究可以看出，学者们分别从不同角度对企业家的个体特性进行了探究，概括说明了成功的企业家应该具备的个体特性。根据上文关于企业家个体特性的不同论述，我们可以提炼出以下几个关键词来概括企业家精神，如创新和变革、冒险和承担风险、识别和发现机会的能力。

（二）行为特性视角的企业家精神内涵

行为特性是指个体在具体行动中所表现出来的共性，即企业家应该做什么、应该具有哪些行为。研究人员通过分析企业家的个体行为归纳出整个企业家群体共有的行为，得出企业家精神是企业家的一组行为集合以及在此过程中表现出的能力。根据行动导向的不同，行为特征视角下的企业家精神又分为以下四种（见表 2-3）。

表 2-3　行为特性视角的企业家精神内涵

行动导向	代表人物	主要观点
创新导向	Schumpeter	Schumpeter（1975）认为企业家精神是把善于发现创新和整合的能力付诸企业实践的行动集合，即从事他人没有从事过的事或以他人没用过的方法做事的一系列集合
机会把握导向	Drucker	Drucker（2009）认为企业家精神是善于发现并且把握市场机会，用来实现自身目标以及满足社会的需要
价值创造导向	Say	Say（1963）将企业家精神定义为将经济资源从利用效果差的领域转移到利用效果较好的领域
市场平衡导向	Marschall	Marschall（2005）将企业家精神定义为消除市场不均衡性的特殊力量

资料来源：笔者根据文献总结整理。

1. 创新导向下的企业家精神

Schumpeter（1975）提出企业家精神是一种善于发现创新和整合的能力，以及将这种能力付诸企业实践的行动集合，即做别人没做过的事或是以别人没用过的方式做事的组合。他又进一步将这种行动的组合定义为开发新产品、开辟新的市场、寻求新的供给来源、实现新的组织形式等一系列活动。Schumpeter 所概括的这一系列活动都是围绕创新展开的。

2. 机会把握导向下的企业家精神

Drucker（2009）将企业家精神归纳为善于发现并且把握市场机会，用来实现自身目标以及满足社会的需要。Drucker 认为企业家精神是寻求而不是引发变化，即对已经存在机会的把握。这种观点以企业的发展为主要出发点，将以把握机会为核心的企业家精神贯穿从创业到企业发展壮大的整个企业历程中。

3. 价值创造导向下的企业家精神

Say（1963）从企业、企业家、企业家精神之间的关联入手，将企业看作价值的创造地，将企业家看作价值的创造带头者，从而引出企业家精神就是通过对经济资源的更合理调配以实现价值的创造。因此，Say 将企业家精神定义为将经济资源从生产率较低、产量较小的领域转移到生产率较高、产量较大的领域。

4. 市场平衡导向下的企业家精神

Marschall（2005）从更宏观的角度概述了企业家精神对于市场的作用。该观点认为市场由价格自发调配这一特点导致了市场的不均衡性，而企业家的任务正是消除这种不均衡性，从而将企业家精神定义为消除市场不均衡性的特殊力量。通过企业家精神的引导，逐渐达到企业所在市场的均衡状态。

第二节　文献综述

一、企业家精神的研究现状

近年来，国内学者从不同视角对企业家精神展开了研究，并取得了初步的成果，但在学术研究上企业家精神还是一个非常年轻的领域。本书通过对2011—2020年公开发表在中文社会科学引文索引（CSSCI）来源期刊中经济与管理科学类期刊上文章进行检索，从论文数量年度变化、论文发表刊物情况、文献影响力、相关研究学者、研究机构、基金、研究方法、研究主题等方面分析了国内企业家精神的研究现状。

（一）研究方法与设计

1. 研究方法与文献来源

（1）研究方法。本书采用内容分析法对现有文献进行分析。内容分析法是一种对于传播内容进行客观、系统和定性与定量相结合的描述与分析方法，是一种较高层次的情报分析方法。基本做法是把媒介上的文字、非量化的有交流价值的信息转化为定量的数据，建立有意义的类目分解交流内容，并以此来分析信息的某些特征。

（2）文献来源。本书原始数据来源于中国期刊全文数据库（CNKI），主要是考虑到该库是目前国内规模最大、收录文献最全的中文学术论文数据库。以此为调查对象，基本能反映出我国企业家精神研究领域的概况。选择经济与管理科学这个与企业家精神相关的子库，以“企业家精神”为篇名检索相关文献，共得到论文1358篇。基于文章数量过多和杂志水平差异较大的考量，最后决定选择CSSCI（2011—2020）作为来源期刊。具体操作如下：在经济与管理科学学科领域下以“企业家精神”为篇名检索2011—2020年的所有文章，得到论文273篇，去除与主题无关及页数过少的文章，最终共检索到257篇关于企业家精神的学术论文，形成了本书的研究样本。

2. 内容分析单元

为了了解中国企业家精神研究在近些年的研究动向，研究的内容分析单元确定为论文数量的年度变化、论文发表刊物的情况、文献影响力、代表学者、研究机构、基金支持情况、研究方法、研究主题。第一，论文数量的年度变化。通过折线图来反映近年来企业家精神相关研究文献数量的变化趋势。第二，论文发表刊物的情况。对257篇文献所刊载的刊物进行梳理和统计。第三，文献影响力。从被引次数和下载次数两个维度来衡量文献的影响力状况。第四，代表学者。通过文献的作者数量和作者发表文献数量排名来进行定量描述。第五，研究机构。以第一作者所属机构为代表，对各机构发表的文献数量进行统计。第六，基金支持情况。对文献受到的基金支持情况做了数量和比例上的定量描述。第七，研究方法。将其系统分为“定性”与“定量”两个类别。第八，研究主题。将其分为“企业家精神的内涵”“企业家精神的影响因素”“企业家精神对结果变量的影响”“企业家精神的培育机制”及“其他”几个细类目。

3. 结果信度分析

在对文献进行分析的过程中，首先，向进行文献搜集和分析的研究人员解释具体分析单元的含义和判断标准，统一数据录入格式。其次，由两位企业管理专业的研究者分别独立阅读每一篇文献的题目，并判断文献是否属于企业家精神主题的论文，然后将所有属于该领域的文献做上标记，随后对两位作者的结果进行比较，分歧之处由两位作者共同阅读全文并讨论确定；对少量仍有争议的论文，通过咨询专家意见最终确定。最后，下载所有符合企业家精神的文献，并将其随机分派给三位研究者，按照分析单元进行分析并录入统计结果。为了保证所选文献恰当合理、分析结果准确无误，研究设计者最后按5%的比率从搜索引擎中随机抽出8篇，进行独立的判断分析，并与前面三位研究者的分析结果进行对比，结果显示匹配度达96.60%，因此认为检索结果和分析结果是可信的。

（二）文献数据分析

1. 论文数量的年度变化

论文年度发表数量是衡量国内企业家精神研究发展速度和发展规模的重要指标。本书统计了2011—2020年国内企业家精神研究文献数量的年度分布情况（见表2-4）。由图2-1可以看出，2011—2012年文献就有一定的数量基础，说明在2011年以前企业家精神已经被研究者们关注到。从2013年开始论文数量有稳定增长的趋势，说明企业家精神的研究群体有一定规模。2020年论文数量有所减少，原因可能是学者更加注重论文质量的提升，更多的研究者开始运用定量的方法研究企业家精神的相关问题，取得了一定研究成果。

表2-4　企业家精神相关研究论文数量年度分布

年份	2011	2012	2013	2014	2015	2016	2017	2018	2019	2020
数量/篇	22	14	22	22	21	23	26	26	47	34

资料来源：笔者根据文献总结整理。

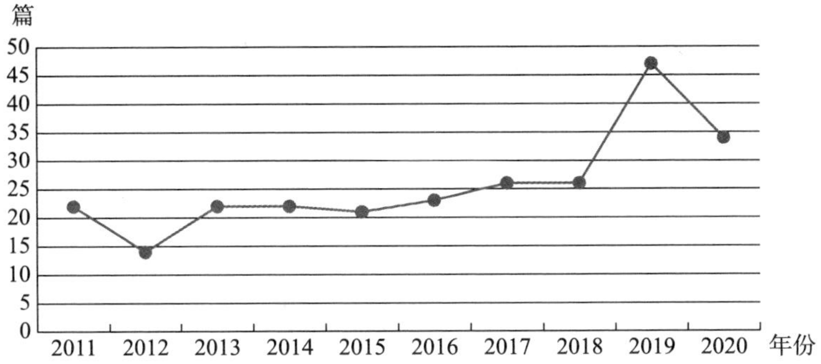

图 2-1　企业家精神相关研究论文数量年度分布趋势

资料来源：笔者根据文献总结整理。

2. 论文发表刊物情况

本书列举了发表超过 3 篇（含）关于企业家精神文献的期刊(见表 2-5)。这 257 篇文章共在 132 种刊物发表，说明企业家精神是大多数核心期刊所关注的学术主题。包含企业家精神领域论文最多的期刊是《科技进步与对策》，共刊载 12 篇。其次是《华东经济管理》（刊载 9 篇)、《统计与决策》（刊载 7 篇）。

表 2-5　期刊发表企业家精神文献的数量

期刊名称	文献数量/篇	期刊名称	文献数量/篇
《科技进步与对策》	12	《云南财经大学学报》	3
《华东经济管理》	9	《科研管理》	3
《统计与决策》	7	《现代管理科学》	3
《经济管理》	6	《外国经济与管理》	3
《南开管理评论》	6	《经济问题》	3
《社会科学家》	6	《财贸经济》	3
《科学学与科学技术管理》	6	《南通大学学报》	3
《社会科学辑刊》	5	《中国科技论坛》	3
《科技管理研究》	5	《管理案例研究与评论》	3
《上海经济研究》	4	《社会科学研究》	3
《经济学动态》	4	《学习与探索》	3
《财经问题研究》	4	《技术经济》	3
《人民论坛》	4	《中央财经大学学报》	3

续表

期刊名称	文献数量/篇	期刊名称	文献数量/篇
《工业技术经济》	4	《财贸研究》	3
《研究与发展管理》	3	《经济体制改革》	3
《管理学报》	3		

资料来源：笔者根据文献总结整理。

3. 文献影响力

文献影响力是衡量文献对学术界影响程度的重要指标。目前，CNKI 已经能提供文献的被引次数和下载次数，为基于数据库系统的学术影响力定量评价提供了依据。根据 CNKI 的统计，本书列举了 257 篇文献中被引次数前十的文献（见表 2-6）。

表 2-6 影响力前十的文献

题目	被引次数/次	下载次数/次	刊载年份	刊载期刊	作者	第一作者所属机构
企业家精神的性别差异——基于创业动机视角的研究	171	8947	2013	《管理世界》	刘鹏程、李磊、王小洁	南开大学
市场化、腐败与企业家精神	115	4015	2013	《经济科学》	李后建	重庆大学
企业家精神对中国经济增长的作用研究——基于 SYS-GMM 的实证研究	94	3858	2005	《科研管理》	李杏	南京财经大学
扭曲、企业家精神与中国经济增长	68	4413	2016	《经济研究》	胡永刚、石崇	上海财经大学
基于组织层面的公司企业家精神与新产品创新绩效——环境不确定性的调节效应	65	2695	2015	《管理评论》	俞仁智、何洁芳、刘志迎	中国科学技术大学
企业家精神、商业模式创新与经营绩效	64	1789	2016	《中国科技论坛》	李巍、丁超	重庆理工大学
制度变迁、企业家精神与民营经济发展	64	3382	2016	《经济管理》	程俊杰	中国社会科学院
高管团队要素对公司企业家精神的影响机制研究——基于长三角民营中小高科技企业的实证分析	59	3664	2011	《南开管理评论》	蒋春燕	南京大学

续表

题目	被引次数/次	下载次数/次	刊载年份	刊载期刊	作者	第一作者所属机构
CEO变革型领导行为、战略柔性与公司企业家精神关系——基于中小企业的实证研究	59	2833	2014	《科学学与科学技术管理》	王德才、赵曙明	西南政法大学
创新与企业家精神研究文献综述	54	4849	2014	《科技进步与对策》	白少君、崔萌筱、耿紫珍	西安外国语大学

资料来源：笔者根据文献总结整理。

4. 代表学者

在257篇文献中，单一作者署名的论文共70篇，占27.24%；两位作者署名的论文共110篇，占42.80%；三位及以上作者署名的论文共77篇，占29.96%（见表2-7）。2011—2020年在企业家精神领域发表文献超过3篇（含）的学者如表2-8所示，其中最多的为邵传林和欧雪银，各发表了6篇；其次是杨勇和江春，各发表了5篇。

表2-7　文献作者个数统计

署名	文献数量/篇	百分比/%
单一作者	70	27.24
两位作者	110	42.80
三位及以上作者	77	29.96
总计	257	100

资料来源：笔者根据文献总结整理。

表2-8　代表学者统计

作者	所属机构	发表文献数/篇
邵传林	兰州商学院	6
欧雪银	湖南财政经济学院	6
杨勇	东南大学	5
江春	武汉大学	5
曾铖	复旦大学	4

续表

作者	所属机构	发表文献数/篇
李政	吉林大学	4
何轩	广东外语外贸大学	4
程锐	西北大学	4
孔令池	南京大学	3
王炳成	山东科技大学	3
毛良虎	常州大学	3
严鹏	华中师范大学	3
朱富强	中山大学	3
陈刚	西南政法大学	3
王德才	西南政法大学管理学院	3

资料来源：笔者根据文献总结整理。

5. 研究机构

在257篇文献中，根据第一作者的所属机构，共统计出126个研究机构，列举了发表文献数量超过3篇（含）的研究机构（见表2-9）。其中最多的是南京大学，发表了12篇；其次是武汉大学与中国人民大学，各发表了9篇；西南政法大学、南开大学和吉林大学各发表了8篇。

表2-9 第一作者所属机构统计

机构	发表文献数/篇	机构	发表文献数/篇
南京大学	12	同济大学	4
武汉大学	9	上海财经大学	4
中国人民大学	9	江南大学	4
西南政法大学	8	湖南财政经济学院	4
南开大学	8	复旦大学	4
吉林大学	8	中山大学	3
东南大学	7	中南财经政法大学	3
西安交通大学	6	山东大学	3
辽宁大学	6	厦门大学	3
中国社会科学院	5	南京财经大学	3

续表

机构	发表文献数/篇	机构	发表文献数/篇
兰州商学院	5	华中师范大学	3
广东外语外贸大学	5	对外经济贸易大学	3
云南大学	4	常州大学	3

资料来源：笔者根据文献总结整理。

6. 基金支持情况

在257篇文献中，共有211篇文献受到基金支持。本书列举了支持企业家精神研究相关文献数量超过3篇（含）的基金统计情况（见表2-10）。其中对企业家精神研究支持最多的是国家自然科学基金，共有84篇文献受到该基金支持，占总样本的32.68%。其次是国家社会科学基金，共有66篇文献受到该基金支持，占总样本的25.68%。再次为教育部人文社会科学研究项目和江苏省教育厅人文社会科学研究基金，分别有10篇、8篇文献受到支持，分别占总样本的3.89%和3.11%。

表2-10 基金支持情况

基金支持	支持的文献数/篇	占总样本百分比/%
国家自然科学基金	84	32.68
国家社会科学基金	66	25.68
教育部人文社会科学研究项目	10	3.89
江苏省教育厅人文社会科学研究基金	8	3.11
湖南省教委科研基金	6	2.33
上海市科技发展基金软科学研究项目	6	2.33
广东省自然科学基金	6	2.33
中国博士后科学基金	6	2.33
湖南省哲学社会科学基金	4	1.56
国家软科学研究计划	4	1.56
江苏省社会发展科技计划	3	1.17
广东省自然科学基金	3	1.17
总计	206	80.14

资料来源：笔者根据文献总结整理。

7. 研究方法

本书将研究方法划分为定性研究和定量研究两大类。根据以上分类，得到了两种研究方法使用的统计情况（见图 2-2）。从图 2-2 中可以看出，257 篇文献中，定性研究 100 篇，占研究总数的 38.91%；定量研究 157 篇，占研究总数的 61.09%。总体而言，定量研究的文章较多，在中后期被广泛运用，其中采用描述性统计分析、相关分析、回归分析、因子分析、结构方程的居多，更多的是几种定量方法的综合运用。定性研究主要从理论角度对问题进行研究和探讨，提出对策与建议。

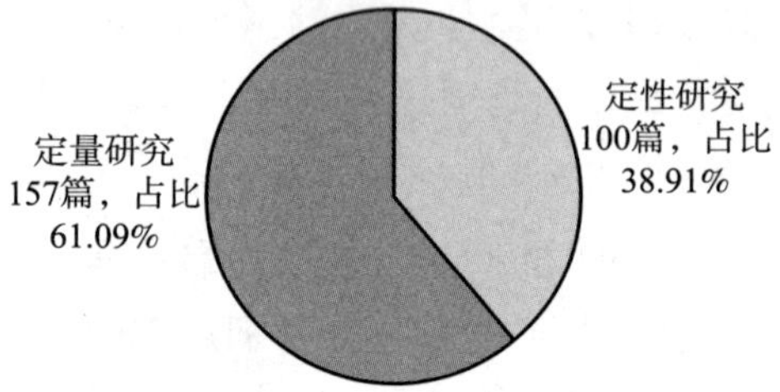

图 2-2　研究方法

资料来源：笔者根据文献总结整理。

8. 研究主题

本书系统地分析了 257 篇文献所涉及的研究主题，将其主要归纳概括为企业家精神内涵的研究、企业家精神影响因素的研究、企业家精神对结果变量影响的研究以及企业家精神培育机制的研究（见表 2-11），分别有 20 篇、63 篇、124 篇、36 篇，其中企业家精神对结果变量影响的研究占了很大比重，是已有企业家精神研究的主流。另外，把其他主题及同时涉及多个主题的文献归为“其他”，共包括 14 篇文献（见图 2-3）。

表 2-11　国内企业家精神的研究

研究视角	研究主题	代表学者
企业家精神的内涵	个体层面的企业家精神内涵	张正平（2011）、李桂花（2019）
	组织层面的企业家精神内涵	欧雪银（2011）、丁栋虹（2013）
	社会层面的企业家精神内涵	徐树（2013）、许光建（2018）、李政（2019）

续表

研究视角	研究主题	代表学者
企业家精神的影响因素	个体因素对企业家精神的影响	刘敢龙（2013）、汪川等（2014）、汤学俊（2016）
	团队因素对企业家精神的影响	蒋春燕（2011）、刘鑫和蒋春燕（2016）
	企业因素对企业家精神的影响	王德才和赵曙明（2014）、肖海莲和周美华（2019）
	区域或行业因素对企业家精神的影响	杨勇和朱乾（2011）、邓伟和纪明明（2017）
	政府因素对企业家精神的影响	陈长江和高波（2012）、刘鹏程等（2013）、陈怡安和赵雪苹（2019）、陈刚（2020）
企业家精神对结果变量的影响	企业家精神对经济增长的影响	李杏（2011）、陈俊龙等（2014）、曾铖等（2017）
	企业家精神对绩效的影响	黄菁菁和原毅军（2014）、江三良和张晨（2020）
	企业家精神对企业能力的影响	宋铁波和曾萍（2011）、余向前等（2021）
	企业家精神对企业可持续发展的影响	鲁兴启（2012）、牛翠萍和耿修林（2020）
	企业家精神对企业战略转型的影响	陈致中和沈源清（2014）、李艳双等（2019）
	企业家精神对企业文化的影响	贺明瑶（2012）
企业家精神的培育机制	企业家精神的培育环境	欧雪银（2013）、梁洪学（2019）、李贵成（2019）
	企业家精神的培育对策	董亚辉（2011）、刘现伟（2017）、刘志彪和王建国（2018）、刘志阳（2018）
	企业家精神的培育机制	顾宁等（2015）、邢小强和周平录（2018）、黄海艳等（2018）

资料来源：笔者根据文献总结整理。

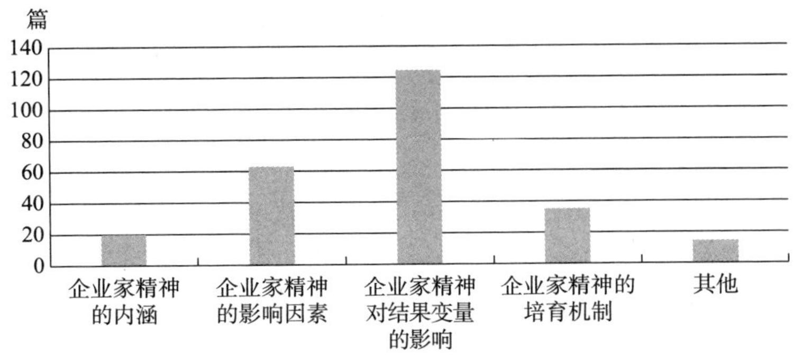

图 2-3　研究主题统计

资料来源：笔者根据文献总结整理。

（1）企业家精神的内涵。

近年来关于企业家精神的研究日益增多，企业家精神内涵也不断丰富，但仍然没有一个统一的、公认的定义。国内的学者基本上是在介绍、引进和消化国外理论与观点的基础上诠释企业家精神的内涵，已从个体层面、组织层面、社会层面三个视角对企业家精神的概念进行了界定，认为企业家精神的本质就是创新。

①个体层面的企业家精神。个体层面的企业家精神多指个人声誉良好、具有成就欲望和不断追逐机会整合资源的创建者自身在创业初期表现出来的企业家精神，即以个人或一群自然人为载体，在强烈的成功欲望驱使下，独立发扬创业、创新、承担风险、勤奋、节俭、自强不息的精神，通过资源整合实现自身效用最大化，以满足社会需求。张正平（2011）认为企业家精神包含三方面的因素：创新精神、敬业精神和合作精神。李桂花（2019）借鉴行为经济学的研究成果，认为企业家精神其实是一种能够实施出创新的心智模式，它包括自我实现动机、协同性思维、强意志力、强公平意识以及弱从众心理五个要素。

②组织层面的企业家精神。随着组织理论的发展，基于组织层面的企业家精神越来越受到研究者的关注，是个人企业家精神以集体价值观的形式在企业、组织、公司层面的集中表达，因而从组织（企业、公司）层面研究企业家精神具有更广泛的意义。企业层面的企业家精神对内表现为企业的制度体系、人员结构、创新能力等，对外表现为企业的组织文化形象、公司战略、企业定位、行业地位等。企业家精神是企业在复杂的社会环境中获取竞争优势、稳定市场地位的基本前提，也是企业可持续发展的重要保障。欧雪银（2011）指出公司企业家精神是公司敢担风险创造财富的创新行为。公司企业家精神由公司努力和公司能力组成，公司努力主要成分是生产性努力，公司能力包括学习与吸收能力、创新能力、识别和利用机会能力及寻租能力。丁栋虹（2013）指出国内对于团队企业家精神的研究尚处于构念的评价与扩张阶段，研究层次虽然出现多元化趋势，但是单一层次的研究仍为主体。

③社会层面的企业家精神。社会企业家精神的实现是企业家精神智慧的集成，是行为主体价值追求和道德素养的升华。国内对社会层面企业家精神的研究集中在社会责任的角度，并逐渐形成单独的指标来评价企业家精神。徐树（2013）通过系统分析对社会企业家精神的范畴和内涵进行了界定，提

出了社会使命和公益创新是社会企业家精神的价值和行为特征。许光建（2018）指出中国特色社会主义进入了新时代，企业家应当适应新时代的新要求，大胆创新，为经济和社会全面发展提供新动力，贡献新力量。李政（2019）指出新时代企业家精神反映经济社会发展新要求，其本质与基本内核是创新精神和创业精神。

（2）企业家精神的影响因素。

现有学者从个体因素、团队因素、企业因素、区域或行业因素以及政府因素五个层面对企业家精神的影响因素进行了研究。

①个体因素。学者们主要从个性、心理和行为、人口统计特征等方面研究了影响企业家精神的个体因素。刘啟龙（2013）从心理角度分析企业家精神养成的影响因素，并认为通过树立正确的价值观、完善自我人格、进行自我更新有助于培养和塑造企业家精神。汪川等（2014）研究了年龄结构对企业家精神的影响，研究结果表明中国30~39岁年龄段人群对企业家精神有显著的正向影响。这意味着年龄结构中“而立之年”的人对企业家精神更具重要性，老龄人口过多会抑制企业家精神的作用，企业家的创新活力由此衰落。因此，在未来人口老龄化的压力下，我国应该在未来逐渐调控和改良我国人口结构，从而在更大程度上发挥企业家精神在经济增长中的潜在作用。汤学俊（2016）研究发现创业企业家精神的影响因素存在性别差异，其中无差异性因素有年龄、机会辨识、社会资本、人力资本、家庭收入和公共媒体舆论等，差异性因素有文化水平、风险规避、创业职业评价等。

②团队因素。学者们主要从团队人口特征变量、团队构成、团队运行过程等方面研究了影响企业家精神的团队因素。蒋春燕（2011）基于Hambrick高管团队五要素的框架，以长三角七个国家级高新技术开发区220家民营中小高科技企业为被试对象，对高管团队各要素以及要素组合对公司企业家精神的作用机制进行实证研究。结果表明，高管团队首席执行官变革型领导行为、高管团队冒险倾向、行为整合、长期激励报酬以及责任分散都对公司企业家精神有显著的促进作用；而且高管团队长期激励报酬还与冒险倾向和行为整合有交互作用。刘鑫和蒋春燕（2016）的研究表明网络构建导向的人力资源实践对企业家精神行为起到正向的促进作用。

③企业因素。学者们主要从组织结构和企业文化等方面研究了影响企业家精神的企业因素。王德才和赵曙明（2014）发现CEO变革型领导行为和企

业战略柔性对公司企业家精神有显著正向影响，战略柔性在 CEO 变革型领导行为与公司企业家精神之间起部分中介作用。肖海莲和周美华（2019）选择既有股权激励又有 R&D 投资的上市公司作为样本，研究结果表明，在 S-H 激励下存在显著的企业家精神，在 O-R 激励下不存在显著的企业家精神。

④区域或行业因素。学者们主要从区域创业文化、传统和政策环境等方面研究了影响企业家精神的区域或行业因素。杨勇和朱乾（2011）基于 2001—2005 年省级层面数据，应用面板数据模型实证研究了创新思想、人力资本、金融发展和法治水平等对区域企业家精神发展水平的影响。研究结果表明，创新思想和人力资本是企业家创业活动的基础，金融发展水平的提高有利于提高企业家创业的金融可得性，法治发展是企业家创业成功的基本保证。邓伟和纪明明（2017）研究的实证结果表明，房地产行业的发展为企业家精神带来了负面的影响。

⑤政府因素。学者们主要从宏观的制度和文化环境等方面研究了影响企业家精神的政府因素。陈长江和高波（2012）运用我国 2000—2008 年的省际面板数据探讨了制度和企业家精神对经济增长的影响，他们认为制度不仅可以决定技术进步，还影响资本、劳动力、人力资本的配置效率。企业家是将资本、劳动力、土地等资源进行组合配置的经济主体，制度影响这些资源的配置效率，从而影响企业家精神。政策制度对地区的企业家精神起着重要的作用，只有制定和实施有利于企业家生产性活动或能够提高资本、劳动力、人力资本等生产要素配置效率的政策制度，才能促进企业家精神的提升。改善制度环境，通过政策制度调动普通大众的创业和创新热情，并给予政策支持，提高经济配置效率和技术进步，才能促进经济的发展。刘鹏程等（2013）以东道国企业家精神为出发点进行研究，发现 FDI 对东道国的企业家精神有促进和阻碍的双层作用。陈怡安和赵雪苹（2019）利用 2011—2015 年中国省级面板数据进行实证研究，发现相比于企业家创业精神，制度环境对企业家创新精神的影响程度更大，并进一步发现法治和金融对企业家精神存在正向交互作用，而金融与政府管制对企业家精神存在负向交互作用。陈刚（2020）发现曾经的独生子女政策在一定程度上抑制了企业家精神的繁荣。

（3）企业家精神对结果变量的影响。

企业家精神对结果变量的影响一直是学者们研究的热点，学者们分别研究了企业家精神对经济增长、产学研绩效、企业动态能力、企业可持续发展、企业战略转型以及企业文化等结果变量的影响。

①企业家精神对经济增长的影响。企业家是经济增长过程中必不可少的组成部分，要保证区域经济增长，培育企业家精神是一条有效途径。李杏（2011）通过使用中国1996—2006年29个省份的面板数据考察企业家精神对于经济增长的作用，结果表明在控制了人口和制度变量后，企业家精神与经济增长存在显著正相关关系。陈俊龙等（2014）通过研究企业家精神与企业成长的关系，重新构建了企业家精神对经济增长的微观基础。曾铖等（2017）采用非均衡和信息不对称的研究框架，构建了企业家精神驱动经济增长方式转变的机理模型，并运用1998—2013年中国省级面板数据进行了实证检验。研究发现，企业家精神显著驱动了技术进步，但是对技术效率的驱动作用不显著，考虑到技术效率和技术进步所具有的不同政策含义，认为长期而言企业家精神驱动了经济增长方式的集约化转变。

②企业家精神对绩效的影响。"企业家精神"是企业家特殊技能（包括精神和技巧）的集合，具有创新性、成功欲、冒险精神和强烈的事业心等特征。黄菁菁和原毅军（2014）以辽宁省14个地级市建设有技术创新中心的企业中参加产学研合作研发的302个中小企业为样本，对企业家精神在产学研合作研发中的价值进行实证分析。研究发现，无论是与激进式公司还是渐进式公司进行产学研合作，企业家精神都能提高产学研合作研发绩效，对产学研合作研发起到引导、促进和资源整合作用。江三良和张晨（2020）利用2001—2017年沪深A股制造业上市公司数据进行实证研究，发现企业家精神中的企业家创新精神与企业家创业精神都能够显著提升企业绩效。

③企业家精神对企业能力的影响。培养企业家精神对于动态能力的形成有着重要的影响作用，为了培育动态能力，增强企业环境适应能力和竞争能力，企业应加强企业家精神建设。宋铁波和曾萍（2011）的研究也表明企业家精神对于企业动态能力具有正面的影响。余向前等（2021）利用浙江省254位企业家的样本数据来研究企业家精神与企业动态能力的关系与内部机制，发现企业家精神正向影响企业动态能力，并且组织创新和企业家过度工作在其中分别起到了中介和调节作用。

④企业家精神对企业可持续发展的影响。企业家精神是企业获取竞争优势以及可持续发展的动力和源泉，面对当今急剧变化的环境，企业如何发挥

企业家精神已受到学术界和企业界的广泛关注。鲁兴启（2012）认为任何一个国家或地区要谋求经济增长和推动企业可持续发展，除了要考虑必要的社会制度、经济体制和经济发展规划等因素外，企业家精神也是一个极其重要的因素。牛翠萍和耿修林（2020）利用2016—2018年我国316家企业数据进行研究，发现中国本土化的企业家精神对企业可持续发展绩效存在正向影响，尤其是企业家创新精神对企业的经济、社会和生态绩效都存在显著的促进作用。

⑤企业家精神对企业战略转型的影响。企业家作为企业的主要领导者，在企业战略转型过程中起着非常重要的作用。企业家精神是企业成长的原动力，将企业家精神作用于企业的资源和能力便形成了企业的核心竞争力，配合以相应的战略管理，便实现企业的成长。陈致中和沈源清（2014）通过探索企业家精神与中小企业战略转型之间的关系，发现企业家精神促进了中小企业战略转型，具体表现为：企业家精神可以识别机会和威胁，其敏锐的市场洞察力和冒险精神为企业是否进行战略转型提供了决策依据；企业家精神决定企业战略转型的决策，这一点在我国企业家“利润至上”和浮躁企业家精神方面颇有体现；企业家精神，尤其是企业家创新精神、人才意识、敬业和合作精神是推动企业战略实施的关键。李艳双等（2019）通过回顾以往文献，初步构建出企业家精神与家族企业战略转型的概念性框架，基于扎根理论研究方法，采用多案例对比分析，重点探讨二者之间的影响机理，最终明确了家族企业企业家精神的内涵及其10种表现。

⑥企业家精神对企业文化的影响。现代企业的核心竞争力主要来自企业文化，在激烈的市场竞争态势下，为了提升企业的核心竞争力，企业家们正在努力通过构建企业文化来塑造企业的文化力，提升企业综合竞争能力，而企业家精神是企业文化建设过程中的核心与主导因素。贺明瑶（2012）从企业家精神对企业文化的精神层面、制度层面、行为层面和物质层面的重要影响出发，揭示出企业家精神对企业文化构建存在着主导性的影响。

（4）企业家精神的培育机制。

企业家精神的培育是一个长期的过程，它不仅需要企业家自身的努力，还需要全社会从整体上接受企业家精神，创造企业家精神培育的环境。因此，学者们分别从以下几个视角研究了企业家精神的培育：

①培育环境。环境对企业家精神的培育具有怎样的影响，是学者们广泛

关注的主题。欧雪银（2013）探讨了近十年来企业家精神与产业环境关系的新进展，其中就包括产业环境对企业家精神培育的影响。梁洪学（2019）指出在当前和今后一个时期，进一步完善激发和保护企业家精神的制度和政策环境，可以从以下几个方面入手：完善产权保护制度，严格依法保护产权；充分尊重和保障企业家的经营自主权；营造促进公平竞争的市场环境；大力营造良好的营商环境和鼓励创新、创业的文化氛围。李贵成（2019）研究发现返乡农民工企业家精神培育是一个系统工程，既需要通过社会核心价值观的内化提升返乡农民工企业家精神的内在动力，也需要抓准创业环境、制度环境、文化环境、社会环境和市场环境等宏微观环境的关键环节，提升返乡农民工企业家精神形成与强化的环境推动力。

②培育对策。不同学者从不同角度提出了培育企业家精神的对策。董亚辉（2011）提出企业家以及企业家精神是当今中国经济发展最稀缺的要素之一，因此提出培育企业家精神的策略就特别有意义。刘现伟（2017）指出我国目前处于体制转轨过程中，很多制度还不完善，对企业家精神的培育与激励机制还不健全，需要进一步通过深化改革，优化市场竞争环境，充分发挥市场在资源配置中的决定性作用，更好发挥政府作用，为企业家成长和企业家精神培育创造宽松的外部环境。刘志彪和王建国（2018）指出我国现在处于工业化中后期，为了建设创新驱动型国家，我们既不能排斥工业化时代与工艺或流程创新相关的工匠精神，也要鼓励具有颠覆性特征的产品创新活动，并在观念、理论和政策上兼而有之，长期共存。我国要通过环境再造，培育一大批优秀企业家队伍，促进创新驱动国家战略目标的实现。刘志阳（2018）指出站在新时代，需要进一步理顺创新发展和企业家精神之间的内在逻辑，大力培育推动包容性发展的企业家精神。

③培育机制。建立健全企业家精神培育机制是企业家精神培育的基础，因此学者们对于企业家精神培育机制的建立进行了不同的研究。顾宁等（2015）指出企业家精神教育不应仅仅表现为以创业课程为载体的培养模式，而应强调跨学科教育的渗透与融合，培养具有创新性与理性承担风险能力的复合型人才。新型金融教育模式发展应该抓住金融学发展的本质特征，利用金融教学与企业家精神教育的契合性，构建差异化金融学科课程体系，完善金融学科教学方法，丰富金融学的教学主体。邢小强和周平录（2018）构建了区域企业家精神评价指标体系，运用探索性因子分析法对中国各省（自治

区、直辖市）的企业家精神进行了评估，给出了各省（自治区、直辖市）企业家精神及其子维度的评分和排序结果。结果表明：2011—2015 年中国各地区在企业家精神培育方面存在改进空间，主要体现在嵌合性、竞合性和耦合性三个方面。黄海艳等（2018）指出新时代培育企业家精神有四条主要路径：转变政府职能，发挥政府在创新战略中的引导作用；建立与完善产权保护制度，保护企业家的合法地位和权益；构建新型政商关系，促进企业家精神培育；建立以企业家精神为中心的治理结构，激发其创新精神。

二、文献述评

（一）现有研究的不足

上述学者的研究为企业家精神培育提供了重要的理论指导，也为本书研究奠定了丰厚的理论基础。然而现有研究仍存在以下几个方面的不足。

1. 研究对象的局限

以往关于企业家精神培育的研究要么是针对全国范围展开的，要么是以温商、鲁商、粤商、浙商等为研究样本，而针对资源富集地区企业家精神的研究却甚是罕见。然而不同地域情境是存在差异的，由于资源富集地区自身的发展历程、制度环境以及发展阶段与其他地区具有很大不同，其企业家精神的培育也会呈现出与其他地区不同的特征。因此，现有研究难以为资源富集地区企业家精神培育实践提供可靠的理论基础和良好的政策指导。这些方面都需要国内学者在已有研究的基础上，针对资源富集地区这一特定的区域展开相应的研究。

2. 缺少对资源富集地区企业家精神在产业结构升级以及经济增长中作用的思考

关于资源富集地区的产业结构升级以及经济增长的驱动因素，学者们更多关注的是自然资源禀赋、政策优势等因素，而较少关注企业家精神。那么，在资源富集地区产业结构升级以及经济增长的过程中，企业家精神到底起什么样的作用，这是亟待学者研究的。

3. 对企业家精神培育环境的研究尚存在不足

第一，尚未形成完整的、公认的概念模型。多数学者的研究只选取了企业家精神培育环境的某一方面或某几个方面，如制度环境、金融环境、教育环境、文化环境、企业内部环境等，尚未形成完整的理论框架，不能全面反映企业家精神培育环境。第二，测量的单一性或片面性。现有学者采用客观指标或者测量量表对企业家精神培育环境的某一方面或某几个方面进行测量，具有一定的单一性或片面性。那么具有整合性和一致性的企业家精神培育环境的测量模型是什么？由哪些维度构成？各构成维度的内涵是什么？如何对其进行测量？鉴于目前缺乏对这些问题的理论解释，因此开发一套公认的、全面的以及有效的有关企业家精神培育环境的测量量表是十分必要的。第三，现有研究较少关注环境对企业家精神的影响。现有学者主要关注个体因素、团队因素、企业因素、区域或行业因素以及政府因素对企业家精神的影响，而较少关注环境对企业家精神的影响。

4. 缺少对企业家精神培育对策的系统思考

现有学者分别从个体、组织、社会等不同视角提出了企业家精神培育的对策，而实际上企业家精神的培育离不开各主体的互相协作，因此这一点不应该被忽略。那么，政府、社会、高校以及企业四个主体在企业家精神培育的过程中到底起什么样的作用？这是亟待学者研究的。

（二）对本书的启示

本书针对现有研究的不足，借鉴国内外已有的研究成果，将企业家精神理论、产业升级理论、经济增长理论、环境理论的基本观点和资源富集地区的特殊性相结合，以典型资源富集地区内蒙古为例，来探讨内蒙古企业家精神培育问题，重点研究以下内容：

1. 企业家精神培育实践中的典型区域分析

从中国资源富集地区行政区域划分来看，内蒙古是中国典型的资源富集地区。对内蒙古企业家精神培育问题的研究，具有较强的代表性和典型性。而本书就是要从特殊性中揭示一般性，为资源富集地区企业家精神的培育发挥示范引导作用。

2. 企业家精神对内蒙古产业结构升级以及经济增长的影响

第一，以内蒙古 12 个盟市地区为研究对象，分析内蒙古地区产业结构的现状与总体演变趋势，实证检验企业家精神对产业结构升级的影响；第二，分析内蒙古地区经济增长现状，引入柯布—道格拉斯生产函数实证检验了企业家精神对内蒙古地区经济增长的影响。

3. 环境对内蒙古企业家精神的影响

第一，进一步拓展企业家精神培育环境内涵，从整体层面上提取企业家精神培育环境的维度，建立测量模型；遵循合理的量表开发程序，开发出具有良好信度与效度的企业家精神培育环境的量表。第二，基于问卷调查获取的大样本数据，分析内蒙古企业家的现状、企业家精神的现状以及企业家精神培育环境的现状，并采用多元线性回归的方法实证检验环境对企业家精神的影响。

4. 内蒙古企业家精神培育的对策

第一，对美国和日本两个发达国家以及深圳和浙江两个国内发达省份地区的企业家精神培育的经验进行了介绍。第二，对企业家精神培育的总体要求、新时代企业家精神的内容以及企业家精神培育主体的作用进行了阐述。第三，提出了企业家精神培育的对策。

第三章 企业家精神对内蒙古产业结构升级的影响

第一节 理论基础与文献综述

一、理论基础

（一）产业结构升级相关概念

王一乔（2019）指出产业是生产力水平提高、生产活动复杂多样、生产活动重心转移的结果，产业的产生伴随着社会分工与生产力的不断发展。关于产业的划分，不同的学者有着不同的观点。马克思将社会生产划分为物质生产和非物质生产。霍夫曼提出了消费资料工业、资本资料工业和其他工业的划分法。新西兰经济学家 Fisher（1935）首次依据产业发展的次序及其与自然界的关系提出了三次产业的划分方法。较为流行的三次产业划分法逐渐演变成我国现阶段的产业划分法，即国民经济产业部门划分为以农业为主的第一产业、以工业为主的第二产业和以服务业为主的第三产业。

关于产业结构，于涛（2015）认为产业结构是经济体系内部不同企业之间的分工协作以及竞争等方面的具体关系，这种关系就是产业结构形成的过程。而这种关系实质上是一种博弈关系，即产业结构是一种博弈的均衡。也有学者将产业结构看作一种制度安排。产业结构可以进一步从两个角度来考察：一是从“质”的角度动态地揭示产业间技术经济联系与联系方式不断发生变化的趋势，揭示国民经济各部门中支柱产业部门不断替代的规律及其相应的“结构”效益，也就是第一、第二和第三产业在整个经济中所占的比例及三次产业间的互相联系和约束，从而形成狭义的产业结构；二是从“量”的角度静态地研究和分析一定时期内产业间联系与联系方式的技术经济数量比例关系，即产业间投入与产出量的比例关系，也就是第一、第二和第三产业内部，每个细分产业所占比例及彼此间的联系和各自内部的比例关系。

随着经济发展进入新的时期，要素市场等因素发生变化，产业结构也会随之产生差异并呈现出一定的规律性和趋势性，这为产业结构升级奠定了基础。

产业结构升级主要是指产业技术集约程度的提升，而这种转变是与科学技术进步有关的，可以使用新的生产方式以及对其他产业增长有影响的主导产业的转型升级来实现。社会需求和技术发展促进产业结构升级，与此同时它又为不断满足社会需求和技术发展创造条件，表现为产业部门技术水平不断提高、产业内部加工深度不断演进以及技术生产要素促进产业结构升级等趋势（Rostow，1988）。马微（2019）将产业结构升级定义为产业结构从低级阶段向高级阶段演进的动态过程，即产业结构高度化。在这一过程中，国民经济中各种生产要素及资源向着具有比较优势的产业集聚，从而使其优先发展，落后的产业则被淘汰出局。胡小梅（2016）认为产业结构升级实质上是资本等要素在不同产业间的流动，其结果是要素的配置效率和产业的生产效率都不断提高。刘文琦（2019）在马微和胡小梅的研究基础上进一步指出产业结构升级的内涵主要包括产业结构的合理化和高度化两方面。产业结构的合理化是指不同产业分配到恰当数量的资源且技术水平相差不大；各个产业在国民经济中的地位较为和谐且各个产业增速较为均衡；各个产业的空间布局较为协调且生产要素在产业间能自由流动。产业结构的合理化主要表现为资源得到优化配合、市场供需平衡、各个产业能够协调发展和社会系统可持续发展。产业结构高度化又称产业结构高级化，是指伴随着劳动生产率不断提升以及技术不断发展的产业结构水平不断提高的过程。产业结构高度化主要表现在加工度高级化和附加值高级化两方面。加工度高级化是指制造业等下游行业获得越来越多的产业资源以及逐渐成为整个产业的核心。附加值高级化是指高附加值产业在整个产业中的比重增加（马荣，2019）。

（二）产业结构升级相关理论

产业结构升级过程本质上是制度安排的变迁和演进的过程。产业结构升级是指以产业技术创新为依托，充分利用主导产业，不断提升产业结构素质，为加速经济增长、协调发展以及创造更高附加值提供必要条件。产业结构升级理论发展到现在，许多学者提出了不同的理论（见表 3-1）。

表 3-1 产业结构升级理论

理论分类	代表人物
技术周期理论	Kondratieff（1935）、Schumpeter（1939）、Vernon（1966）、Abernathy 和 Utterback（1978）、Gort 和 Klepper（1982）、Hansen（2006）、Kydland 和 Prescott（1982）、Boldrin 和 Levine（2008）、Klette 和 Kortum（2004）、Braguinsky 等（2007）、高洪深（2002）、罗斯托（2001）、卡萝塔（2007）
产业结构演进理论	William Petty（1691）、Colin Clark（1940）、库兹涅茨（1966）、Chenery 等（1986）、Vernon（1966）、Hoffman（1931）、Akamatsu（1932）、Lewis（1954）、金碚（2003）
产业梯度转移理论	Vernon（1966）、Akamatsu（1932）、Myrdal（1957）、Kojima（1978）、Dunning（1993）、卢根鑫（1997）
“产业链”理论	Adam Smith（2011）、Marschall（2005）、Hirschman（1958）、Porter（1985）、Stevens（1989）、Harrison 和 Hall（1993）、Marschall（1997）、姚齐源和宋武生（1985）、傅国华（1993）、郁义鸿（2005）、吴金明和邵昶（2006）、徐向艺（2010）、汪建等（2013）、芮明杰等（2009）

资料来源：笔者根据文献总结整理。

1. 技术周期理论

技术创新是产业结构升级的动力来源，更是社会经济发展的根本推动力。1935 年苏联经济学家 Kondratieff 在美国发表的《经济生活中的长波》一文中首次提出了康德拉季耶夫周期理论（简称“康氏长波”），指出了 18 世纪末世界经济的长周期现象，周期平均长度为 50～60 年。Schumpeter（1939）在《经济周期》一书中指出，世界经济的长波发展是历史上主要的创新浪潮引起的，因此康氏长波实际上就是一种工业化时代以后以技术革命为基础的产业革命周期。Vernon（1966）从国际化的视角，依据产业从发达国家到欠发达国家依次转移现象，将产品生产划分为导入期、成熟期和标准化期三个阶段。20 世纪 70 年代，哈佛大学的 Abernathy 和麻省理工大学的 Utterback（1978）将产品生命周期和技术创新结合起来进行研究，通过案例分析共同提出了技术生命周期理论即A-U模型。他们依据产出增长率将产品生命周期划分为流动阶段、过渡阶段和稳定阶段，并认为企业的产品创新和工艺创新相互关联，在不同阶段对两者的侧重有所不同，企业的创新类型和创新频率取决于产业成长的不同阶段。A-U 模型主要针对产品管理，也为产品生命周期理论的建立奠定了理论基础，揭示了技术创新对产业演进具有推动作用这一客观事实；但是 A-U 模型也存在明显的局限性，比如没有明确推动产业演进的技术创新的主体，过分强调技术创新对产业演进的作用而忽视了其他创新的作用以及对部分产业演进缺乏解释力等。在 A-U 模型和施蒂格勒有关产业生命周期理论概念性描述的基础上，产业生命周期领域的知名学者 Gort 和 Klepper（1982）以市场中厂商数目为指标，对 46 个产品最多长达 73 年的时间序列数据进行了实证分析。他们按产业中的厂商数目对产品生命周期进行划分，发现了产业中的厂商数目随着产业的成长而发生变化，从而建立了产业经济学意义上第一个产业生命周期模型，称为 G-K 模型。据此他们将产业生命周期划分为引入期、大量进入期、稳定期、大量退出期和成熟期五个阶段。G-K 模型强调产业生命周期阶段对创新的特征、创新的重要性和创新的来源具有重大影响。在大量进入期，外部企业通过产品创新而不断进入该产业；在大量退出期，价格战、外部创新减少和通过“干中学”方式所建立的效率竞争，导致企业的大量退出；在产业成熟期，重大技术变动或重大需求变动的产生，意味着新一轮生命周期即将开始。该模型的突出贡献在于强调了产业生命周期阶段的重要影响，及其对创新的特征、重要性和来源的重大影响，首次指出厂商数目存在“淘汰”（Shakeout）现象，并建立了创新方式与进入率的正式联系。Hansen（2006）用北美两个产业的数据检验了上述产业生命周期理论，一个产业是处于产业生命周期衰退阶段的胶合板产业（Plywood Mills），另一个产业是处于产业生命周期成长期的定向结构刨花板产业（OSB）。通过对两个产业的产品创新性、新产品开发过程的结构以及产品专业化比较研究，他们发现，与定向结构刨花板产业相比，胶合板产业并没有采用更多的产品创新和更加结构化的新产品开发过程来应对竞争威胁，这与产业生命周期理论的预测不符，但与产业生命周期理论一致的是，胶合板产业具有了更加专业化的产品线。Kydland 和 Prescott（1982）在 *Time to Build and Aggregate Fluctuations* 一文中首次提出真实经济周期理论，指出经济周期波动是由于受到了经济因素的真实影响，特别是受到技术冲击。这种冲击影响着劳动生产率，进而影响生产的投入产出与就业。Boldrin 和 Levine（2008）指出，新兴的产业产生了很多的创新，而且关于创新的信息也流动得更加畅通。但来自企业层面的数据却表明，相当一部分企业根本不进行创新活动。Klette 和 Kortum（2004）的研究表明，生产率的增长与创新活动的不同并无太强的联系，这意味着模仿外部性的大量存在，即创新型企业和模型性企业都能获得租金。但随着新进入者的不断增加，原有的租金逐渐被稀释。而到了产业成熟阶段，淘汰就会发生，企业数量减少。与产业成熟阶段相伴的是企业对知识产权保护的强调及创新的重点由产业层面转向企业层面，以保持某个特定企业的利基市场。为了合理地解释上述现象，Braguinsky 等（2007）建立了一个竞争性产业创新和模仿的动态模型，来解释在产业生命周期的早期阶段创新速度保持稳定或较快，而在成熟阶段则专利较多的现象。冯·丹因提出了著名的长波理论，该理论以创新生命周期为基础，把技术创新视为经济长期波动的主要诱发因素。格·门施提出了“技术僵局”理论，该理论是在技术长波理论的基础上进一步发展得到的，该理论将驱使社会通过创新寻找解决办法的困境称为“技术僵局”（高洪深，2002）。罗斯托（2001）指出一个国家的主导产业不仅对国民经济做出极大的贡献，还能带动其他产业创新能力的发展，从而提高一整条产业链的技术创新水平。卡萝塔（2007）首次利用“技术—经济范式”对经济周期波动进行分析，其中加入的金融因素分析提高了对长波下降原因的解释能力。

2. *产业结构演进理论*

就产业结构的演进而言，现有研究成果主要表现在产业结构由低级向高级演进的高度化和产业结构横向演进的合理化。1691 年，William Petty 根据当时英国的实际情况明确指出：工业利润往往比农业多、商业利润往往比工业多得多。因此劳动力必然由农转工，而后再由工转商。1940 年，英国经济学家 Colin Clark 的研究是在威廉·配第的关于收入与劳动力流动之间关系学说研究成果之上完成的，计量和比较了不同收入水平下，就业人口在三次产业中分布结构的变动趋势。克拉克认为他的发现只是印证了配第在 1691 年提出的观点而已，故后人把克拉克的发现称为“配第—克拉克定理”。该定理把人类全部经济活动分为第一产业（农业）、第二产业（制造业、建筑业）和第三产业（广义的服务业）。经过经济大样本观察，配第与克拉克两位经济学家先后发现：随着人均国民收入水平的提高，劳动力首先从第一产业向第二产业转移，当人均国民收入水平进一步提高时，劳动力便向第三产业转移。库兹涅茨（1966）发现国民收入影响产业结构变化，随着工业化的深入，第一产业收入占比和第一产业劳动力占比都不断下降，第二产业和第三产业的收入占比和劳动力占比上升，在工业化后期，第二产业的收入占比和劳动力占比达到最高值后下降，第三产业劳动力占比提高，第三产业收入占比不变或者略微提高，该理论是对“配第—克拉克定理”的进一步验证。Chenery 等

(1986) 认为在工业化初级阶段，轻工业特别是纺织、食品工业在产业结构中处于重要地位，以劳动密集型为特征；进入工业化中、后期阶段，重化工业的发展又可分为以原材料工业为重点和以加工型工业为重点的两个不同阶段，资本密集度、技术集约度都明显提高。在这一增长过程中，经济增长具有加速趋势。当经济发展在完成工业化任务而进入发达经济以后，增长速度会明显回落。Vernon (1966) 立足于发达国家提出“产品循环说”，该学说认为，产业结构的演进规律为：新产品开发—国内市场形成—产品出口—资本和技术出口—产品进口—开发更新的产品，按照这种顺序不停循环上升。德国经济学家 Hoffmann (1931) 提出霍夫曼定理。该定理揭示出工业中消费资料工业与资本资料工业比率的变化规律，并提出了霍夫曼比例。该比例等于消费资料工业净产值同资本资料工业净产值之间的比值。霍夫曼定理认为，在工业化的过程中霍夫曼比例是不断下降的。日本经济学家 Akamatsu (1932) 提出了立足于发展中国家的“雁行产业发展形态说”。该学说认为，随着发达国家技术和产业的发展，发展中国家的产业结构的演变规律为：由进口到国内生产，再到出口。产业结构演进理论可以很好地解释资源富集地区产业结构调整升级的原因，说明了产业结构随着经济发展而变化。这一理论较好地解释了产业结构演进的规律，因此是国内很多学者分析研究产业结构转型升级的基本出发点。学者们普遍认为，中国目前仍然处于工业化中期的后半段，仍然是以大规模投资驱动、低价劳动力资源以及依靠自然资源带动的粗放型方式来推动经济增长。这种发展模式在加快中国经济增长的同时，也形成了固定的经济结构演进方法和地区产业分工布局。这说明了为什么中国中西部地区集中了大量的资源型产业，并形成了以资源型产业为主导的产业结构。但是伴随着工业化的发展，这种严重依靠资源和廉价劳动力“相对优势”的发展方式逐渐表现出了“疲态”，给社会带来了很多经济问题。Lewis (1954) 指出发展中国家制造业部门的边际生产率和收益远高于农业部门，因此农村大量劳动力涌入制造业部门，使得制造业部门和农业部门的收益率趋于相等，最终发展中国家经济得到发展。该理论被称作“刘易斯理论”，描述了发展中国家的经济发展模式。金碚 (2003) 认为中国的资源与环境不能够支撑粗放型经济的持续增长，从经济长期发展目标来看，粗放型增长是没有前途的。因此，由于经济增长模式发生转变，中国产业结构必定需要实施新一轮的调整与升级。

3. 产业梯度转移理论

产业结构调整升级有时候也可以通过产业的梯度转移来完成。产业梯度转移也称梯度转移，是由于资源供给或产品需求条件发生变化，某些产业从某一国家或地区转移到另一国家或地区的经济行为和过程。这是一个包括国家与地区间投资与贸易活动的综合性的要素与商品流动过程，是一个具有时间和空间维度的动态过程。产业梯度转移理论的基础是产品生命周期理论，最早提出该理论的是美国学者 Vernon（1966），这一理论指出，产业转移是为了顺应产品生命周期的变化，回避某些产品在生产上的劣势。产业梯度转移是产业生命周期演化到一定阶段的产物，他把产品生命周期划分为产品创新、产品成熟和标准化三个阶段，各个工业部门和各类工业产品均处在生命周期的某个发展阶段。然而地区的产业结构分布情况是由这一地区主导产业在工业生命周期中所在的阶段来决定的。如果这一地区主导产业正处在创新阶段，那么则认为该地区具备发展潜力，归入高梯度区域。各个地区间存在客观经济情况、科技水平等梯度差异，必然会使得生产要素由高梯度向低梯度移动，进而完成产业梯度转移。日本著名经济学家 Akamatsu 于 20 世纪 30 年代提出"雁行形态"用于形容和说明东亚各国（地区）经济依次起飞的客观过程。Akamatsu（1932）在研究日本的棉纺工业史时，发现由于日本近代经济的发展及国内需求增加，棉线、棉织品的进口也随之扩大，国内产量猛增，逐步取代进口产品，随着国内产量的不断增加，出口便开始扩大。即通常经过三个阶段：国外进口—国内加工生产—向国外出口。Akamatsu 之所以把这种进口—生产、进口替代—出口的形式称为"雁行形态"，是因为如果把这一过程用曲线绘成图形，其在图表上呈倒"V"形。Myrdal（1957）在对资本主义社会地区经济发展总趋势进行观察研究后提出累积因果论，从而把梯度理论从静态提升到动态上来。根据累积因果理论，地区发展中有三种效应同时在起作用，在极化效应作用的同时，扩展效应也在起作用，因为随着城市带发展梯度上升，附近地区可能在城市带的影响下，得到不同程度的提高。回程效应指发达地区在极化效应的作用下，仍然具有比不发达地区更多的优势，由于回程效应使资金、移民仍向发达地区集中，发达地区仍能保持竞争力。Kojima（1978）提出边际产业扩张理论。该理论指出为了达到总体福利最大化，将本国已经失去比较优势的产业转移到其他具有或潜在具有比较优势的国家。Dunning（1993）从企业微观层面分析产业跨国转移，他利用 O-L-I 模型指出企业进行国际投资需要满足三大优势，分别是所有权优势、区位特定优势、内部化特定优势，该理论被称作国际投资理论。

20 世纪 80 年代初西方的梯度推移理论被引进我国。区域经济学家把工业生产生命循环阶段理论引用到区域经济学，产生了“区域经济梯度转移论”。主要论点是区域经济的繁荣主要决定于产业结构的优势，而产业结构优势又取决于该地区主导工业化部门和其他部门在工业生命循环中所处的阶段。如果主导工业化部门处于创新阶段和发展阶段时期，则该区可列为高梯度地区。新产业部门、新产品、新技术等创新活动，一般来源于高梯度地区，随着时间的推移和生命循环阶段的变化，衰退的部门、产品、技术逐步由高梯度地区向低梯度地区转移。这种转移主要是通过多层次城市系统来完成。根据梯度推移论基本观点以及我国学术界研究讨论情况，无论是在世界范围，还是在一国范围内，经济技术的发展是不平衡的，客观上已形成一种经济技术梯度。有梯度就有空间推移。生产力的空间推移，要从梯度的实际情况出发，首先让有条件的高梯度地区引进掌握先进技术，然后逐步依次向处于二级梯度、三级梯度的地区推移。随着经济的发展，推移的速度加快，也就可以逐步缩小地区间的差距，实现经济分布的相对平衡。除此之外，卢根鑫（1997）提出国际产业转移论，不仅说明了产品生命周期、国际贸易与产业转移之间的关系，还分析了国际产业转移对发达国家与发展中国家的影响。

4. “产业链”理论

产业链的思想最早来自 17 世纪中后期的西方古典经济学家 Adam Smith（2011）关于分工的卓越论断，其著名的“制针”和“毛纺”的例子就是对产业链功能的生动描述。Adam Smith 在《国富论》中写道：“生产一种完全制造品所必要的劳动，也往往分由许多劳动者担任。”这种产业链仅指企业把外部采购的原材料和零部件，通过生产和销售等活动，传递给零售商和用户的过程。因此，早期的产业链主要局限于制造企业的内部活动，关注的是企业自身资源的利用。Marschall（2005）后来把分工扩展到企业与企业之间，强调企业间分工协作的重要性，这可以称为产业链理论的真正起源。Hirschman（1958）在《经济发展战略》一书中从产业前后向联系的角度论述了产业链的概念。上述这些理论更多的是从宏观层面讨论劳动分工、专业化对经济发展的意义。随着价值链、供应链等理论的兴起与运用，对产业链的研究相对逐渐弱化，但是从产业链产生与发展的实际情况来看，价值链和供应链理论对产业链理论的研究又起到了关键的导向作用，具有极其重要的借鉴意义，成为进一步丰富产业链研究的理论基础。Porter（1985）在《竞争优势》一书中首次提出价值链的概念，认为“每一个企业都是在设计、生产、销售、发送和辅助其产品的过程中进行各种活动的集合体，所有这些活动可以用一个价值链表示出来”，进一步指出：“企业的价值创造是由一系列活动构成的，这些互不相同但又相互关联的生产经营活动，构成了一个不断实现价值增值的动态过程，即价值链。”产业链和价值链之间有着本质的联系，都表达了具有某种特征的不同要素之间的相互联系和经营链条之间的相互依存。实际上，价值链理论正是从微观层面和价值创造的视角阐述了产业链中价值增值的原因和机理。供应链的概念源自价值链，产生于20世纪80年代后期。作为一种新的企业组织形态和运营方式，供应链从微观层面考察了企业之间的关联关系。Stevens（1989）认为：“供应链就是通过增值过程和供销渠道，控制从供应商的供应商到用户的用户之间的流，开始于供应的起点，结束于消费者的终点。”Harrison 和 Hall（1993）基于价值网络的概念，将供应链定义为采购原材料，将它们转换为中间产品和成品，并且将成品销售到用户的功能网链。Marschall（1997）则指出：“供应链是指由原材料的供应商、制造商、分销商、零售商、顾客等成员组成，通过与上游、下游成员的连接组成的链状结构或网络结构。”产业链内部的联系归根结底还是企业之间的联系，这样产业链和供应链之间就具有极强的相关性，实际上，供应链理论正是从微观层面和企业管理的视角阐述了产业链中企业之间分工协作的形式与内容。

尽管产业链的思想最早来自西方古典经济学家的相关论断，并且诸多西方学者也分别从微观层面对价值链和供应链进行过较为深入的分析和研究，但是，产业链真正引起人们的关注并得到广泛研究是在20世纪90年代之后，从某种意义上来说，产业链是比较具有中国特色的经济学概念。据蒋国俊和蒋明新（2004）考证：最早提出“产业链”一词的是我国学者姚齐源、宋武生（1985），他们在《有计划商品经济的实现模式——区域市场》一书中提出将产业链规划作为实现区域经济发展目标的战略重点。而据李心芹、李仕明考证：我国学者傅国华受到海南热带农业发展的成功经验的启迪，于1990年至1993年在立题研究海南热带农业发展课题时最早提出“产业链”一词。目前，有关产业结构调整方式选择的理论研究主要聚焦在“产业链”或“价值链”扩张模型上。由于资源型产业通常情况下都处在产业链的上游，因此资源型产业结构转型升级的途径分析就需要以“产业链”扩展的产业升级理论为基础。从产业链的角度来看，无论是国家宏观层面的产业结构升级，还是企业微观层面的产业结构升级，产业升级都表现为由落后技术水平、低附加值向先进技术水平、更高附加值转变。只不过产业转变的路径因其受到相对优势的束缚产生线性演进或非线性演进。线性演进是指产业升级由低端逐步向高端产业演进，非线性演进是指以跨跃或迁移的方式演进，也就是不用通过中间环节就从低价值环节直接跳跃到高价值环节，有时候可能会出现产业内升级与产业间升级的交叉现象。郁义鸿（2005）将产业链分为由上下游企业组成的纵向链条和由并行企业组成的横向链条。吴金明和邵昶（2006）从“点”与“线”的角度将产业链分为四个链维：实现“点与点”链接的供需链维、实现“点与线”链接的企业链维、实现“线和线”链接的空间链维、实现“链和链”链接的价值链维。徐向艺（2010）认为产业链是上下游企业之间的行业价值链，也叫作“价值系统”。汪建等（2013）从产业形态角度研究产业链，提出产业链是企业集合间基于一定的技术经济关联、逻辑关系和时空布局关系而形成的链条式关系形态。芮明杰等（2009）指出由于越来越多企业为了凝聚核心竞争力，将内部业务进行外包，逐步形成相互交叉融合的新产业链，并因此提出网络状产业链。

二、文献综述

（一）产业结构升级的影响因素

在产业结构升级方面，不同的学者从不同的方面提出了影响各国产业结构演变的各种因素，主要是从劳动力供给、社会需求、外国直接投资（FDI）、产业政策、固定资产投资、技术创新、金融发展、政府财政支出、对外贸易、基础设施等方面来分析这些因素对产业结构升级的影响。

1. 劳动力供给对产业结构升级的影响

产业结构升级在本质上是对包括物质资源、劳动力和人力资本等生产要素重新配置的动态过程，而一个国家的产业结构升级在一定程度上取决于其所拥有的人力资本数量、质量和结构状况。人力资本之所以是影响产业结构升级的重要因素，原因在于其具有特殊的要素功能和效率功能。要素功能强调了人力资本存量增加会造成其他生产要素（主要是物质资本）的集聚，使得人力资本存量高的产业部门和地区具有使资源集聚到该部门和地区的比较优势，不仅提高了产业转化速度，也促进了产业结构升级。效率功能强调了人力资本作为技术进步的载体，会通过“干中学”和知识外溢诱发技术创新，并促进新技术的引进和吸收，有较高质量的劳动力供给就能发展技术集约程度较高的产业；反之，高质量劳动力的缺乏制约了产业结构的升级。作为一个人口大国，当前劳动力的供给制约较小，但高素质的劳动力供给是产业结构升级的主要制约因素。因为未来产业发展趋向于利用先进技术武装产业，而这些产业的操作、运行都需要具有一定人力资本的劳动力来完成。当前中国产业结构升级，一方面表现为改造和提升传统产业，另一方面表现为发展战略新兴产业和高新技术产业，这些都需要大量的高素质劳动力作为支撑。如张若雪（2009）提出，中国产业结构水平较低、升级缓慢的根本原因是我国绝对数量较大和相对素质较差的劳动力导致我国经济发展陷入一种低技术均衡状态。

2. 社会需求对产业结构升级的影响

社会需求是指一个国家或地区在一定时期内（通常 1 年）由社会可用于投资和消费的支出所实际形成的对产品和劳务的购买力总量。社会需求包括：一是国内需求（消费需求和投资需求）；二是国外需求（产品输出和劳务输出）。在社会经济中产品结构和各种生产生活资料都是以社会需求为导向的，因此社会需求的变化将直接影响到产业结构的升级与优化。随着国家经济的飞速发展，人们的收入水平和生活质量得到了大幅度的提升，个人和社会的消费需求趋于多样化多层次发展，这必将引起产业结构的多层次升级。投资需求尤其是固定资产的投资是促使产业结构升级的直接原因。固定资产是社会生产发展的基本资料，固定资产投资的创造性将促进新型产业的出现，从而丰富及改变原有的产业结构进而影响产业结构的递进升级。由于国外工业发展较早和产业结构发展比较完备，国外先进生产资料的引进及国内产品和劳务的输出必将促进国内产业结构的更新，推动产业结构的升级。需求因素主要是通过需求总量和需求结构的变化对产业结构升级产生影响。产业结构变化与升级的最终目的，是为了满足人类生产与生活需求的不断升级。因此，需求方面的升级是产业结构升级的市场推动力来源，需求结构变化会促进生产和供给结构发生变化，进而使得相关产业在国民经济中的贡献发生变化，进一步导致产业结构的变动和升级。如梁树广（2014）利用 2000—2011 年我国省级面板数据构建了理论模型，实证研究了各影响因素对产业结构升级的影响，结果表明社会需求的变化对产业结构升级产生影响。

3. FDI 对产业结构升级的影响

根据新古典经济增长模型，技术、劳动力和资本是经济增长的动力来源，产业结构升级也离不开资本的供给。资源富集地区产业结构转型升级离不开大量的固定资产投资。一般来说，资源富集地区在经济发展过程中的主要矛盾是积累能力不足，即资本供给不足，特别是在需要大量的固定资产投资的产业结构调整过程中。因此，招商引资就成为这些地区解决资金匮乏问题的重要方法。理论研究表明，FDI 可以加快东道国产业结构升级的速度，其作用机制为：FDI 可以通过改善资源资产质量，提升东道国投资结构；FDI 借助于技术转移和技术溢出，提升东道国产业技术水平；FDI 具有资本形成效应、市场扩大效应等，能提高东道国经济增长率，进而引起东道国人均收入水平提高、消费结构升级，最终实现产业结构升级。Akbar 和 McBride（2004）认为以市场为导向的 FDI 有利于转型国家经济的长期发展，而以资源为导向的 FDI 不利于东道国企业技术的进步和国民福利的增长。

4. 产业政策对产业结构升级的影响

从理论上说，无法确定政府的政策和干预行为对产业结构的升级具有积极作用还是消极作用，科学合理的产业政策和适时适度的干预会促进产业结构升级；而不切实际的产业政策、过度的政府干预，对本地区某些产业的过度保护和限制市场竞争，则会延缓甚至阻碍产业结构的升级。因此，如何制定与实施科学合理的产业政策和产业发展规划，采取适度的政府干预，引导和扶持产业发展，是现阶段加快中国产业结构升级需要着重解决的一个问题。政府政策对产业结构升级干预主要表现为针对企业生产经营进行财政支出，影响企业生产预期和投资激励。如安苑和王浦（2012）提出中国正处于深化改革时期，市场的调节机制尚不完善，各级地方政府在这种情况下对经济的干预力度较大，介入经济活动的程度较深。

5. 固定资产投资对产业结构升级的影响

固定资产投资是产业结构升级的直接原因，随着固定资产投资额的增加，产业以不同的速度扩大规模，从而影响原有产业结构。如加大对部分产业的固定资产投资，将推动这些产业以更快的速度发展，从而改变原有产业结构；

而对全部产业的投资会引起各产业不同程度的发展，导致产业结构的相应变化。目前，中国产业结构由劳动密集型和资源密集型向资本密集型和技术密集型转变，这一转变过程需要大量资金支持。要想使得中国资本密集型产业与技术密集型产业快速发展，需要持续加大对它们的固定资产投资，产业发展可以改变它们在总产业中的比例，进而促进产业结构升级。如孙杨（2009）采用时间序列模型中的分布滞后模型分析固定资产投资对海南产业结构升级的影响，得出固定资产投资在产业结构调整与升级过程中起到了积极的作用。刘洪凯等（2016）基于投资对经济发展的推动作用，立足于河北省经济发展的实际情况，从固定资产投资角度出发，将河北省固定资产投资与产业结构升级联系在一起，分析得出扩大固定资产的投资规模有利于产业结构优化。

6. 技术创新对产业结构升级的影响

技术创新是促进产业结构升级的根本动力，技术创新将会大幅度提升生产率，吸引大量资源与生产要素，某类产业在加速发展的同时也会促进其他相关产业发展，所以运用新兴技术改变传统产业，可以推动产业结构升级。未来国与国的竞争，很大程度上是技术的竞争，尤其在中国实施创新驱动战略的背景下，中国产业结构正在进行深度调整，政府鼓励企业发展高新技术和战略性新兴产业。在当前高新技术产业和战略性新兴产业发展模式不成熟、市场空间较小的背景下，搭建技术创新平台，加大技术创新投入将导致这些产业效率迅速大幅度提升，引导更多的生产要素资源流入这些产业，促进这些产业迅速发展壮大，并带动相关联产业发展。特别是可以利用这些产业技术对一些传统产业进行技术改造，达到推动整体产业结构高度化发展和产业结构升级的目的。Arthur（1989）认为技术在产业进化过程中发挥着关键作用，技术创新可以降低企业成本，提高产品质量，增加企业经济效应，进而促进收益递增。Antonelli（2006）认为技术变革影响产业动态，进而长久影响技术变革的速度和方向。

7. 金融发展对产业结构升级的影响

金融发展可以使生产要素在不同产业间移动，进而促进产业结构升级。随着我国金融市场的发展，信贷融资与证券融资成为中国产业结构升级的重要推动力。张旭和伍海华（2002）认为金融发展可以促进产业结构优化，金融抑制也可以制约产业结构优化，它们之间存在相关关系。Metcalfe（2005）认为经济发展的过程就是经济系统转变和产业结构变迁的过程。

8. 政府财政支出对产业结构升级的影响

各级政府通过财政支出来对地方经济进行宏观调控，弥补了市场机制在调整产业结构升级方面的缺陷。于力和胡燕京（2011）对中国财政支出总量与结构对产业升级的影响进行了研究，研究结果显示，文教、科学、卫生事业支出对三次产业的促进作用非常显著；而基础设施支出、挖潜改造资金与科技三项支出、支农支出和行政管理支出对三次产业的影响都不相同，部分支出甚至可能会制约三次产业的发展。马超（2010）认为相对收入过高会使得公共投资强度降低、第二产业相对优势提高。

9. 对外贸易对产业结构升级的影响

对外贸易主要通过两个途径为产业结构升级提供动力：一是通过进口国外先进的设备和技术，促进本国产业部门的技术和工艺流程的改造和提升，推动产业改造和新兴产业发展。当本国产业成长到一定程度，进一步利用本国要素天赋和规模经济，促进生产成本降低，形成比较优势，再进入国际市场，随着国际市场不断开拓，促进本国产业结构升级。二是通过出口扩大国内需求，同时通过优化出口结构，促使资源、要素配置到新兴产业，推动产业结构升级。Hunya（2002）发现外资公司大量投资的行业与该国出口行业相一致，外资的进入不能改变该国的传统优势产业。

10. 基础设施对产业结构升级的影响

产业结构升级的状况还取决于一国的基础设施是否做出了相应的改进，包括硬性基础设施和软性基础设施等（林毅夫，2012）。一个国家的基础设施对于产业结构升级存在基础性影响，一个省份若交通便利，则有利于吸引更多外部投资，要素容易聚集到此地并形成产业集群，从而推动当地产业结构升级。一个地区基础设施水平的提高能够显著地降低运输成本，从而使规模报酬递增的行业更可能在该地区发生集聚（Krugman，1991）。因此，在那些基础设施水平较高的地区，规模经济较高的行业能够得到更快的成长。如中国东中西部地区产业结构差异大，且东部地区的第二、第三产业比重普遍高于中西部地区，一个重要原因就是硬件基础设施的差异。

（二）企业家精神与产业结构升级的关系

现有学者从不同角度分析了企业家精神与产业结构升级的关系（见表 3-2）。一方面，企业家精神会对产业结构升级产生影响。美国管理学家德鲁克将创新精神看作企业家精神的核心，因此创新精神是衡量企业家精神的一个重要维度。当前企业的创新行为主要分布在第二产业和服务业，在第一产业的分布比例最低且落差较大（薛红志等，2003）。第一产业就业机会、盈利能力均处于较低水平，这让企业偏爱具有较大创新开发空间、盈利余地大、进退自由的二三产业，尤其是服务业，第一产业因此受到冷落，无形中促使了产业结构的优化升级。不仅如此，企业家精神有利于产业集聚的形成，包括产业集聚区的市场机制、成本机制和创新机制的形成，推动产业结构的升级；产业集群的成员通过协调性的集群学习形成知识共享效应和良性机制下成员之间的相互挤压效应，提高集聚的整体技术创新平台，提高企业的技术创新水平，加速企业自身产业的升级，这间接地带来产业结构的优化升级。因此，学者们都基本承认企业家的创新精神尤其是技术创新对产业结构升级的影响复杂且重要，并且科学技术发展与产业结构变迁之间存在内在相关性（刘启华等，2005）。之后的一系列研究都表明企业家精神对产业结构升级存在促进作用。武翠等（2021）、冯伟和李嘉佳（2019）都指出企业家创新精神对产业结构升级具有明显的促进作用。苏贝和杨水利（2018）运用扎根理论探究制造业智能化转型升级的影响因素，发现企业家精神是制造业智能化转型升级的重要保障。李宇和林菁菁（2013）的多案例研究表明，企业家精神通过重构现有产业链价值增值模式来引领产业升级。

表 3-2　企业家精神与产业结构升级关系研究

研究主题	代表人物
企业家精神与产业结构升级的关系	Biggadike（1976）、Sandberg 和 Hofer（1987）、McDougal 和 Robinson（1988）、Covin 和 Slevin（1990）、Kazanjian（1988）、Duranto 和 Puga（2001）、Lumpkin 和 Dess（2001）、薛红志等（2003）、Lazear（2005）、刘启华等（2005）、Helsley 和 Strange（2007）、李宇和林菁菁（2013）、苏贝和杨水利（2018）、冯伟和李嘉佳（2019）、武翠等（2021）

资料来源：笔者根据文献总结整理。

另一方面，产业结构也会对企业家精神产生影响。人们发现新企业在新兴行业中比在更发达的行业生命周期阶段中更能从创新中受益，新企业所在行业结构也对新企业的成功有影响（Biggadike，1976；Sandberg & Hofer，1987；McDougal & Robinson，1988；Covin & Slevin，1990）。企业家精神作为新企业的一部分，也会受到所在行业结构的影响。Kazanjian（1988）认为企业的发展可以分为四个阶段，即企业的产生和初创阶段［或概念和发展阶段（Conception and Development）］、商业化阶段（Commercialization）、成长阶段（Growth）和稳定阶段（Stability）。企业处于不同阶段会表现出具有不同表现形式的企业家精神，在初创阶段企业家关注企业的财务状况、市场前景和产品设计，在商业化阶段则关注企业的市场定位，成长阶段则关注企业的生产和市场规模，稳定阶段则着重于资本积累和开拓市场与行业，这些都为企业家创业提供了机会。Lumpkin 和 Dess（2001）发现：具有不同创业动机的企业家在选择产业时会表现出不同的偏好，特定产业内的企业家精神是企业家自身能动选择的结果。机会拉动型创业行为在第一产业比例最低，在其他三个产业差别不大，几乎呈现出平均分布的态势，但机会拉动型创业在第一产业的农、林、畜、牧、渔等行业，第二产业的制造业、通信业、建筑业等行业，在商业服务业的金融、保险、咨询等行业中所占比例明显高于贫穷推动型创业，贫穷推动型创业行为集中分布在第二产业与消费者服务产业，而在第一产业与商业服务产业均处于很低的水平。Lazear（2005）仔细考察了企业家特质，他发现与普通员工不同，企业家的技能要求是多方面的，如与官员打交道、捕捉市场机会、寻找优秀的员工等，每一种活动都需要一种技能，因此相对于普通人而言具备多种技能是企业家的特性。多样化的产业结构更容易提供企业家所需要的多种技能，有利于弥补企业家个人的技能缺失。Duranton 和 Puga（2001）也指出企业家更倾向于首先进入产业多样化的城市去寻找适合自己发展的机会，因为在这样的产业环境下企业家更容易在不同产业间转移，直到寻找到最适合自己的产业和产品。Helsley 和 Strange（2007）把 Lazear 的这种理论运用于创业中，他们分析发现，产业结构多样化为企业家创业开展各种活动提供了便利，这样更有利于小企业的创立和生存，鼓励企业家精神的培育。

第二节 内蒙古产业结构演进现状分析

一、内蒙古地区产业结构总体演变趋势

产业结构是地区结构的综合体现，也是评价区域经济发展程度的重要指标。经过几年的发展，内蒙古产业结构实现了由初级向高级的转变，大体上与产业结构演进的历史趋势相一致。

由表 3-3 可知，内蒙古 2011—2020 年第一产业增加值占内蒙古生产总值比重呈现波动下降趋势，2011 年占比为 13.85%，到 2020 年为 11.67%，总体下降了 2.18 个百分点。第二产业增加值占内蒙古生产总值的比重呈现先降后升趋势，2011 年第二产业增加值占比为 42.76%，2018 年第二产业增加值占比为 39.25%，2011—2018 年内蒙古第二产业增加值占比下降了 3.51 个百分点，而 2020 年第二产业增加值占比为 39.56%，相比于 2018 年上升了 0.31 个百分点。第三产业比重波动上升，2011 年第三产业增加值占比达 43.40%，到 2020 年上升至 48.77%，上升了 5.37 个百分点。2013 年起第三产业增加值占比持续高于第二产业增加值占比，位居第一。因此，内蒙古地区产业结构从 2013 年起由“二三一”型转变为“三二一”型，呈现出向好趋势（见图 3-1）。

表 3-3 2011—2020 年内蒙古三大产业增加值占内蒙古生产总值比重

年份	内蒙古自治区生产总值/亿元	内蒙古第一产业增加值/亿元	内蒙古第二产业增加值/亿元	内蒙古第三产业增加值/亿元	第一产业增加值占生产总值比重/%	第二产业增加值占生产总值比重/%	第三产业增加值占生产总值比重/%
2011	9458.12	1309.72	4044.04	4104.36	13.85	42.76	43.40
2012	10470.14	1453.22	4553.62	4463.29	13.88	43.49	42.63
2013	11392.42	1582.87	4870.14	4939.41	13.89	42.75	43.36
2014	12158.22	1638.02	5114.42	5405.77	13.47	42.07	44.46
2015	12948.99	1630.21	5269.54	6049.24	12.59	40.69	46.72
2016	13789.26	1650.56	5579.77	6558.93	11.97	40.46	47.57

续表

年份	内蒙古自治区生产总值/亿元	内蒙古第一产业增加值/亿元	内蒙古第二产业增加值/亿元	内蒙古第三产业增加值/亿元	第一产业增加值占生产总值比重/%	第二产业增加值占生产总值比重/%	第三产业增加值占生产总值比重/%
2017	14898.05	1649.77	5874.25	7374.03	11.07	39.43	49.50
2018	16140.76	1750.67	6335.38	8054.70	10.85	39.25	49.90
2019	17212.53	1863.26	6763.14	8586.13	10.83	39.29	49.88
2020	17359.82	2025.12	6868.03	8466.66	11.67	39.56	48.77

资料来源：《内蒙古统计年鉴》（2011—2020）。

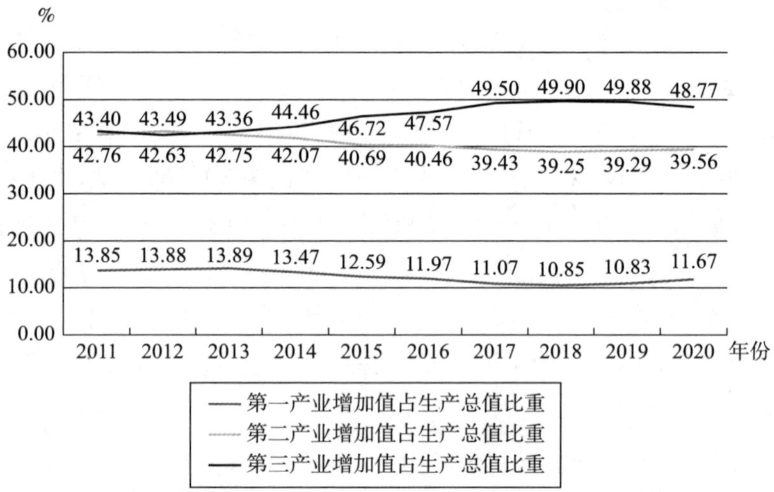

图 3-1　2011—2020 年内蒙古三大产业增加值占内蒙古生产总值比重

资料来源：《内蒙古统计年鉴》（2011—2020）。

二、内蒙古地区产业结构发展态势分析

（一）第一产业发展态势分析

由图 3-2 可知，内蒙古地区近十年来第一产业增加值占内蒙古生产总值比重经历了先升后降再升的变化过程。2011—2013 年内蒙古第一产业增加值占比提高了 0.04 个百分点，2013—2019 年占比下降 3.06 个百分点，2019—2020 年占比上升 0.84 个百分点。全国第一产业增加值占 GDP 比重

呈现先降后升趋势，2011 年占比为 9. 20%，2018 年下降至 7. 00%，下降了 2. 20 个百分点，2020 年占比为 7. 70%，比 2018 年提高了 0. 70 个百分点。内蒙古第一产业增加值占比始终高于全国平均水平，这与内蒙古地区农业发展和强调内蒙古发展特色农业产品紧密相关，对农业的关注与投入使得内蒙古地区农业综合生产力处于较高水平。

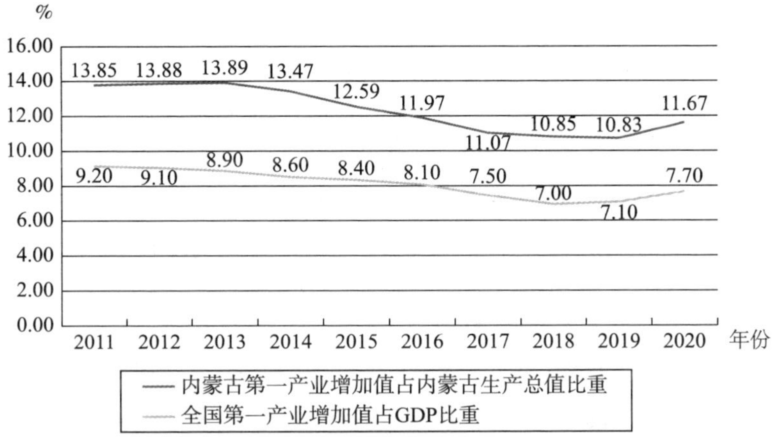

图 3-2　2011—2020 年内蒙古第一产业增加值占比与全国第一产业增加值占比

资料来源：《内蒙古统计年鉴》（2011—2020）、《中国统计年鉴》（2011—2020）。

（二）第二产业发展态势分析

科学技术是第一生产力，在技术和信息高度发达的现代，内蒙古地区的科学技术水平也得到了一定程度的提高，不仅加速了原有产业发展，也推动了能源、资源加工业、装备制造业等产业的发展。通过比较分析图3-3中内蒙古第二产业增加值占比数据与全国第二产业增加值占比数据可知，内蒙古第二产业比重在 2011—2020 年呈下降趋势，由 2011 年的 42. 76%下降到 2020 年的 39. 56%，下降了 3. 2 个百分点。与此同时，全国第二产业增加值占比在 2011—2020 年从 46. 50%下降至 37. 80%，下降了 8. 70 个百分点。内蒙古第二产业比重的下降可能与内蒙古各盟市地区以重点项目和科技升级为核心、提高工业生产率有关。2011—2020 年内蒙古自治区第二产业增加值占比与全国平均水平基本持平，这说明内蒙古第二产业的发展速度仍是缓慢的，发展水平较低，仍具有小型化和分散化的特点，竞争力不足，工业化进程推进缓慢。

图 3-3　2011—2020 年内蒙古第二产业增加值占比与全国第二产业增加值占比

资料来源：《内蒙古统计年鉴》(2011—2020)、《中国统计年鉴》(2011—2020)。

（三）第三产业发展态势分析

有学者认为一国或地区经济发展的程度主要由第三产业发展来体现，其所占比重代表着经济社会现代化和城镇化的高低。2011—2020 年内蒙古第三产业增加值占比总体呈现出上升的趋势，从 2011 年的 43.40%增长到 2020 年的 48.77%，增长了 5.37 个百分点，内蒙古地区产业结构得到调整和优化，内蒙古地区经济得到发展。但与全国平均水平相比，内蒙古第三产业增加值所占比重一直低于全国平均水平，这说明内蒙古地区第三产业发展不足，总体规模较小，产业结构优化不足，传统服务业处于主导地位，而一些新兴产业发展滞后，与中国发达地区有一定的差距，需要进一步发展（见图 3-4）。

图 3-4　2011—2020 年内蒙古第三产业增加值占比与全国第三产业增加值占比

资料来源：《内蒙古统计年鉴》(2011—2020)、《中国统计年鉴》(2011—2020)。

三、内蒙古各盟市产业结构现状分析

（一）内蒙古各盟市第一产业现状分析

由图 3-5 可知，呼和浩特市 2020 年的第一产业增加值所占比重比 2011 年略有下降，而其他 11 个盟市 2020 年的第一产业增加值所占比重都有一定程度的上升。2020 年第一产业增加值占比最小的三个盟市分别是乌海市（1.10%）、包头市（3.80%）和鄂尔多斯市（3.80%），表明这三个盟市的经济发展对第一产业的依赖程度低。2020 年第一产业增加值占比最大的三个盟市分别是兴安盟（34.50%）、巴彦淖尔市（25.30%）和呼伦贝尔市（24.80%），说明这三个盟市对第一产业的依赖程度较高。兴安盟 2020 年第一产业增加值占比相比 2011 年提高了 3.06 个百分点，巴彦淖尔市 2020 年第一产业增加值占比相比 2011 年提高了 6.04 个百分点，呼伦贝尔市 2020 年第一产业增加值占比相比 2011 年提高了 6.06 个百分点。这三个盟市不仅第一产业比重数值上升，而且它们在全区各盟市的排名靠前，说明产业结构调整空间还很大。

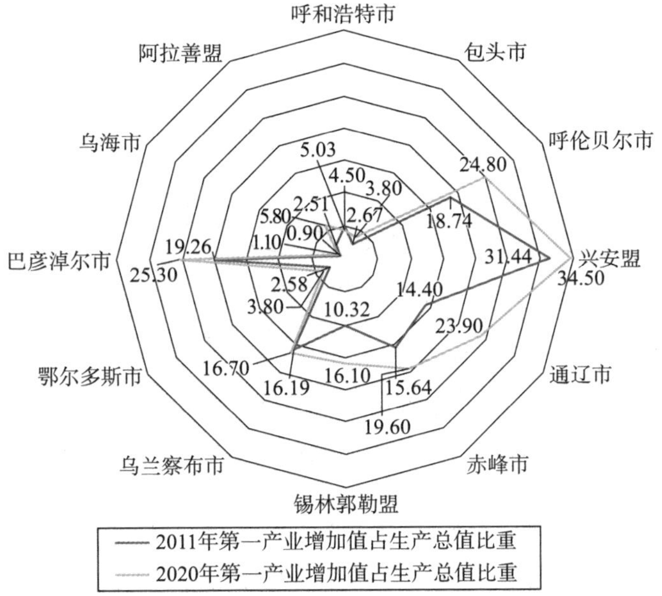

图 3-5　2011 年和 2020 年内蒙古 12 个盟市第一产业增加值占比雷达图（%）

资料来源：《内蒙古统计年鉴》（2011，2020）。

（二）内蒙古各盟市第二产业现状分析

由图 3-6 可知，2020 年 12 个盟市的第二产业增加值占比都比 2011 年低，其中通辽市、巴彦淖尔市和阿拉善盟这三个盟市的第二产业增加值占比降幅最大，分别降低了 32.20 个、28.23 个和 25.39 个百分点。2020 年第二产业增加值占比最小的三个盟市分别是兴安盟（24.20%）、呼伦贝尔市（27.90%）、通辽市（29.00%），说明这三个盟市的工业还有很大的发展空间。2020 年第二产业增加值占比最大的三个盟市分别是乌海市（64.50%）、阿拉善盟（57.00%）、鄂尔多斯市（56.80%），说明这三个盟市的工业发展情况最好。

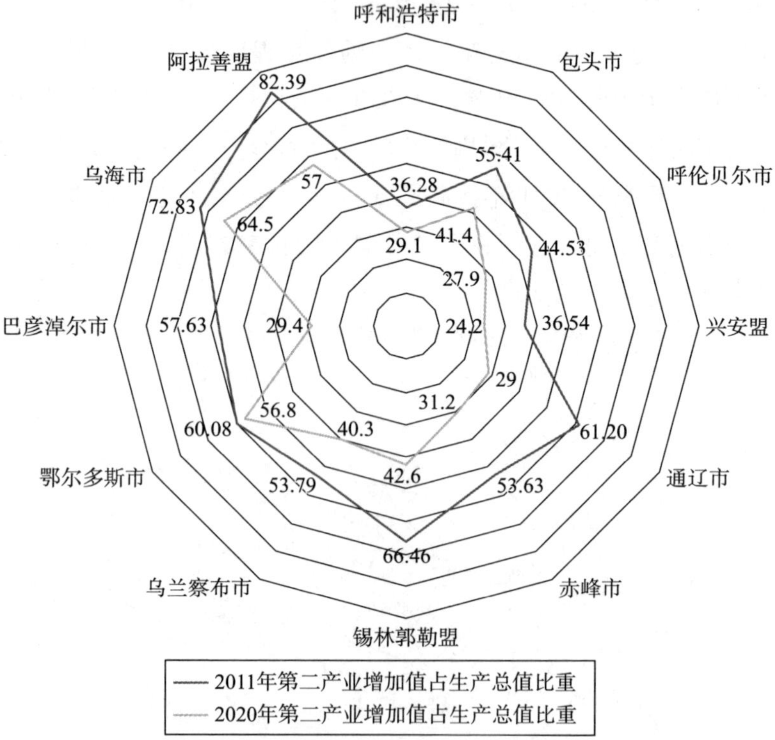

图 3-6　2011 年和 2020 年内蒙古 12 个盟市第二产业增加值占比雷达图（%）

资料来源：《内蒙古统计年鉴》（2011，2020）。

（三）内蒙古各盟市第三产业现状分析

由图 3-7 可知，内蒙古 12 个盟市 2020 年的第三产业增加值占比相比 2011 年都有所上升，但 12 个盟市中只有呼和浩特市、包头市、赤峰市、通辽市和呼伦贝尔市 5 个市的第三产业增加值占比超过世界低收入国家水平。2020 年第三产业比重最小的三个盟市分别是乌海市（34.50%）、阿拉善盟（37.20%）、鄂尔多斯市（39.40%），分别比 2011 年提高了 8.23 个、22.10 个和 2.06 个百分点。2020 年第三产业比重最大的三个盟市分别是呼和浩特市（66.40%）、包头市（54.90%）、赤峰市（49.20%）。由此可以看出内蒙古地区第三产业有一定发展，但发展程度不够。

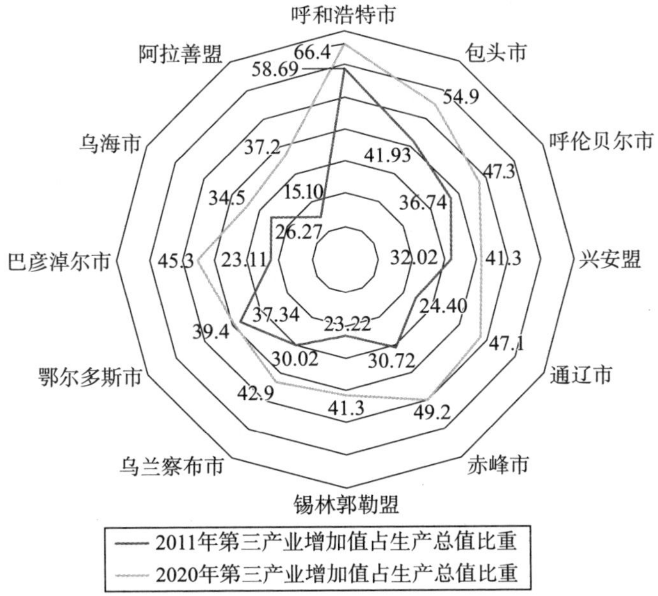

图 3-7　2011 年和 2020 年内蒙古 12 个盟市第三产业增加值占比雷达图（%）

资料来源：《内蒙古统计年鉴》（2011，2020）。

第三节　模型构建与研究设计

一、研究假设

内蒙古部分地区面临资源枯竭威胁，经济增长也较为缓慢，不能再依靠其自身的地理优势和资源优势发展资源型产业。因此，为了保持本地区经济的可持续发展，必须要加强本地区产业转型升级的动力，进一步将原来单一产业结构优化升级。目前，学者们普遍认可创新对产业结构升级的积极作用，付宏等（2013）比较分析了10个省份的创新活动效率后认为，创新投入对于产业结构高级化具有显著积极作用，投入研发经费和增加研发人员影响产业结构的高级化产出。此外，通过建设产业集群平台、提高自动化生产率以及发展高新技术产业也可以推动产业转型和升级（毛蕴诗等，2012）。王元月等（2002）认为技术创新是实现资源型城市产业转型的一条有效路径。贾洪文等（2021）指出科技创新对产业结构升级存在显著的促进作用，而且科技创新还能通过产业结构升级影响经济高质量发展。江小国和张婷婷（2021）利用动态空间杜宾模型研究技术创新对制造业结构升级的影响，他们发现技术创新在全国和区域两个层面都对制造业结构升级有着正向直接影响和正向空间溢出效应，而且在区域层面上，技术创新对东部、中部和西部地区制造业结构升级的直接影响与空间溢出效应总体上呈现出“东强西弱”的差异化特征。

企业家是创新行为的发动者和实施者，他们利用企业家精神推动技术创新、创建新兴企业和引导制度变迁等，推动地区产业结构发生变化。赵德森和姚建文（2013）指出人力资本结构是影响产业结构升级和经济增长的一个重要因素。通过改善人力资本投资结构，激发企业家的企业家精神，从而促进产业结构升级。林菁菁（2013）基于对持续创新本质的深入挖掘，整合由企业家精神、网络能力和组织学习构成的创新型企业的核心概念，并以创新型企业在突破产业演进特殊阶段的产业升级瓶颈作为切入点，通过多案例手段研究创新型企业引领产业升级的过程，最终归纳创新驱动机制形成与演化的一般规律。研究表明：①企业家精神、组织学习和网络能力是驱动创新型企业持续创新及成长的根本要素；②这三种驱动要素在相互作用中各自演化出突破相应产业升级瓶颈的新特征：企业家精神延伸到整个产业，通过改变现有产业链价值增值模式，突破“传统产业升级”瓶颈；网络能力通过技术集成后的产品终端，加强相关产业的联系，突破“低产业化”的产业升级瓶颈；组织学习扩展到产业集群层面，能够突破“大而不强”的产业升级瓶颈。于涛（2015）从博弈的角度解释了企业家精神和金融发展对产业结构的影响，结果发现金融发展和企业家精神对产业结构升级都具有正向作用。张兰婷（2015）以中国省级面板数据为研究对象进行实证分析，其研究结果表明：企业家精神的产业结构升级效应显著为正，企业家的创业精神和创新精神可以促进产业结构的优化升级。陈日平（2016）指出，企业家是某一区域经济发展的推动者，而企业家精神作为企业家最重要的素质，则影响着企业的发展方向和企业战略规划。找出制约城市企业家精神的关键区域空间特征因素并积极培育城市企业家精神是从根本上转变经济增长方式、进一步优化产业结构和实现城市经济和社会发展的关键。刘现伟（2017）提出企业家精神是全社会的宝贵财富，对于技术创新、产业结构演进、社会财富积累甚至制度变迁都具有重要作用。冯伟和李嘉佳（2019）指出企业家创新精神对产业结构升级具有明显的促进作用，这种促进作用主要体现在东中部地区，并且呈现出递减态势。将以上分析与对企业家精神内涵和产业结构升级概念的理解相结合，提出如下假设：

假设：企业家精神对内蒙古地区产业结构升级有正向促进作用。

二、数据收集与变量测量

（一）数据收集

本章以内蒙古地区为例，以其 12 个盟市为研究对象。数据主要来源于国家统计局网站、各盟市统计局网站、《内蒙古统计年鉴》、国泰安数据库以及相关专利搜索网站，依据数据的完整性和数据口径的一致性，特选取数据时间段为 2011—2020 年，共计 10 年。本章使用的计量软件是 Excel、SPSS19. 0 和 Stata12。

（二）变量测量

1. 解释变量——企业家精神

企业家精神的内涵较为丰富，目前学术界尚未对企业家精神的定义达成共识，但主要通过创业精神和创新精神两个指标对其进行测量。第一，从创业精神的角度来衡量企业家精神。颜为民等（2015）在参照之前学者研究的基础上，采用创业总量、私企创业量以及个体创业量来衡量企业家精神。陈长江和高波（2012）采用各地个体与私营企业主占该省总就业人口比例来衡量企业家精神。第二，从创新精神的角度来衡量企业家精神。于涛（2015）采用发明创新总数量与人口总数的比值来衡量企业家精神。陈怡安和赵雪苹（2019）在已有研究的基础上，采用各省专利申请数量来衡量企业家创新精神，采用私营企业户数来衡量企业家创业精神。第三，通过一个综合指标来衡量企业家精神。李宏彬等（2009）、李后建（2013）等采用私营企业比率和专利申请数量来衡量企业家精神。许倩（2009）在参考国际通用指标体系和 GME 指标的基础上，构建了适合甘肃省实际情况的企业家精神综合指标。卜美文和张俊民（2021）采用企业家精神引领的公司资源运用效率来衡量企业家精神。

学者们普遍赞同企业家精神的核心是创新，因此对于创新活动的度量是测量企业家精神的一个重要方法（靳卫东等，2008）。此外，可以从个人层面、公司层面、社会层面以及空间层面来对企业家精神进行研究，本章以内蒙古 12 个盟市为研究对象，因此是从社会层面的角度来探讨的。在这种情况下，企业家精神指标也可以分为单一指标和复合指标。基于此，本章在考虑了实证研究中相关数据的可获得性和准确性后，为了突出企业家创新精神内涵，将专利申请数量与年末常住人口之比作为企业家精神的替代变量（见表 3-4）。由表 3-4 可知，相比于 2011 年，2020 年内蒙古地区 12 个盟市每十万人中申请专利数量大幅增加，即地区企业家精神逐渐培养起来。2020 年企业家精神相对较高的地区是阿拉善盟（155.49 件/十万人）、鄂尔多斯市（127.60 件/十万人）和包头市（112.20 件/十万人）；而兴安盟（18.77 件/十万人）、通辽市（31.25 件/十万人）和呼伦贝尔市（33.08 件/十万人）企业家精神相对较弱。

表 3-4　2011—2020 年内蒙古 12 个盟市企业家精神指数　单位：件/十万人

盟市	2011 年	2012 年	2013 年	2014 年	2015 年	2016 年	2017 年	2018 年	2019 年	2020 年
呼和浩特市	37.60	41.41	46.05	52.07	68.90	84.78	107.03	141.52	61.36	111.32
包头市	24.69	39.97	50.76	54.98	71.19	72.57	79.60	95.95	34.86	112.20
呼伦贝尔市	4.09	5.17	5.37	7.71	10.49	15.27	20.20	20.08	8.33	33.08
兴安盟	2.30	3.36	3.55	4.00	5.82	8.74	13.28	13.62	5.71	18.77
通辽市	5.20	6.99	7.39	11.08	17.30	13.89	16.27	21.16	10.70	31.25
赤峰市	6.62	7.42	10.64	11.76	12.42	15.61	18.12	25.98	9.91	36.05
锡林郭勒盟	5.52	5.00	6.93	8.65	10.45	15.57	26.06	33.47	20.50	39.20
乌兰察布市	4.12	5.49	3.67	3.64	8.00	10.92	16.84	24.38	14.11	43.12
鄂尔多斯市	10.05	14.72	34.85	21.03	33.10	63.64	71.40	87.81	34.68	127.60
巴彦淖尔市	4.99	6.11	7.90	10.47	14.85	18.72	30.86	33.25	9.92	56.48
乌海市	9.79	11.31	14.46	16.96	21.41	36.18	39.39	49.53	21.02	104.56
阿拉善盟	5.95	7.96	7.55	17.85	25.46	21.98	78.23	78.19	59.83	155.49

资料来源：《内蒙古统计年鉴》（2011—2020）。

2. 被解释变量——产业结构升级

产业结构升级是第一产业向第二产业、第三产业的转移，从生产消费资料向生产生产资料转变的过程。产业结构升级指标可以用非农产业的比重、产业结构层次系数、Mooore 结构变动指数或 K 结构变动指数以及高新产业比重等衡量。付宏等（2013）使用新产品产值作为产业结构高级化的指标，经济发展水平越高，社会新产品越多。杨文华（2013）以第三产业增加值占国民经济的比重来衡量产业升级。而严武和丁俊峰（2013）以广东省为研究对象进行实证检验，采用第二产业和第三产业增加值之和与广东省 GDP 之比来衡量广东省产业结构优化程度。刘在洲和汪发元（2021）利用计算得到的产业结构升级指数来衡量产业结构升级。吕荣杰等（2021）选取第三产业增加值与第二产业增加值的比值来衡量产业结构升级。产业结构升级的一般规律，主要表现为第一、第二产业增加值比重逐步减小，而第三产业增加值比重上升。因此，本章借鉴吕荣杰等（2021）对产业结构的测量方法，使用第三产业增加值和第二产业增加值之比作为衡量指标。该指标的优势是可以较好地说明产业结构是否向服务化演进。通过计算得到 2011—2020 年样本地区产业结构升级指数，如表 3-5 所示。

表 3-5　2011—2020 年内蒙古 12 个盟市产业结构升级指数 单位：件/十万人

盟市	2011 年	2012 年	2013 年	2014 年	2015 年	2016 年	2017 年	2018 年	2019 年	2020 年
呼和浩特市	1.62	1.61	1.97	2.26	2.42	2.46	2.49	2.15	2.25	2.28
包头市	0.76	0.76	0.88	0.97	1.01	1.07	1.09	1.07	1.45	1.33
呼伦贝尔市	0.83	0.74	0.71	0.75	0.87	0.90	1.63	1.68	1.75	1.70
兴安盟	0.88	0.81	0.87	0.90	0.90	0.91	1.35	1.33	1.83	1.70
通辽市	0.40	0.37	0.38	0.52	0.69	0.73	1.18	1.99	1.52	1.63
赤峰市	0.57	0.53	0.56	0.69	0.80	0.81	1.24	1.25	1.72	1.58
锡林郭勒盟	0.35	0.34	0.35	0.39	0.46	0.52	0.55	0.56	1.09	0.97
乌兰察布市	0.56	0.54	0.60	0.63	0.76	0.76	0.78	0.80	1.15	1.06
鄂尔多斯市	0.62	0.61	0.63	0.65	0.72	0.75	0.84	0.85	0.66	0.69
巴彦淖尔市	0.40	0.38	0.43	0.46	0.60	0.63	0.99	1.03	1.37	1.54
乌海市	0.36	0.35	0.50	0.55	0.65	0.75	0.73	0.66	0.59	0.53
阿拉善盟	0.18	0.18	0.21	0.22	0.42	0.45	0.45	0.43	0.72	0.65

资料来源：《内蒙古统计年鉴》（2011—2020）。

3. 控制变量

在实证研究中，控制变量的作用是使解释变量对被解释变量的解释更具力度。本章使用了五个控制变量，分别是金融发展、研发经费投入、外商直接投资、固定资产投资以及政府财政支出（见表3-6）。

表3-6　变量定义与测量

变量性质	变量名称	变量缩写	变量描述
被解释变量	产业结构升级	*CYS*	第三产业增加值/第二产业增加值
解释变量	企业家精神	*Entr*	专利申请数量/年末常住人口
控制变量	金融发展	*Fin*	金融机构贷款总额/该地区 GDP
	研发经费投入	*RD*	各地区研发经费内部支出总额/该地区 GDP
	外商直接投资	*FDI*	实际利用外商直接投资额/该地区 GDP
	固定资产投资	*FI*	社会固定资产投资/该地区 GDP
	政府财政支出	*Gov*	地区政府财政支出/该地区 GDP

资料来源：笔者根据文献总结整理。

金融发展（*Fin*）。地区金融发展可以促进生产要素在各个部门之间流动，进而推动产业结构更加优化和高级化。Fisman 和 Love（2003）认为金融市场发展越快的国家或地区，各个产业间相互联系越紧密。因此，金融发展好的地区可能产业结构升级程度也更高一些。学者们目前在实证研究中大多采用金融机构贷款总额与该地区生产总值之比作为金融发展的替代变量，因此本章也采用各地区金融机构贷款总额除以 GDP 来衡量内蒙古地区 12 个盟市金融发展状况。

研发经费投入（*RD*）。研发经费投入可以促进地区相关技术的发展和进步，技术发展是促进产业结构升级的一个关键的推动力，技术进步使得产业效率大幅度提升，把更多的资源和生产要素引入这些产业中，在改造传统产业的同时，也可以促进产业结构的升级。付宏等（2013）采用地区研发经费内部支出来表示研发经费的投入。本章采用各地区研发经费内部支出总额与各地区 GDP 之比来衡量研发经费投入。

外商直接投资（*FDI*）。大部分学者认为外商直接投资对地区产业结构升级具有一定的积极作用。外商直接投资通过资本转移、技术转移与溢出等来影响产业结构。李宏彬等（2009）采用实际利用外商直接投资额与名义 GDP 之比来衡量外商直接投资指标。本章也采用相同的办法来进行替代。

固定资产投资（FI）。社会固定资产投资会对地区产业结构升级产生一定的影响，本章用固定资产投资来表示地区固定资产投资对产业结构升级的影响。因此，本章选择各地区社会固定资产投资与地区 GDP 之比作为衡量固定资产投资的代理变量。

政府财政支出（Gov）。财政支出是政府一种宏观调控方法，可以弥补市场机制在调整产业结构方面的缺陷。也有很多学者对此进行了相关研究，发现政府财政支出会对产业结构的调整产生影响。本章采取各地区政府财政支出和地区 GDP 之比来衡量政府财政支出。

三、模型构建

为能准确地揭示企业家精神与内蒙古地区产业结构升级的关系，本章拟构建如下回归模型对前文提出的研究假设进行检验。

$$CYS_{i,t}=\alpha+\beta_1\times Entr_{i,t}+\beta_2\times Fin_{i,t}+\beta_3\times RD_{i,t}+\beta_4\times FDI_{i,t}+\beta_5\times FI_{i,t}+\beta_6\times Gov_{i,t}+\varepsilon_{i,t}$$

其中，CYS 为产业结构升级指数，α 为常数，ε 为随机误差项，β_1、β_2、β_3、β_4、β_5、β_6 均为待估变量系数，i（$i=1$，2，…，12）和 t（$t=2011$，2012，…，2020）分别代表地区和时间的标示变量。

第四节　实证检验结果与分析

一、描述性统计结果与分析

表 3-7 是模型中涉及的 2011—2020 年样本相关变量的描述性统计结果，该表列出了所有变量的描述性统计特征。

表 3-7　变量的描述性统计

变量	样本数	均值	标准差	方差	最小值	中位数	最大值
CYS	120	0.9300	0.5452	0.2973	0.1800	0.7600	2.4900
Entr	120	30.6200	32.0262	1025.6758	2.3000	17.5800	155.4900
Fin	120	0.6202	0.2373	0.0568	0.2134	0.5580	1.9075
RD	120	0.0014	0.0046	0.00002	0	0.0005	0.0546

续表

变量	样本数	均值	标准差	方差	最小值	中位数	最大值
FDI	120	0. 0424	0. 0448	0. 0020	0	0. 0257	0. 1933
FI	120	0. 6101	0. 2218	0. 0518	0. 1914	0. 5968	1. 2364
Gov	120	0. 1794	0. 0665	0. 0054	0. 0823	0. 1689	0. 4025

从表 3-7 中可以看出，产业结构升级（*CYS*）的最大值为 2. 4900，最小值为 0. 1800，均值为 0. 9300，标准差为 0. 5452，表明观测值产业结构升级指标在内蒙古地区 12 个盟市之间有较大的差异，总体来说产业结构升级指标数值较小的样本居多。企业家精神（*Entr*）的最大值为 155. 4900，最小值为 2. 3000，均值为 30. 6200，标准差为 32. 0262，说明内蒙古 12 个盟市在企业家精神方面存在很大的差异。

从控制变量来看，金融发展（*Fin*）均值为 0. 6202，标准差为 0. 2373，说明各个样本地区金融发展相对均衡，最大值为 1. 9075，说明存在个别地区金融发展远高于其他地区的情况。研发经费投入（*RD*）均值为 0. 0014，说明样本地区总体来说研发投入较低，最大值为 0. 0546，说明存在个别研发投入较高的地区。外商直接投资（*FDI*）最大值为 0. 1933，最小值为 0，均值为 0. 0424，说明各个样本地区外商投资存在较大的差异。固定资产投资（*FI*）最大值为 1. 2364，最小值为 0. 1914，均值为 0. 6101，表明该指标在总体样本分布较均匀，但最大值与最小值差异较大。政府财政支出（*Gov*）最大值为 0. 4025，最小值为 0. 0823，均值为 0. 1794，可以看出各个地区政府支出分布相对均匀。

二、相关性分析

通常在检验模型之前都会观察变量之间的相关关系，为进一步描述和揭示变量间数量变化关系提供依据。相关系数的绝对值小于等于 1，当其绝对值越接近于 1，说明关系越紧密，趋向于 0 表明关系不紧密。表 3-8 为各变量之间的 Pearson 相关系数。

表 3-8　变量间的 Pearson 相关矩阵

	CYS	*Entr*	*Fin*	*RD*	*FDI*	*FI*	*Gov*
CYS	1.0000						
Entr	0.1932*	1.0000					
Fin	0.3836**	0.0841	1.0000				
RD	0.2090**	0.2376**	0.2021**	1.0000			
FDI	0.0234	0.2896**	-0.1544*	0.2022**	1.0000		
FI	-0.3809**	0.0869	-0.3618**	-0.1326	0.1447	1.0000	
Gov	-0.0862	-0.4079**	-0.1383	-0.2044**	-0.2233**	0.3879**	1.0000

注：*、**分别表示在10%和5%的显著性水平下显著。

由表 3-8 可知，各研究变量之间普遍呈现一定的相关性，相关系数绝对值最高为 0.4079，相关系数绝对值最低为 0.0234。此外，企业家精神（*Entr*）与产业结构升级（*CYS*）的相关系数为 0.1932，且二者正相关，表明各个地区的企业家精神对产业结构升级有促进作用。金融发展（*Fin*）与产业结构升级（*CYS*）在 5%的水平下正向相关，表明地区金融发展对产业结构升级有促进作用。研发投入（*RD*）与产业结构升级（*CYS*）在 5%的水平下正向相关，可以得出各地区研发投入对产业结构升级有促进作用。社会固定资产投资（*FI*）与产业结构升级（*CYS*）在 5%的水平下负向相关，说明各地区社会固定资产投资对该地区产业结构升级有抑制作用。此外，政府财政支出（*Gov*）和企业家精神（*Entr*）在 5%的水平下负向相关，说明各地区政府财政支出会抑制当地企业家精神的发展。

三、回归结果分析

将所有收集和整理出的样本数据输入已构建好的模型 1 中，运用 Stata12.0 统计软件得到多元线性回归方程各变量的系数。表 3-9 整理出了地区企业家精神和各个控制变量及调节变量对该地区产业结构升级影响的回归模型结果。

表 3-9　企业家精神对产业结构升级的回归结果

变量		被解释变量：*CYS*
常数项		3.089***
控制变量	*Fin*	0.451***
	RD	8.275
	FDI	0.821
	FI	-0.776***
	Gov	0.659***
解释变量	*Entr*	0.221***
模型统计量	R^2	0.612
	调整后的 R^2	0.540
	F 统计值	45.125***

注：***表示在1%的显著性水平下显著。

由3-9回归结果可知，企业家精神（*Entr*）与地区产业结构升级（*CYS*）在1%的水平下显著为正，回归系数为0.221，说明企业家精神对产业结构升级具有显著的促进作用，故假设得到验证。结果表明，内蒙古地区应多关注企业家精神的培育和发展，有利于该地区产业结构升级。金融发展（*Fin*）与地区产业结构升级（*CYS*）在1%的水平下显著为正，回归系数为0.451，表明金融发展（*Fin*）与地区产业结构升级（*CYS*）呈正向相关关系。金融发展指标每上升1%，地区产业结构升级指数就上升0.451%，因此应积极推进内蒙古地区的金融发展。社会固定资产投资（*FI*）与地区产业结构升级（*CYS*）在1%的水平下显著为负，回归系数为-0.776，说明地区固定资产投资（*FI*）与产业结构升级（*CYS*）呈负向相关关系。社会固定资产每上升1%，地区产业结构升级指标就会下降0.776%。表明内蒙古地区对固定资产的投资会抑制该地区产业结构升级。政府财政支出（*Gov*）与地区产业结构升级（*CYS*）在1%的水平下显著为正，回归系数为0.659，政府财政支出（*Gov*）与地区产业结构升级（*CYS*）呈正向相关关系。说明资源富集地区政府财政支出增加有利于该地区的产业结构升级。

四、研究结论

本章以2011—2020年内蒙古地区12个盟市为研究样本，就企业家精神对内蒙古地区产业结构升级的影响进行了实证分析，主要结论如下：

（1）内蒙古 12 个盟市企业家创新精神活跃程度不同，因此其对内蒙古 12 个盟市产业结构升级的影响也存在差异。由表 3-4 中内蒙古 12 个盟市企业家精神指数可以看出企业家创新精神相对活跃的地区是阿拉善盟、鄂尔多斯市和包头市，相对不活跃的地区是兴安盟、通辽市和呼伦贝尔市。而从图 3-7 中可以看出，内蒙古 12 个盟市中 2020 年与 2011 年相比第三产业比重增长幅度最大的地区是通辽市、巴彦淖尔市和阿拉善盟，而比重增长幅度最小的地区是呼和浩特市、乌海市和鄂尔多斯市。由此可以得出：企业家创新精神在内蒙古地区分布不均衡，并且企业家创新精神较高的地区其第三产业比重增长幅度也可能较大，说明企业家创新精神可能使得内蒙古地区各个盟市在产业结构分布上存在差异。

（2）企业家精神对内蒙古地区产业结构升级具有正向促进作用。从企业家精神对资源富集地区产业结构升级的实证检验结论来看，企业家精神与内蒙古地区产业结构升级有着显著的正相关关系，企业家精神尤其是企业家创新精神有助于发现常人无法发现的机会并通过创造性地破坏市场原有的均衡，进而获得超额利润。首先，企业家精神通过技术创新推动产品和生产流程创新，进而促进内蒙古各地区原有产业升级，或者产生新兴产业，最终促进地区产业结构升级。其次，企业家精神的发展可以培育内蒙古地区的创业创新氛围，进而产生更多的新兴企业，使得第三产业比重增加。

第四章 企业家精神对内蒙古经济增长的影响

第一节 理论基础与文献综述

一、理论基础

自 Adam Smith 以来，整个经济学界围绕着驱动经济增长的因素争论了长达 200 多年，最终形成以下三种主要理论（见表 4-1）。

表 4-1 经济增长理论类型

理论类型	代表人物
古典经济增长理论	Adam Smith（1776）、David Richado（1817）、Thomas Malthus（1798）
新古典经济增长理论	Marshall（1890）、Young（1928）、Shumpeter（1912）、Harrod（1939）和 Domar（1946）、Solow（1956）
新经济增长理论	Romer（1986）、Lucas（1988）、King 和 Robson（1993）、Aghion 和 Howitt（1992）、Young（1991）、Basu 和 Weil（1998）、Jones（1995，1999）、Dinopoulos 等（1999）、Segerstrom（1998）、Chol Won Li（2000）、Kuzuo Mino（2001）、Grossman（1991，1992）、杨小凯（1991，1992，1993）、Ben Fine（2000）、Summers-Heston（1988，1991，1995）、Barro 和 Lee（1998）

资料来源：笔者根据文献总结整理。

（一）古典经济增长理论

在古典经济学时期，经济学家就特别关注经济增长，代表人物有 Adam Smith、David Richado 和 Thomas Malthus。Smith（1776）认为，促进经济增长有两种途径：一是增加生产性劳动的数量；二是提高劳动的效率。在这两个增长途径中，Smith 更强调劳动效率对经济增长的推动作用。首先，他把劳动区分为生产价值的生产性劳动和不能生产价值的非生产性劳动，并认为生产性劳动创造财富，而非生产性劳动只消耗财富。所以 Smith 认为，在劳动投入量中增加生产性劳动投入的比例将会促进经济增长。其次，对于如何促进劳动效率的提高，Smith 认为主要取决于分工程度和资本积累的数量，因此分工协作和资本积累是促进经济增长的基本动因。分工可以提高劳动者熟练程度，减少因工作转换所造成的损失，有利于机器的发明，所以分工使得单位劳动的产出量增加，进而导致收益递增。至于分工的程度，他认为分工取决于交换，交换又取决于交换的能力，而交换能力的大小由市场容量加以刻画。这样一来，分工程度受制于市场容量。所以 Smith 认为市场容量的扩大导致分工加深，而分工又促使劳动效率的提高，并最终导致经济增长。除此之外，Smith 也关注资本积累对经济增长的影响。他认为，资本积累可以扩大资本存量，与之相联系的劳动数量增加，从而直接促进经济增长。而且，资本积累往往与专业化和分工相联系，从而借助于分工间接地促进经济增长。总之，Smith 指出分工和资本积累对劳动效率的提高以及经济的增长有着重要的意义。同时，由于这些因素都有赖于投资，而投资又受到利润的驱动，因而以自由竞争为理念的政府政策成为 Smith 促进经济增长的政策。收益递增、分工利于机器发明（技术进步）并导致劳动效率的提高、市场容量的扩大导致分工程度的加深等思想，都成为了后来经济增长理论的重要源泉。正如在上文理论模型的综述中所归纳的那样，Smith 的经济增长思想涵盖了分工、贸易（交换）、技术和制度（政策）四大类因素，所以说，新增长模型与这位古典大师的思想有着千丝万缕的联系。

Richado（1817）对经济增长的分析围绕收入分配展开。在考察了工资、利润和地租的关系、变动以及影响这些分配比例变量的外部因素后，他认为长期的经济增长趋势在收益递减规律的作用下会停止。土地的数量是有限的，而土地上生产的产品（谷物）也是有限的。随着人口的增加，人们对土地上生产的产品需求增加，这将导致生产向肥力较低的土地上扩展。这就意味着，随着土地投入的增加，土地上产出的增加越来越少，从而出现边际收益递减现象。收益递减趋势使得土地上产出的价值提高，从而又导致劳动者的工资上涨，进而使得资本家的成本提高，利润降低。利润是投资的引导器，利润降低致使投资下降，最终导致资本积累减少。同时，由于土地产出的价值提高，有限土地的地租增加。但地主只进行非生产性消费而不进行投资，因此上述过程必将导致资本积累停止。由此可见，Richado 更注重 Smith 增长分析中的劳动量增加和资本积累的作用。但由于土地边际收益递减规律的作用，这两个因素对增长的贡献越来越小，因而资本主义的增长是有限的。不过

Richado 在此所论述的收益递减与现代经济学所讲的收益递减是有区别的。现代的边际收益递减规律是基于数量取向的，意指在其他条件不变的情况下，随着某一要素（投入）数量上的增加（同时质量保持不变），该要素的边际报酬将逐渐下降。但 Richado 的边际收益递减规律是基于质量取向的，他指出收益递减的原因主要是土地的质量逐渐降低（而数量是不变的）。这也说明某些资源具有可耗竭的特征。关于这一点本书将进行一定的讨论。

Malthus（1798）对经济增长的讨论是与他提出的人口原理联系在一起的。在他看来，人口增长与产出增长是不同步的。人口以现有的人口数量为基数不断增长，而其增长率会随着产出的增长而进一步增大。由于人类生存的基本需求来源于土地上的产出，但土地上的产出却遵循收益递减规律。当土地全部被使用时，对土地的每一次改良，都会使土地上的产出增加量逐步降低，因而“人口的增长有超过生活资料增长的经常的趋势”。因此，以人均产出表示的经济增长会受到人口增长的限制。如果人口增长，在边际收益递减的作用下，产出增加量减少，从而生活水平下降，进而导致出生率下降，死亡率上升。在均衡状态下，人口增长率为零，从而经济增长也为零。这种不愉快的结果是因为人口增长和经济增长受到两个不同规律的作用，任何耕种土地的数量扩大或技术进步都将导致超过产出增长的人口增长，即人口灾难是不可避免的。可见，Malthus 的人口增长是内生决定的，即人口增长取决于人均收入。同时，在经济系统之外采用限制人口增长超过经济增长的政策便是正常的事了。

综上所述，古典经济学家已经指出了经济增长的规模性动因（资本、技术、土地）以及拓扑性机制（分工），也注意到了自然资源在增长中的特殊性。但他们的分析侧重于农业生产占主导地位的经济，肥力递减等边际收益递减规律被过分地强化了。同时，技术进步的连续性没有得到应有的重视。因此，他们的分析显得有些悲观，即经济增长不具有持续性。

（二）新古典经济增长理论

19 九世纪后半叶，以“边际分析”为特征的新古典经济学兴起，标志着西方经济学进入了一个新的成长阶段。新古典经济增长理论中，值得细说的是 Marshall 对规模收益递增的分析、Shumpeter 对创新的分析、Harrod-Domar 模型以及新古典增长模型。

在对经济增长动力的探源上，Marshall（1890）同样认为，人口数量的增加、财富（资本）的增加、智力水平的提高、组织（分工协作）的引入等，都会加快工业生产，促使经济增长。这些因素对厂商生产的总体影响表现为收益递增。因此，经济增长与收益递增相联系。另外，Marshall 还区分了厂商的收益递减与行业的收益递增。在长期均衡过程中，代表性厂商主要表现为收益递减，而行业产出的变动则可以使得代表性厂商出现收益递增。一方面，行业的扩大可以借助于厂商的内部经济发挥作用，从而使厂商成本下降，呈现规模收益递增；另一方面，行业产出的扩大也产生外部的经济，也使得厂商出现规模收益递增，这便成了后来经济增长理论的“外溢”模型的思想渊源。尽管 Marshall 对规模收益递增给予了相当的关注，但他的基本理论分析仍是静态的和局部的。所以他更强调经济中规模收益递减现象，这与整个新古典理论相一致。直到 1928 年，Young 在《收益递增和经济进步》一文中，才进一步论述了 Smith 和 Marshall 的分工、规模收益递增和经济增长的关系。把 Marshall 对规模收益递增的解释进行了推广，并对持续的规模收益递增给出了一个内生化的解释。Marshall 和 Young 对规模收益递增、分工与经济增长所进行的分析对新增长理论产生了重要的影响。这在理论模型的综述中做了较多的说明。

Shumpeter（1912）对过程的独辟蹊径，为新增长中的技术创新模型提供了一个理论基础。Shumpeter 使用“创新”概念来解释资本主义的经济发展。他认为，在一个简单再生的静态经济中，当所有的生产资源达到最佳使用状态时，经济处于均衡状态。如果经济中各种投入量能维持给定的数据，这种均衡就会自行重复。不过，在静态均衡中，没有超额利润、没有积累，也没有经济发展。经济发展的可能性来自静态均衡的破坏，而打破静态均衡的关键在于超额利润诱发的创新。创新是指企业家对生产要素实现新组合，包括引进新产品、采用新生产、开辟新市场、获取新资源、建立新组织等。Shumpeter 认为，创新是企业家特有的职能，其目的是获取超额利润。他们的工作，既不同于发明家，也不同于资本家和劳动者，虽然他们没有创造什么，但他们实现了新的组合。企业通过创新获取垄断地位，从而得到超额利润，这便打破了原有的均衡状态，于是经济中的总收入增加，经济出现增长。同时经济中存在着对创新的模仿。在超额利润的诱使下，许多厂商开始模仿创新厂商，从而使得创新在整个经济中展开，并使创新厂商的超额利润逐渐减少并最终消失。此时，经济达到新均衡状态。在 Shumpeter 看来，创新是企业家特有的职能，而企业家的创新往往不能连续出现。由一次创新到另一次创新之间的演进，正是经济的一个周期性变动。与传统经济理论不同，Shumpeter 认为经济发展（经济增长）是伴随着经济周期（经济波动）而出现的。总之，他的创造性破坏的思想、波动性增长的思想以及创新性垄断的思想是独具匠心的，这给后来的新增长理论提供了重要的思想来源。

Harrod（1939）和 Domar（1946）分别建立了经济增长理论，即 Harrod-Domar 模型。该模型的关键假定是劳动和资本两种生产要素不能相互替代，在储蓄率、人口增长率不变且不存在技术进步和资本折旧的情况下，经济增长率为 $G=s/v$，其中 s 为储蓄率，v 为资本与产出比。从公式中可以看出：一国的经济增长率与该国的储蓄率成正比，与该国的资本—产出比率成反比。另外，Harrod 将经济增长率分为实际增长率、均衡增长率和自然增长率。实际增长率就是社会实际达到的经济增长率，值得注意的是，在一般情况下，实际增长率不能用 Harrod 模型的基本公式来计算，这是因为实际经济状况并不满足 Harrod 的前提假设。比如储蓄不等于投资或总需求与总供给不一定相等。均衡增长率就是 Harrod 提出的有保证的增长率。它所对应的是投资者满意的储蓄率和投资者满意的资本—产出比率，因此，在实现均衡增长率的情况下，由于实现了充分就业的有效需求水平，且形成的生产能力得到充分利用，所以，就各年情况而言，产量或收入达到最大值时，社会上既无失业又无通货膨胀。自然增长率 n 是在人口和技术都不发生变动的情况下，社会所允许达到的最大增长率。Harrod 认为，当实际增长率和均衡增长率发生偏差时，会导致经济短期波动；而当均衡增长率和自然增长率发生偏差时，则会导致经济长期波动，而且一旦偏差发生，就有自我加强的趋势。因此要实现实际增长率等于均衡增长率并等于自然增长率的长期均衡增长几乎是不可能的，故常被形象地称为“刃锋式”的经济增长。该模型的结论是：经济增长率随着储蓄率的增加而提高，随着资本与产出比的扩大而降低。

Robert M. Solow（1956）提出了新古典经济增长模型，其核心是总量生产函数性质的三个假设，即规模收益不变、生产要素的边际收益递减和生产要素之间的可替代性。新古典经济增长模型认为，经济增长过程体现为资本积累过程，而决定资本积累的因素是投资的收益率。在规模收益不变的条件下，人均收入唯一取决于资本与劳动比率，只有这一比率不断上升，人均收入才能持续增长。另外，投资的收益率等于资本的边际收益。与人均收入一样，资本的边际收益也唯一取决于资本与劳动比率，由于要素边际收益递减规律的存在，资本的边际收益率将随着资本与劳动比率的增加而不断下降。Solow等还指出，经济增长的决定因素，从长远来看，是技术进步，而不是资本积累和劳动力的增加。

至此可知，新古典经济学并不仅仅局限于“边际分析与一般均衡”工具上的贡献，其理论思想上的贡献同样是不可忽视的。

（三）新经济增长理论

20世纪80年代中后期，以1986年Romer发表的《收益递增和长期增长》和1988年Lucas发表的《经济发展的机制》这两篇里程碑式的论文为标志，新经济增长理论形成。Romer认为，人力资本是经济增长的主要因素。人力资本作为知识的载体，同知识一样，它不仅能自身形成递增的收益，而且能使资本、劳动等其他要素投入也产生递增收益，从而整个经济的规模收益是递增的，递增的收益保证了长期的经济增长。Lucas于1988年发表《经济发展的机制》，建立宏观模型分析在经济中人力资本的形成和积累对产出增长的贡献。Lucas将人力资本作为一个独立的因素引入经济增长模型，运用更加微观化的方法把舒尔茨的人力资本概念和索洛的技术进步概念具体化为“每个人”“专业化”的人力资本。Lucas模式强调人力资本是“增长的发动机”。人力资本是劳动者的技能水平，它可以通过专门学习获得，也可以在边干边学过程中不断积累。正是这种不断增长的专业化的人力资本促进产出的长期增长。Lucas还引入人力资本外部效应，即“全社会劳动力的人力资本平均水平”。他认为人力资本具有内在效应和外在效应，前者指人力资本收益为个人或家庭带来的增值；后者会从一个人扩散到另一个人身上，从旧产品传递到新产品，从家庭的旧成员传递到新成员，进而使产出生产具有递增收益。而正是这种源于人力资本外在效应的递增收益，使人力资本成为增长的发动机。西方发达国家经济增长也已充分证明，推动经济增长最为重要的因素是人力资本。

新经济增长理论中除了Romer模型和Lucas模型这两个最著名的模型，还有很多侧重不同增长方面的模型，诸如King和Robson（1993）的知识传播内生增长模型、Aghion和Howitt（1992）的模仿与创造性消化内生增长模型以及Young（1991）国际贸易内生增长模型。所有这些模型表达出来的一个重要思想是：企业是经济增长的最终推动力，特别是这些模型试图说明企业如何积累知识，广义知识包括人力资本和技术变化。这种知识积累表示为增加人力资本、生产新产品和提高产品质量。这些模型表明，知识积累过程会出现外部性或知识外溢效应，需要政府政策的干预：各种政策旨在扶持研究与开发、革新、人力资本形成甚至关键性产业部门。

进入20世纪90年代以后，经济学家对于新经济增长理论的研究不断深入，并取得了新的进展。这些进展主要体现在原有的内生增长模型的精致化。如自Romer（1986）提出外在性以后，经济学家对经济增长的内生渊源进行了更深入的研究。如Romer（1990）将技术进步视为一种中间产品的扩大化，并且假定这种扩大来源于个体最优化决策。Young（1991）提出了一个有限的干中学模型，在这个模型中，干中学是有限的，因此，增长可能受到发明的约束。Young（1993）针对中间产品的替代性与互补性，提出了一个具有中间产品与最终产品数量同时扩大的内生增长模型。Basu和Weil（1998）则提出了一个将技术与特定的K/L比例相联系的增长模型，在这个模型中，增长由两个方面驱动，一方面是由干中学驱动（K/L比例特定），另一方面是技术进步与资本积累共同驱动（技术进步要求一个改变了的K/L比例）。Jones（1995，1999）、Dinopoulos等（1999）、Young（1998）、Segerstrom（1998）则对经济增长模型中的规模效应进行了深入的讨论，他们认为Romer等所建立的增长模型都隐含着规模效应，但这种规模效应事实上没有经验支持，但如果在上述模型中去掉规模效应，则从根本上改变了模型的长期性质，增长亦可能从内生变成外生。因此，他们致力于建立一种没有规模效应的增长模型。Chol Won Li（2000）则通过建立一个具有两个研究与开发部门（即新产品质量提高的研究与开发部门和增加中间产品品种的研究与开发模型），对增长的内生性进行了新的思考。在他的模型中，内生增长（即没有人口增长的增长）需要严峻的条件，半内生增长是一种更合理的解释。在最近的一些文献中，如Journal of Economic Theory（2001）出的一期关于内生增长模型与非线性之间关系的专刊，经济学家已经开始讨论内生增长可能导致的混沌路径或内生增长过程中的分叉点，将经济增长的研究引入到了非线性方向；另外，也有一些经济学家讨论了增长中的不确定性，尤其是在增长路径中存在多个均衡点时（Kuzuo Mino，2001）。

新经济增长理论在90年代的另一个重要进展是新Schumpeter主义（neo-Schumpeterism）的复兴。Aghion和Howitt于1992年提出了增长过程中的创造性破坏的作用，于 1998 年出版的《内生增长理论》一书中，花了大量的篇幅讲述 Schumpeter 方法，并对技术进步的创造性破坏作用进行详尽的分析。Aghion 和 Howitt 在他们所建立的模型中，引入了新技术使原有技术过时的概念，从而使技术进步成为一个具有创造性破坏的过程。新 Schumpeter 主义的另一个特点与技术进步的微观机制有关。在 90 年代关于增长理论的文献中，很多模型发展了市场结构与技术进步的关系（Aghion & Howitt，1998）。但是，就笔者所见，如何建立一个市场结构内生的技术进步模型，仍是值得经济学家努力的。

以杨小凯为代表的分工驱动经济增长思想，由于引入角点解而将分工与增长模型化，逐步得到了主流经济学家的认可。就目前来说，基于分工的研究尚未在经济增长的研究中占据主流地位。Smith 第一次系统提出并强调的分工与经济增长之间的关系，由 A. Young（1928）进行了发扬，但直到 80 年代才重获经济学家的重视。对于分工的概念及其与增长的关系，经济学家的研究是沿着两条思路进行的：第一条思路基于分工是生产迂回程度的加深，这是从厂商进行最优决策的角度来展开研究，如 A. Young 和 Romer（1987）、Grossman 等（1991，1992）所做的研究；第二条思路基于分工是经济中的个体（Agent）最优选择的结果，体现为个体的专业化水平。沿第一条思路进行的分析，主要问题在于忽略了分工的生成与演进过程。虽然 Romer（1987）以中间产品的品种数作为生产的迂回程度，并假定中间产品的非完全替代性与非完全互补性（事实上，Romer 所运用模型中的生产函数是一个 D-S 型的生产函数），解出了一个生产迂回程度的一般均衡解。但其分析过程中没有讨论因生产迂回程度增加而带来的交易成本增加问题，其模型对现实的意义并不太大。

从 20 世纪 90 年代新经济增长理论的进展来看，新经济增长理论仍处于一个活跃发展的时期，尽管没有划时代的创新，但在现代方法与经典理论的结合方面取得了不少的成就，如对 R&D 投入与经济增长之间关系的定量模型的建立、对 Schumpeter 的创造性毁灭的重新探索等。另外，在实证分析方面，正如 Ben Fine（2000）所指出，增长理论的实证研究面临着以下三个方面的问题：变量的独立性（模型的检验假设了数据的独立性，但实际上变量之间是相互影响的，独立性无法保证）；数据基于模型所进行的选择性，这种选择忽略了增长过程而注重增长的结果；数据随机性与变量随机性的匹配，模型中所使用的是随机变量，但现实中的数据却是各种随机冲击的后果。90 年代在估计方法（如对于 Barro 模型回归的突破）、变量的调整［如多国的长时期数据与教育数据的调整（Summers & Heston，1988，1991，1995；Barro & Lee，1998)］、数据的调整（对各国经济增长率的调整）、定性因素的量化（如对于民主与增长关系的研究）等方面均取得了一定的成就。

二、文献综述

企业家精神与经济增长的关系从受到学者们的关注以来，一直是国内外学者研究的热点。他们分别从不同方面研究了企业家精神对经济增长的影响(见表 4-2)。

表 4-2 企业家精神对经济增长影响的研究

现有研究	代表人物
国外研究	Schumpeter（1921）、Arthur（1954）、Arrow（1962）、Aghion 和 Howitt（1992）、Holcombe（1998）、Wennekers 和 Thurik（1999）、Audretsch 和 Thurik（2001）、Delong（1988）、Tony Fu-Lai Yu（1997）、David G. Blanchflower（2000）、Aghion 等（2001）、Grossman 和 Shapiro（1986）、Jovanovic（1993）、Acs 和 Audretsch（2001）、Audretsch 等（2002）、Caves（1998）、GEM Report（2014）、Audretcsh 和 Keilbach（2003）、Berkowitz 和 Dejong（2005）、Audretsch 等（2005）、Hector（2007）、Salgado-banda 等（2007）、Elias G. Carayannis 等（2000）、Linghui Tang 和 Peter（2004）、Miguel-Ánge 和 Galindo María Teresa Méndez（2013）、David Urbano 等（2019）、Ovidiu Stoica 等（2020）
国内研究	张维迎（1986）、鲁传一和李子奈（2000）、庄子银（2003，2005）、付桂生和郭锦墉（2004）、李新春等（2006）、何予平（2006）、高波和赵奉军（2009）、李宏彬等（2009）、李杏（2011）、陈博（2012）、陈俊龙等（2014）、闫世军和李丛文（2015）、马忠新和陶一桃（2019）、陈欢等（2020）、王文举和姚益家（2021）

资料来源：笔者根据文献总结整理。

（一）国外学者关于企业家精神对经济增长影响的研究

综观国外学者对二者关系的研究，从研究方法的角度可以以 20 世纪 90 年代为界限分为两个阶段。90 年代之前，企业家精神处于萌芽阶段，当时的学者主要从理论的角度展开了对二者关系的研究。90 年代之后，社会创业精神勃发、大量新企业涌现，随之而来的是学者们对企业家精神理论研究的高涨，学者们理论与实证相结合的方法，不断地完善和补充企业家精神理论，同时深入研究了企业家精神对经济增长的影响机制。

1. 从理论角度展开企业家精神对经济增长影响的研究

起初，企业家群体和企业家精神并未引起学者们的广泛注意。无论是以亚当·斯密为代表的古典经济增长理论，还是后来的凯恩斯理论都认为资本积累、发挥资源效用是决定国民财富的主要因素，企业家精神理论只被看作是外部条件，企业家精神这一因素未被引入经济增长核算的框架当中。只有个别经济学家意识到了企业家精神对经济增长作用是巨大的，如 Cantillon、Say、Marschall 等，当时他们多以企业家的雏形——银行家、商人、工场主等作为对象，从定性角度，即关注企业家个人素质，研究企业家在经济运行中的角色和职能，进而分析其对经济增长的作用。直到 1911 年，Schumpeter 提出“创新理论”，强调了企业家精神对经济增长的促进作用，他指出“创造性破坏”是企业家精神的内核，勇于创新、冒险、渴望成功、对机会敏感以及对事业的执着构成了企业家精神的五个要素，企业家精神通过创造性破坏调整产业结构，促进经济增长。由此，Schumpeter 建立了企业家精神解释经济增长的基本框架。Schumpeter（1921）从企业家的创新角度出发，认识到由于创新本身是具有周期性的，因此，企业家的发明与创新是导致长期经济周期变化的驱动力。20 世纪三四十年代，Harrod-Domar 模型的出现将凯恩斯的理论体系长期化和动态化，也将技术进步引入了经济增长理论的分析框架中，但是经济学家认为外生的技术进步是解释经济增长的根本因素，企业家精神对经济增长的影响仍然被主流经济学所漠视。Arthur（1954）研究了美国 20 世纪企业家精神与经济增长之间的关系，发现企业家精神对经济增长有促进作用。20 世纪 80 年代初期，以 Romer 和 Lucas 的研究为开端，内生经济增长理论兴起，技术进步内生化。资本存量的增加会提高知识水平，知识溢出和人力资本的加入，使得企业家精神可以促进知识溢出，实现知识商品化，从而带动经济增长（Arrow，1962）。知识溢出和人力资本的提出，使得企业家精神作为继资本、人力、技术之后，第四个解释经济长期增长的重要因素，而早期 Schumpeter 的“创新理论”和当时兴起的内生经济增长理论为企业家精神理论的复兴起到了铺垫作用，随后各国的经济学家展开了以“创新理论”为内核的关于企业家精神对经济增长的影响的研究。20 世纪 90 年代，美国管理学大师德鲁克提出创新和企业家精神是所有企业和机构有组织、有目的、系统化的工作，是一种可以教授和学习的原理，二者共同作用于企业的内外部环境促进经济增长。国外关于企业家精神理论的研究，大都继承了 Schumpeter 的思想。Aghion 和 Howitt（1992）进一步解释了 Schumpeter“创造性破坏”的内涵，认为经济增长过程是动态的、不稳定的，创新者的企业家精神、人力资本和创新的投入等决定了经济的增长速度。Holcombe（1998）研究发现企业家精神是经济增长的发动机。Sander Wennekers 和 Roy Thurik（1999）则首次从宏观经济学、演化经济学、产业经济学及公司治理等角度分析企业家精神与经济增长之间的因果关系。Audretsch 和 Roy Thurik（2001）从国家的角度分析了企业家精神对经济增长的影响，通过发展 Romer 等（1986）的内生增长理论，认为企业家精神通过知识扩散来推动经济增长。他们提出了“最优产业结构”模型来定量研究企业家精神对经济增长的影响。模型强调，企业家精神在经济活动中存在一个最优的程度，若超出这个程度，企业家精神则抑制经济增长。

2. 从理论与实证相结合的角度展开企业家精神对经济增长影响的研究

20 世纪 90 年代以来，在理论探讨的同时，许多经济学家对企业家创业和创新活动与经济增长的关系展开了实证研究。鉴于企业家精神含义的多维性，实证分析时使用了单一指标和复合指标等多种替代指标对企业家精神进行了衡量。单一指标主要侧重企业家精神特点的某一个方面，并使用最能体现这一特点的数据，这类指标主要有：自我雇佣比率、企业所有权比率、企业的进入退出比率、小企业所占市场份额和市场参与创业人数等。Delong（1988）等则试图把企业家精神引入生产函数模型，他对 1870—1979 年 100 多年的世界经济增长历史进行了研究，发现企业家精神（注：Delong 称为“资本主义精神”）与经济增长的回归系数在统计上非常显著。Tony Fu-Lai Yu（1997）以中国香港为例，通过对数据的实证分析发现，认为香港经济上的成功来自适应性的企业家精神：产品模仿、小规模企业、分包等，香港的企业家对各种市场机会保持警觉并迅速适应变化，从生产一个产品转移到另一个产品，从高成本地区转移到低成本地区，从传统的渔业和农业向制造业转变，再向金融和其他服务行业转变，这些企业家行为给香港经济带来了结构性的变化，促使这个地区可以与发达国家竞争，最终促进了香港的经济发展和经济增长。David G. Blanchflower（2000）以 23 个国家的 25000 人为研究对象，使用自我雇佣比率作为企业家精神的替代变量，结果发现工业化越发达的国家企业家精神越活跃，回归系数在统计上非常显著。Aghion 等（2001）认为产品市场的激烈竞争和适度的模仿会刺激一国经济的增长，竞争推动富有创新精神的企业实施进入和扩张，迫使缺乏创新精神的企业萎缩或者退出，从而促进经济增长。Grossman 和 Shapiro（1986）、Jovanovic（1993）、Acs 和 Audretsch（2001）则从小企业在技术创新中的作用出发，论述了企业家精神对经济增长的影响。后来有学者发现，企业所有权比率是更接近企业家精神特征和衡量企业家精神的优点的指标，可以衡量不同时间、不同地域企业家的创新行为，也可以进行跨地区、跨时区、跨国比较，因此，更多的经济学家使用这一指标衡量企业家精神，如 Audretsch 等（2002）采用人均所有权比率来反映企业家行为的活跃程度。OECD 的研究文献也倾向于用企业所有权比率作为衡量企业家精神的变量。此外，也有学者认为一个地区企业进入和退出越频繁，其企业家精神越活跃，对经济增长的促进作用也越大，因此提出使用企业的进入和退出比率作为度量企业家精神的指标（Caves，1998）。Audretcsh 和 Keilbach（2003）以德国 329 个城市为样本，用新企业的创办数目和比例衡量企业家精神，发现企业家精神与地区经济增长之间存在正相关关系。Berkowitz 和 Dejong（2005）研究发现在后苏维埃俄罗斯时期，当初始情况和政策改革发生变化时，区域性的企业家活动与经济增长之间有很强的相关性。Audretsch 等（2005）以道格拉斯生产函数为基础建立模型，采用西德 1992—2000 年的数据证实企业家精神提高了劳动生产率，最终促进经济增长。Hector（2007）运用 OECD 国家 1975—1998 年的数据，以专利申请量作为企业家精神的代理变量，研究发现企业家精神显著促进了经济增长。20 世纪 80 年代至 90 年代后期，新增长理论产生和发展，国内外学者开始将研究视角投向影响企业家精神的环境因素，如人力资本、知识外溢、制度以及文化传统等对企业家精神活跃程度的影响（GEM Report，2014）。由此，企业家精神的度量也由单一指标发展到复合指标，对二者关系的探讨也逐渐把环境因素考虑在内。Elias G. Carayannis 等（2000）发现，企业间的战略联盟、资产的有效配置、知识产权的保护等都是促进企业家精神和经济增长的重要因素。Linghui Tang 和 Peter（2004）把企业家精神区分为风险企业家精神（VE）与创新企业家精神（IE），分别用 TEA 指数来测定 VE，用创新指数来测定 IE。通过 VE、IE 和经济增长率的相关性分析，他们发现 VE 和经济增长率正相关；但在高收入国家 IE 与经济增长负相关，在中等收入和低收入国家则相关性不明确。Miguel-Ánge 和 Galindo María Teresa Méndez（2013）基于 Schumpeter 创新理论框架，使用 GEM 的 TEA 指数衡量企业家精神，对欧洲

13个国家的企业家精神、创新和经济增长之间的关系进行了测算，结果发现企业家精神和创新活动对经济增长有促进作用，经济增长对企业家精神和创新活动也具有反馈作用，此外，金融政策和社会环境对企业家精神和创新活动也有影响。David Urbano等（2019）研究指出企业家精神促进经济增长。Ovidiu Stoica等（2020）利用2002—2018年欧洲22个国家的面板数据进行研究，发现企业家精神对经济增长产生重要影响，而且不同类型的企业家精神对经济增长的贡献与国家所处的经济发展阶段有关。

（二）国内学者关于企业家精神对经济增长影响的研究

许多国内学者使用中国数据，采用定性和定量相结合的方法，研究了企业家精神对经济增长的影响。张维迎（1986）在《论企业家：经济增长的国王》一书中最早研究了企业家理论，系统介绍了西方企业家精神的理论，并用历史分析法说明了企业家精神与经济增长之间的关系。鲁传一和李子奈（2000）对企业家理论的发展历程进行了梳理，给出了企业家在新古典经济理论中消失的过程和原因，分析了当代经济增长理论和微观经济理论的新进展，进一步探讨了将企业家精神引入经济增长理论的可能性并提出了构想。庄子银（2003）在南北贸易框架下构建了一个内生增长模型，发现实现经济长期持续增长的关键是从事模仿活动的南方企业家的存在，增长率较高的经济和增长率较低的经济相比，前者拥有较多的企业家。庄子银（2005）认为技术创新和模仿是企业家精神的核心，企业家作为风险的承担者，是经济实现长期增长的微观组织机制。研究发现，长期经济增长率更高和人均收入更高的经济体具有的企业家精神比经济增长率较低和人均收入较低的经济体企业家精神要强烈，这可以很好地解释经济增长的原因及跨国间人均收入的差距。付桂生和郭锦墉（2004）认为，企业家是社会的“无形资产”，企业家精神对一国经济增长起着举足轻重的作用，它通过控制“看不见的手”实现资源的优化配置，诱发和促进制度变迁，对技术创新起到推动作用。李新春等（2006）基于对公司治理、发挥企业家精神与公司绩效的内在逻辑关系的分析，使用上市公司以及家族企业的数据验证了完善公司治理层面的保健机制与激励机制会影响企业家精神从而影响公司绩效，同时还发现，对于家族企业而言，保健机制对企业家精神没有显著促进作用，而激励机制有促进作用，对于国有企业而言，保健机制对企业家精神具有显著的“倒U”形促进作用，而激励机制对于企业家精神没有显著的促进作用。何予平（2006）以企业进入比率作为企业家精神的代理变量，将企业家精神纳入 C-D 函数中，在假定企业家精神与经济增长存在线性关系的条件下，通过实证研究发现，企业家精神显著促进经济增长，从企业进入情况来看，当资本、劳动力以及技术因素不变时，企业进入比率每增加 1 个百分点，经济增长率提高 0.54 个百分点。高波和赵奉军（2009）以各省份自我雇佣率衡量企业家精神，把企业家精神作为一个知识过滤器，构造经济增长模型，检验不同地区企业家精神的差异对地区经济绩效的作用。结果发现，自我雇佣率对各省份的经济绩效有显著的正向效应。李宏彬等（2009）利用中国 1983—2003 年省级面板数据，将企业家精神变量引入增长回归分析，实证研究了企业家的创业和创新精神对经济增长的影响。李杏（2011）将企业家精神分为风险企业家精神和创新企业家精神，并将其引入传统的经济增长回归模型，运用系统广义矩估计方法，采用人均播种面积作为工具变量以识别企业家精神对经济增长的因果效应，结果显示，在控制了人口和制度变量后，企业家精神对经济增长有显著的促进作用。陈博（2012）使用 2000—2011 年中国 30 个省份企业家精神的数据，对企业家精神与经济增长之间的长期均衡关系进行实证分析，结果表明企业家精神对经济增长有巨大促进作用，技术创新的产出弹性大于技术交易的产出弹性，企业家精神对经济增长的影响程度在不同的省份之间存在较大差异，提出通过培育企业家精神和进行制度建设活跃企业家精神从而带动经济增长。陈俊龙等（2014）认为企业家精神在微观层面上促进企业成长，在宏观层面上促进经济增长，经济增长是企业成长的宏观反映，企业成长是经济增长的微观基础。闫世军和李丛文（2015）使用双变量门限回归模型研究了企业家精神与经济增长的关系，结果发现企业家精神对经济增长有正向促进作用，但是企业家精神与经济增长的关联性并非线性的，而是呈现一种门限效应，当企业家精神较低时，对于经济的影响程度较小，当高过门限值时，对于经济的影响较大。马忠新和陶一桃（2019）通过考察中华老字号企业空间分布，发现企业家精神历史传承显著正向影响城市人均 GDP。陈欢等（2020）利用 1993—2017 年的省级面板数据进行实证研究，不仅发现企业家精神对经济增长的作用受到消费需求转变影响，还发现企业家精神是突破高质量发展需求制约的关键。王文举和姚益家（2021）基于 2001—2017 年中国省级面板数据，使用系统 GMM 方法实证研究，得出企业家精神对经济高质量发展具有促进作用的结论。

第二节 内蒙古企业家精神与经济增长现状分析

一、创业精神与经济增长的现状分析

自国家实施西部大开发战略以来，内蒙古地区生产总值增速连续八年全国第一。政策和资源优势固然是内蒙古经济异军突起的重要原因，但内蒙古企业家的创业热情和创业成就对内蒙古经济增长的贡献也功不可没。改革开放以来，内蒙古涌现出一批贫穷推动型企业家，他们推动了内蒙古个体私营经济的发展，成为内蒙古个体私营企业经济的排头兵。此外，借助政策和区位优势，内蒙古的“机会拉动型”企业家开始涌现，他们把握机遇，充分发挥创业精神，建立了一批批科技含量高的资源型企业，如“东达蒙古王”“盘古”“蒙牛”“泰尔力图”等知名企业，并取得了行业内较高增长幅度的经济效益。内蒙古近年来私营企业的蓬勃发展不仅带动了当地的经济增长，也成为吸纳就业的重要渠道。进入21世纪以来，随着内蒙古的融资机制、基础设施和创业政策等环境的改善，内蒙古的传统企业也迎来了转型升级的新阶段，越来越多的“机会拉动型”企业家也应运而生，为内蒙古经济增长注入了新的活力。

二、创新精神与经济增长的现状分析

自内蒙古于1995年提出了“科教兴区”的总体目标和任务后，自治区政府重视创新活动，从多方面着手改善技术创新环境，如增加科研经费投入、引进技术人才、出台相关政策鼓励创新等。由此，内蒙古科技创新活动逐年增多，技术创新水平有所提高。综合来看，近十年来，内蒙古的技术创新在现代农牧业、农畜产品加工业、能源工业、化学工业、冶金工业以及装备制造业中都有长足的进步。同时，高新技术领域的自主创新能力也得到了显著提高，如在稀土产业、新材料、新能源、生物技术与特色制药和电子技术等领域已经开发出一批具有自主知识产权的高新技术成果，内蒙古的科技创新能力逐渐提升。尽管如此，内蒙古的创新活动仍然存在一些问题。中国科学技术发展战略研究院利用科技创新监测体系对全国和地区科技创新水平进行检测，并发布了《2018年中国区域科技创新评价报告》。在其5个一级评价指标中，内蒙古的水平均落后于全国平均水平，其综合科技创新水平指数排名第

23位，远远落后于北京、上海、天津等发达城市。具体结果如表4-3所示。

表4-3　内蒙古科技创新水平①

科技创新监测体系指标	内蒙古水平	全国平均水平	排名第一省市水平
科技创新环境指数	50.89	65.84	92.90（天津）
科技活动投入指数	45.39	66.83	85.46（广东）
科技活动产出指数	25.51	76.22	100（北京、上海）
高新技术产业化指数	52.77	64.09	81.80（重庆）
科技促进经济社会发展指数	59.03	72.77	84.18（广东）
综合科技创新水平指数	46.76	69.63	85.63（上海）

资料来源：《中国区域科技创新评价报告2018》。

对于内蒙古这样一个创新基础薄弱、科技发展水平相对落后的西部城市来说，尽管近几年内蒙古的科技创新能力已经有了很大的提高，但仍需认清发展中存在的问题，继续改善创新环境，提高技术创新水平，缩短与创新强省之间的差距，以发挥创新功能对经济增长的推动作用。

此外，企业家创新精神在12个盟市之间是有差异的。《中国城市科技创新发展报告2020》显示，2020年内蒙古自治区各市科技创新发展指数排名依次为：呼和浩特、鄂尔多斯、包头、赤峰、呼伦贝尔、巴彦淖尔、乌海、通辽、乌兰察布，其中只有呼和浩特、包头、鄂尔多斯三市的科技创新发展指数高于全国平均值。呼和浩特、包头、鄂尔多斯被誉为内蒙古经济增长的“金三角”。近年来，“呼包鄂”经济圈已经成为内蒙古经济快速增长的火车头和助推器，对于带动当地经济发展起到了巨大作用，呼包鄂经济发展水平已与沿海发达地区比肩。据统计，2020年，“金三角”的经济总量占全区经济总量的52.55%，三市地区生产总值总量达到9121.76亿元。呼包鄂三市人口密集、科技教育水平领先、自然资源丰富、交通设施便利，这些条件为企业家开展创新活动提供了良好的外部环境。据不完全统计，呼包鄂地区拥有储量1250多亿吨的煤炭、7000多亿立方米的天然气、逾亿吨的稀土保有储量和58.6亿立方米的黄河配给水量，拥有全自治区60%以上的科研开发机构和

① 资料来源：《中国区域科技创新评价报告2018》。科技创新监测体系包含5个一级指标、12个二级指标和39个三级指标。三级指标的评价值等于三级指标除以评价标准；一级指标和二级指标的评价值分别由下一级的各个指标加权综合而成。

75%的科技人员，距离北京500千米、距离天津出海口600千米、拥有毗邻俄罗斯和蒙古国的区位优势[①]。此外，赤峰市作为内蒙古新兴城市，其特点是重视科技创新、环保意识强、人文环境优雅、教育质量高，另外，赤峰人踏实肯干、吃苦耐劳的创业精神也广为人们熟知和称赞。内蒙古众多老牌的资源型企业和上市公司都诞生在这四市之内，如蒙牛、伊利、鄂尔多斯、伊泰集团、稀土产业园区等资源型企业，此外，一批年轻的民营企业，如大牧场、民丰薯业等也正在蓬勃发展。而其他的8个盟市，如呼伦贝尔、乌海、阿拉善等盟市，受到工业基础薄弱，地处偏远、人口稀少、自然环境恶劣等因素的限制，企业家创新精神的发展比较薄弱，因此对经济增长也没有发挥应有的作用。然而，尽管内蒙古企业家创新精神从整体上来看对内蒙古经济增长的促进作用不显著，但是从呼包鄂赤四市的创新状况来看，内蒙古企业家的创新精神正在这四市的带领下逐渐显现和发挥出来。

第三节　模型构建与研究设计

一、研究假设

（一）企业家精神通过创业活动促进经济增长

在经济实践中，企业家创业精神，诸如冒险、把握机会、应对不确定性等特质在创业活动中表现为企业家创业才能。企业家的组织、管理和协调能力作用于资本、技术、劳动力等生产要素，使之从生产率较低的领域转移到生产率较高的领域，带来资源的优化配置，从而促进企业的成长和发展。新兴企业的诞生和大企业的发展催生出新的客户需求以及大量的就业和投资机会，这一系列的进步在宏观层面上演化为区域和国家经济的不断增长。

Thurik 和 Wennekers（2000）将创业方面的企业家精神分为两类：机会拉动型企业家精神（Opportunity-Pull Entrepreneurship）和贫穷推动型企业家精神（Necessity-Push Entrepreneurship），二者最大的区别在于前者企业家创业是主动的，而后者是被动的。机会拉动型企业家创业的动机来自企业家对市

① 数据来源：呼包鄂三个城市的统计局网站。

场机会带来的超额利润的追求以及把握市场机遇的强烈愿望。这类企业家在创业过程中往往表现出强烈的开拓进取精神，承担风险的能力也更强。相反，贫穷推动型企业家创业是由于维持生存的需要而被迫进行的，这类企业家在承担风险方面要弱一些。表 4-4 描述了两种类型的企业家在捕捉市场机会和创造就业能力等方面的差别。

表 4-4 机会拉动型与贫穷推动型企业家的差别

	机会拉动型企业家	贫穷推动型企业家
创业动机	自愿行为	被迫行为
创业目的	追求超额利润、把握市场机遇、实现自我价值的愿望	生存的需要、解决生活困难
企业家精神特质	开拓进取、风险承受能力强	吃苦耐劳、风险承受能力差
捕捉市场机会	中市场、大市场	现有市场、小市场
创造就业能力	强	弱

资料来源：笔者根据文献总结整理。

张军（2002）认为经济增长离不开企业家的创业活动，企业家的创业活动离不开经济的多样化。企业家精神是一种稀缺资源。成功的企业都是企业家创办的企业。杨宇和郑垂勇（2008）回顾了国内外企业家精神对经济增长作用的相关理论，指出企业家精神的核心是创新和创业，企业家精神主要是通过创新行为和创业行为两种机制对经济增长起作用。陶静（2009）提出企业家创业精神作为经济发展中重要的无形资源，日益成为技术创新和经济增长的重要微观动力，并基于 2000—2006 年的省际区域面板数据对我国各地区的企业家创业精神状况与经济增长的关系进行实证检验。研究结果表明：企业家创业精神指标对区域经济增长的作用显著。蒋含明等（2013）在 Romer（1986）的基础上通过将生产性公共支出引入知识积累方程中，在一个 DGE 框架下求解均衡问题，并借助较新发展的动态空间面板方法实证考察了企业家创业对于区域经济增长的影响。结果表明：企业家创业对于我国东、中、西部各区域经济增长均具有较明显的推动作用。王春超和冯大威（2016）指出企业家创业活动对经济增长、就业规模扩大、创新精神培育等方面具有重要作用。李小平和李小克（2017）认为创业是促进创新，进而推动经济增长的重要引擎。企业家创业水平的提高能够显著促进企业创新，从而带动经济增长。通过以上分析，提出假设 1：

H1：企业家精神通过创业活动促进经济增长。

（二）企业家精神通过创新活动促进经济增长

创新精神是衡量企业家精神的另一个重要维度，也是企业家创业精神的核心。创新是一个企业生存和发展的灵魂，是一个国家经济长期增长的重要源泉（Schumpeter，1990）。从经济运行的实践来看，创新带来的技术进步使资本、劳动力、技术等要素重新组合，提高了劳动生产率，创新带来的知识外溢使资本等要素产生收益递增，从而带来经济中规模报酬递增，加快了经济增长。创新带来新的经济体制，降低了企业内外部的交易成本，从制度上为经济增长扫除障碍并提供保障。以创新为主要特征的企业家精神是企业提高经营绩效、应对不确定性和提高企业竞争优势的重要手段。

美国管理学大师德鲁克认为创新精神就是企业家精神的核心，创新活动和企业家精神共同作用于经济增长。国内学者叶勤（2000）认为，活跃的企业家精神塑造了美国经济的持续繁荣：如高科技企业的创办、基于业务创新的非技术类中小企业的兴起以及大企业内部的组织、业务和技术创新等。通过对美国1991—1999年经济增长事实的分析，作者认为是企业家通过在高新技术产业，以及与之相呼应的大量中小企业中的创新活动，带来了美国经济的持续增长。罗卫东（2000）研究了企业家创新精神与浙江经济发展之间的关系，指出培育和弘扬企业家创新精神是经济增长的核心和关键。庄子银（2007）认为“从事生产性创新活动的企业家”对一国经济增长起到促进作用，一国拥有的“生产性创新企业家”数量越多，该国经济增长潜力越大。企业面临着生存和发展的压力，在不断降低生产成本的同时，企业要积极进行生产创新和制度创新以实现可持续发展。企业的生产创新包括很多方面，比如生产方法创新、产品创新、技术创新、需求创新等。企业的制度创新包括管理方法创新、经营组织形式创新等。生产创新通过新技术研发、产品升级换代等途径提高了生产要素的使用效率。而制度创新通过管理方式、经营方法的提高降低了企业的内外部交易成本，在制度层面为生产要素的充分流动和合理配置给予保障。靳卫东和高波（2009）认为企业家精神是企业家群体共有的价值观体系，体现为他们所共有的特质，如创新性、抗风险性、工作态度和自身价值感等。这些特质会影响企业家的创新行为，是决定内涵型经济增长的重要因素。增强国民的企业家精神，促进国民创新投入的增加，是提高我国全要素生产率和实现经济又好又快发展的关键。李宏彬等

（2009）利用中国 1983—2003 年省级面板数据，运用动态面板系统广义矩估计方法，将企业家精神变量引入增长回归分析，实证研究企业家创新精神对经济增长的影响，结果显示企业家创新精神对经济增长有显著的正效应。进一步的稳健性分析和工具变量估计表明，这种正效应是因果性的，即企业家精神促进了经济增长。陈威和张磊（2011）发现企业家创新精神对中国经济的增长产生了显著的正效应，企业家创新精神对经济的拉动一直稳定但维持在较低水平。王垒等（2016）将企业家集群创新视为一种新的生产要素，借助索洛模型分析企业家集群创新驱动经济增长的作用机理；基于中国沿海 11 省区市 2004—2013 年动态面板数据，实证分析企业家集群创新对经济增长的影响效果，研究发现：企业家创新精神对区域经济增长依次呈现显著正向影响关系。通过以上分析，提出假设 2：

H2：**企业家精神通过创新活动促进经济增长。**

二、数据收集与变量测量

（一）数据收集

本章的数据来自《内蒙古统计年鉴》、国研网、国泰安数据库、SOOPAT 专利搜索网等，实证的范围包括了内蒙古自治区的 12 个盟市，数据所处的时间段是 2011—2020 年，共计 10 年。在这段时间内，内蒙古 12 个盟市的行政区划没有明显变化，数据的统计口径一致，便于度量和比较。

（二）变量测量

1. 被解释变量

实际 GDP 取对数（Ln*GDP*）。国内外学者主要使用实际 GDP 增长率、人均实际 GDP 增长率和人均 GDP 等指标衡量经济增长，本章选择实际 GDP 作为经济增长的衡量指标。为了消除通货膨胀对价格的影响，本章以 2011 年为价格基年，将各盟市的名义 GDP 以《内蒙古统计年鉴》中公布的各盟市相应年份的国内生产总值指数进行换算得到用以衡量经济增长的实际 GDP，单位为万元。

2. 解释变量

企业家精神状况取对数（Ln*E*）。企业家精神的理论内涵多维、外延丰富，内涵包括创业精神、创新精神、冒险精神等。但是实证分析时无法对企业家精神的所有含义进行准确测度，因此，考虑到数据的可得性和企业家精神内涵的相对重要性，本章主要选取了企业家精神的核心内涵：创业精神和创新精神。借鉴已有研究中对二者衡量指标的选取，本章使用私营企业年底从业人员数作为企业家的创业精神的代理变量，使用专利申请数作为企业家创新精神的代理变量。

3. 控制变量

各盟市地方财政支出取对数（Ln*CZ*）。政府的干预政策对一个地区的经济增长有间接的作用。因此，本章使用各盟市地方财政支出作为衡量政府干预程度的替代变量。为了消除价格影响，各盟市地方财政支出通过 GDP 平减指数（2011 年=100）进行平减，单位为万元。

各盟市普通高等学校在校学生数取对数（Ln*XS*）。人力资本水平对经济增长有重要的促进作用，衡量一个地区的人力资本水平通常使用劳动力的受教育程度和成人识字率，考虑到数据的可得性，本章使用各盟市普通高等学校在校学生数作为各盟市人力资本的替代变量。

各盟市全社会固定资产投资总额取对数（Ln*GDZC*）。资本存量是经济增长的直接源泉，本章选择各盟市全社会固定资产投资总额作为衡量资本存量的代理变量。由于本章的被解释变量使用实际 GDP 水平，因此也要将固定资产投资总额进行平减，通过固定资产价格指数（2011 年=100）消除价格因素，单位为万元。

三、模型构建

本章采用加入企业家精神变量的 C-D 生产函数进行面板数据回归分析，实证分析模型形式如下：

$$GDP=AL^{\alpha}K^{\beta}E^{\gamma}e^{\mu}$$

其中，*GDP* 为各盟市地区生产总值，*L* 和 *K* 表示某地区劳动力和资本存量情况的控制变量，*E* 表示某一地区的企业家精神，包括企业家创业精神和创新精神。综上所述，得到一个扩展的 C-D 生产函数，再在模型两边取对数得到本文回归模型的具体形式：

$$\mathrm{Ln}GDP_{i,t}=\beta_0+\beta_1\mathrm{Ln}P_{i,t}+\beta_2\mathrm{Ln}CY_{i,t}+\beta_3\mathrm{Ln}X_{i,t}+\mu_{i,t}$$

其中，$\mathrm{Ln}P_{i,t}$为专利数取对数，表征企业家创新精神；$\mathrm{Ln}CY_{i,t}$为私营企业年底从业人数取对数，表征企业家创业精神；$X_{i,t}$为一组表征地区劳动力和资本情况的控制变量；$\mu_{i,t}$为随机误差项，下标 i 和 t 表示省份和时间。各变量的定义描述及统计特征如表 4-5 所示。

表 4-5 各变量的定义描述及统计特征

变量名	变量解释	观察值	均值	标准差
地区生产总值取对数	各盟市地区生产总值/万元	120	15.15	0.78
专利申请数取对数	各盟市专利申请数/件	120	4.14	1.61
私营企业年底从业人数取对数	各盟市私营企业年底从业人数	120	10.93	0.81
地方财政支出取对数	各盟市地方财政支出/万元	120	13.24	0.75
普通高等学校在校学生数取对数	各盟市普通高等学校在校学生数	120	8.84	1.40
全社会固定资产投资总额取对数	各盟市全社会固定资产投资总额/万元	120	14.60	1.07

注：①各盟市 GDP 按 2011 年价格计算。②各盟市地方财政支出通过 GDP 平减指数（2011 年=100）进行平减。③各盟市全社会固定资产投资总额通过固定资产价格指数（2011 年=100）消除价格因素。

四、实证检验结果与分析

（一）模型设定检验

本章所做的是各个变量的对数对 GDP 对数的多元回归，这种双对数模型中每个变量对数的系数代表该变量对 GDP 的弹性。为避免出现虚假回归，首先对面板数据中每个变量序列的平稳性进行单位根检验，经检验发现并不都是平稳的，故再检验每个变量序列的一阶差分序列。表 4-6 列出相同单位根检验 LLC（Levin-Lin-Chu）检验和不同单位根检验 Fisher-ADF 检验的结果。

表 4-6 一阶差分序列的平稳性检验

变量序列	Levin Lin-Chu t*统计量	Prob. 统计概率	Fisher-ADF Chi-square 统计量	Prob. 统计概率
DLn*GDP*	-3.1072（***）	0.0009	40.6071（**）	0.0180
DLn*P*	-17.4871（***）	0.0000	115.2100（***）	0.0000
DLn*CY*	-8.3316（***）	0.0000	58.2950（***）	0.0001
DLn*CZ*	-15.6005（***）	0.0000	106.5740（***）	0.0000
DLn*XS*	-11.3970（***）	0.0000	67.2287（***）	0.0000
DLn*GDZC*	-8.2925（***）	0.0000	49.5753（***）	0.0016

注：Eviews6.0 软件计算，**、*** 分别代表在 5%、1%的水平上显著。

从而可知，变量序列符合一阶平稳的情况，下面进行 kao 协整检验，可发现变量间是存在协整关系的（见表 4-7）。

表 4-7　协整检验

ADF	t-Statistic	Prob.
	-6.4619	0.0000
Residual variance	0.0068	
HAC variance	0.0072	

注：Eviews6.0 软件计算。

采用 2011—2020 年内蒙古自治区 12 个盟市的面板数据，根据改进的 C-D 生产函数进行混合模型回归，结果如式（4-1）所示：

$$\text{Ln}GDP=3.76+0.042\text{Ln}P+0.208\text{Ln}CY+0.254\text{Ln}CZ+0.0428\text{Ln}XS+0.35\text{Ln}GDZC \quad (4\text{-}1)$$

$$(9.143^{***})\ (2.333^{***})\ (5.577^{***})\ (5.631^{***})\ (2.464^{***})\ (9.491^{***})$$

$$R^2=0.96 \quad Adjusted\ R^2=0.95 \quad DW=0.37$$

混合回归的结果中所有回归系数不仅高度统计显著，而且与先验预期相一致，调整的可决系数值也很高。而 *DW* 值很低，表明数据可能存在自相关或空间相关，也可能是存在设定误差。加入 AR（1）项消除自相关后，*DW*=0.96，除固定资产变量外所有变量的系数和常数项都不再显著。因此对面板数据采用个体固定效应模型进行回归，结果如式（4-2）所示：

$$\text{Ln}GDP=3.13+0.012\text{Ln}P+0.394\text{Ln}CY+0.313\text{Ln}CZ+0.049\text{Ln}XS+0.265\text{Ln}GDZC \quad (4\text{-}2)$$

$$(9.094^{***})\ (0.669)\ (8.934^{**})\ (7.029^{***})\ (2.738^{***})\ (7.989^{***})$$

$$R^2=0.99 \quad Adjusted\ R^2=0.98 \quad DW=1.17$$

采用个体固定效应模型回归后，在式（4-2）基础上会给出不同的盟市对于共同截距的偏离值。可以看出模型拟合程度变高，而代表企业家创新精神的变量不再显著。现对混合回归模型和固定效应模型进行约束 F 检验（见表 4-8），可知与混合模型相比，选择个体固定效应模型比较恰当。

表 4-8 混合回归模型和固定效应模型的约束 F 检验结果

Effects Test	Statistic	d. f.	Prob.
Cross-section F	21. 287595	(11，112)	0. 0000
Cross-section Chi-square	145. 214552	13	0. 0000

注：Eviews6. 0 软件计算。

再对面板数据采用个体随机效应模型回归，如式（4-3）所示：

$$\mathrm{Ln}GDP=3.28+0.019\mathrm{Ln}P+0.345\mathrm{Ln}CY+0.317\mathrm{Ln}CZ+0.012\mathrm{Ln}XS+0.261\mathrm{Ln}GDZC \tag{4-3}$$

$$(9.919^{***})\ (1.123)\ (9.329^{***})\ (7.928^{***})\ (0.793)\ (8.47^{***})$$

$$R^2=0.97\quad Adjusted\ R^2=0.96\quad DW=0.84$$

个体随机效应模型中代表企业家创新精神的变量和代表人力资本的变量均不再显著。对个体固定效应模型和个体随机效应模型进行 Hausman 检验，结果显示（见表 4-9），应拒绝个体随机效应模型，而选择个体固定效应模型，见式（4-4）。

表 4-9 随机效应模型和固定效应模型的约束 F 检验结果

Test Summary	Chi-Sq. Statistic	Chi-Sq. d. f.	Prob.
Cross-section random	26. 796589	5	0. 0001

注：根据 Eviews 6. 0 软件计算。

（二）回归结果分析

经过上述检验，本章最后选择个体固定效应模型来研究企业家精神对内蒙古经济增长的影响，回归结果如下，即式（4-4）：

$$\mathrm{Ln}GDP=3.13+0.012\mathrm{Ln}P+0.394\mathrm{Ln}CY+0.313\mathrm{Ln}CZ+0.049\mathrm{Ln}XS+0.265\mathrm{Ln}GDZC \tag{4-4}$$

$$(9.089^{***})\ (0.678)\ (8.943^{**})\ (7.029^{***})\ (2.747^{***})\ (7.989^{***})$$

除表征企业家创新精神的“专利申请数量 P” LnP 前的参数不显著外，其他各解释变量前的参数估计量均为正值，且都处于 0 与 1 之间，说明它们对内蒙古经济增长均有正向促进作用。从解释变量前参数值看，表征企业家创业精神的“私营企业从业人员 CY”和“政府财政支出 CZ”的参数值分别为 0. 394 和 0. 313，这表明：企业家的创业精神和政府财政支出对内蒙古经济增长的促进作用最大。特别是从企业家创业精神 LnCY

前的参数看，2011—2020 年，企业家创业精神对内蒙古经济增长的弹性约为 0.4，表明企业家创业精神增加 1%，内蒙古 GDP 增加 0.4%。另外，表征企业家创新精神的“专利申请数量”前的参数不显著，这表明：2011—2020 年，内蒙古企业家的创新精神不足，其对经济增长的促进作用不明显。

由于内蒙古东西部地区经济发展不平衡，企业家的创新精神对经济增长的影响是否也存在差异呢？就这个问题，我们采用个体固定效应变系数模型来观察企业家创新精神对经济增长的作用在各盟市之间的差异，结果如表 4-10所示。

表 4-10　Ln*P* 的系数估计结果

变量	系数	t 统计量	Prob.	变量	系数	t 统计量	Prob.
Ln*P*_呼和浩特	0.245***	4.598	0.0000	Ln*P*_呼伦贝尔	0.043	1.466	0.1442
Ln*P*_包头	0.171***	3.392	0.0011	Ln*P*_兴安盟	−0.019	−0.553	0.5824
Ln*P*_乌海	0.089	1.686	0.0953	Ln*P*_锡林郭勒	0.026	0.991	0.3246
Ln*P*_赤峰	0.169***	2.598	0.0111	Ln*P*_乌兰察布	−0.019	−0.552	0.5836
Ln*P*_通辽	0.074	1.091	0.2793	Ln*P*_巴彦淖尔	0.0003	0.019	0.9957
Ln*P*_鄂尔多斯	0.098***	3.851	0.0002	Ln*P*_阿拉善	−0.017	−0.059	0.9533

从估计结果可以看出，呼和浩特、包头、赤峰和鄂尔多斯的企业家创新精神变量 Ln*P* 前系数统计性显著，而其余的 8 个盟市企业家创新精神变量 Ln*P* 前的系数均不具有统计显著性。这表明：12 个盟市的企业家创新精神对经济增长的影响具有明显的差异，其中呼和浩特、包头、赤峰和鄂尔多斯的企业家创新精神对经济增长具有显著的促进作用，其余盟市的企业家创新精神对经济增长的影响不明显。

五、研究结论

本章回顾了企业家精神理论、企业家精神与经济增长关系的相关文献，根据内蒙古经济发展现状和数据的可得性，选取了度量企业家精神的创业和创新两个指标；在此基础上，使用内蒙古 2011—2020 年 12 个盟市的面板数据，把企业家精神这一变量引入柯布—道格拉斯生产函数，实证分析了企业家精神对内蒙古经济增长的影响。我们将企业家精神更具体地分为创业精神和创新精神，并使用“私营企业从业人员数”和“专利申请数量”来衡量这些变量。主要的研究结论如下：

（一）企业家的创业精神对内蒙古经济增长起到了重要的促进作用

自2000年实施“西部大开发战略”以来，逐年活跃的个体和私营经济是内蒙古创收和吸纳就业的主力军，为内蒙古经济增长做出了重要贡献。回归分析时，本章选取“私营企业年底从业人员数”来测度企业家的创业精神，结果发现，2011—2020年，企业家创业精神对内蒙古经济增长的弹性约为0.4，也就是说，在其他变量不变的情况下，平均而言，企业家创业精神每增加1个百分点，内蒙古经济将增长0.4个百分点。

（二）内蒙古各盟市之间企业家创新精神的发展状况不同，因此其对内蒙古经济增长的影响也存在差异

呼和浩特、包头、鄂尔多斯和赤峰由于处于企业家创新精神相对活跃的地区，因此企业家创新精神对经济增长的影响也比较大，而其他8个盟市，由于企业家创新精神比较薄弱，其对经济增长的贡献也比较小，由此导致整体上企业家的创新精神对内蒙古经济增长的促进作用并不显著。以上结论从回归的结果中也可以看到，在使用个体固定效应变系数模型考察企业家创新精神对内蒙古经济增长的作用的差异时，估计结果显示：呼和浩特、包头、赤峰和鄂尔多斯的企业家创新精神变量 $\mathrm{Ln}P$ 前系数统计性显著，而其余的8个盟市企业家创新精神变量 $\mathrm{Ln}P$ 前的系数均不具有统计显著性。

（三）资本存量、人力资本和政府政策支持是保证企业家精神发挥、促进内蒙古经济增长的重要外部条件

首先，内蒙古的资源禀赋为资源型企业的成长和发展奠定了基础。其次，在塑造企业家精神的外部条件方面，地方政府的金融政策支持、贸易、交通等基础设施的改善为企业家精神的孵化、培育以及内蒙古的经济增长起到了重要的支撑作用。最后，内蒙古重视人才教育，“科教兴区”战略的实施为内蒙古的创新、创业活动积累了人力资本，为内蒙古经济增长提供了智力支持。

（四）企业家精神对内蒙古的经济增长有正向的促进作用，然而，与国内其他发达省市相比，内蒙古的企业家精神作用的发挥仍需要加强

本章的实证分析结论已经充分证实了企业家精神对内蒙古经济增长的促

进作用，尤其是企业家的创业精神；企业家的创新精神虽然在整体上对内蒙古经济增长的促进作用不显著，但是从各盟市企业家创新精神对经济增长的差异的分析来看，内蒙古的企业家创新精神正在由经济比较发达的呼包鄂经济圈和赤峰市逐渐迸发并显现出来。尽管如此，从目前来看，由于内蒙古企业家精神仍然不活跃，企业家精神对内蒙古经济增长的促进作用还远远落后于全国平均水平，更加落后于企业家精神活跃的省份，如浙江省。

第五章 环境对内蒙古企业家精神的影响

第一节 理论基础与文献综述

一、理论基础

理论界对组织环境的关注由来已久。1938 年，Barnard 在《经理人员的职能》中就从组织与协作理论的角度提出了“组织行为可以看作是对环境条件的反应”，“组织的存在取决于协作系统平衡的维持。这种平衡开始时是组织内部的，是各种要素之间的比例，但最终和基本的是协作系统同其整个外界环境的平衡”。1966 年，Bennis 在《组织发展与官制体系的命运》中提出由于环境的复杂程度急剧上升，企业不再能随心所欲地取得成功，被迫开始系统化地研究环境所能提供的机会，否则就无法实现组织的目标。他认为，未来的组织是“有机性—适应型”结构，以解决组织适应环境问题。1979 年，Caste 和 Rosenzweig 在《组织与管理：系统方法与权变方法》一书中，运用系统观念和权变观念，研究组织及其管理问题，认为组织是个开放系统，每个组织都是一个环境分系统。Wren 在《管理思想的演变》一书中则更明确地指出，管理思想的各种学派日益增多而对管理环境的意识日益加强。管理既是环境的产物，又是环境中的一个过程。由此可见，每个组织都是环境的一个分系统，它存在于整个环境系统之中，并在内外部环境之间的物资、信息、技术等资源的交换、转换中实现投入与产出。

企业家作为组织与社会中的一员，其精神的形成必然要受到环境的影响和制约，环境可以支撑企业家成长，也可以阻碍其成长。如果缺少良好的企业家精神培育环境，那么企业家精神就只能维系在某个突发的个体上——它的出现也是随机跳跃的，企业家精神无法扩展到整个人类组织中以产生更大范围的社会进步。相反，如果对企业家精神进行良好培育，必定能够创造出适合企业家精神成长的良好环境，有助于企业家精神的形成。鉴于目前学者主要从制度环境、社会文化环境、教育环境、行业环境和企业环境五个方面对企业家精神培育环境进行研究，本章对制度环境理论、社会文化环境理论、教育环境理论、行业环境理论以及企业内部环境理论进行阐述。

（一）制度环境理论

1. 早期制度理论

Selznick（1949）在研究田纳西州水利大坝工程和管理机构后提出，组织不是一个封闭的系统，它受到所处环境的影响，是一个制度化的组织。这些观点就是早期制度理论的基本思想，成为现代制度理论产生的重要学术背景。在此基础上，Meyer 和 Rowan（1977）发表了《教育中的新制度主义》，这是一篇开创性的文章，现代制度理论的很多研究均建立在其研究基础之上。Meyer 提出，首先必须从组织环境的角度去研究、认识各种各样的组织行为，去解释各种组织现象，这是他最基本的出发点；另外，对环境的关注，不能只考虑技术环境，还必须考虑制度环境，也就是一个组织所处的法律制度、文化、社会规范、观念等为人们“广为接受”的社会事实。Meyer 强调技术环境和制度环境对组织的要求是不同的，而且往往是相互矛盾的。技术环境要求组织有效率，即按照最优化原则组织生产。制度环境则要求组织和个人接受和采纳外界公认、赞许的，被“广为接受”的组织形式和做法，而不管这些形式和做法对组织内部运作是否有效率。制度环境对组织产生影响，导致组织之间出现趋同性，就是因为处于同一制度环境下的各个组织为了与制度环境一致，都采用了类似的结构和做法。在制度环境的影响下，组织之间会相互模仿学习，这些模仿行为减轻了组织的动荡，由于组织扎根在制度环境里，不容易受到环境的冲击。但是由于制度环境和技术环境对组织的影响不同，甚至往往还存在矛盾，也就是取得合法性的资源经常和取得有效率的资源之间冲突。因此，一个组织采纳了很多规章制度但并不实施，这可能是因为这些规章制度是为了应付制度环境的，和它内部的运作没有任何关系。

2. 现代制度理论

Meyer 和 Rowan（1977）、DiMaggio 和 Powell（1983）、Zucker（1987）以及 Scott（2001）认为传统的经济学与组织理论都未能正视组织制度环境的内涵，制度规范被视为理所当然而接受，并未加以检视，但现代制度理论的学者们一致重视组织的制度环境对组织运作的影响。DiMaggio 和 Powell (1983) 强调组织与环境之间是紧密关联的，组织的生存要配合与顺从制度环境，在组织制度化的过程中将使组织趋向于制度环境所容许的组织形态，并且通过强制、规范、模仿等制度化机制，促使组织结构趋向同形，借以取得合法性，组织的同形化是组织在制度环境的影响下变迁的结果。现代制度理论认为，组织外部环境中的制度化规则和标准通过它们所施加的影响为组织提供制度环境。Scott 将这种制度环境的影响划分为：强制性制度、规范性制度和文化认知方面的制度。强制性制度来源于政治压力和合法性问题，它们通过法律授权强迫或威胁组织活动和组织观念。规范性制度与道德规范和专业化相联系，这些制度引导组织活动和信仰的能力大部分来源于社会责任和专业化。文化认知方面的制度指的是共享的重要价值观、信仰和认知框架的集合体，它可以为组织成员提供模式化的思想、感受和反应，从而引导其制定决策和进行其他行为，它决定了人们共同的价值观、信仰以及行为取向。现代制度理论的外部制度战略就是组织所采取的影响外部制度环境的战略。一方面，组织及其结构也对制度有着反作用，企业组织通过其制度战略影响和改变制度环境中的规则和标准，进而影响整个制度环境的发展；另一方面，组织的行为会改变行业中的竞争状态，进而影响行业的组织结构。改变后的组织结构会对制度环境提出新的要求，进而影响制度环境的发展。

（二）社会文化环境理论

社会文化理论是由苏联心理学家 L. S. Vygotsky (1971) 提出来的，它强调社会文化因素在人类认知功能的发展中发挥着核心作用。人类认知活动的最重要形式是通过与社会文化环境的互动而得到发展的。社会文化环境是指一个国家或地区人民共同的价值观、生活方式、人口状况、文化传统、教育程度、风俗习惯、宗教信仰等各个方面，这些因素是人类在长期的生活成长过程中逐渐形成的，人们总是不自觉地接受这些准则作为行动的指南。社会文化环境对企业家有着多方面的影响，有些是直接的，有些是间接的。

社会文化环境会导致企业家的偏爱和管理作风存在一定文化差异。美国学者 A. R. 内格安德海在其著作《发展中国家管理比较研究》中曾将印度与其他国家相比。印度是一个权力主义国家，在印度，权威型领导下的工作情绪和劳动生产率要高于民主作风的领导，而在美国却表现出相反的结果。巴西的职员喜欢参与管理作风的领导，而日本职员喜好较强权威型领导。对于分布在45个国家的IBM的职员，总体来讲，他们喜好咨询型的领导作风。不同国家的企业家，在对同僚们做出评价时，也是以一个非常独特的方式来对待彼此之间所存在的差异。比如，印度企业家在表明他对同僚的观点时，是毫不犹豫地进行申斥，但他并不轻视这些人。相比之下，英国企业家几乎同印度企业家一样，并且还否定他们。丹麦、挪威、意大利以及西班牙的企业家们在观念表达上是相似的，但丹麦和西班牙的企业家在否定的程度上要比意大利和挪威的同行还要强烈一些（杜少平，1989）。

不同国家的企业家之间在解决问题和编制企业目标时存在着显著的差异。美国试验资料表明，美国、英国和荷兰的企业家比印度和哥伦比亚的企业家更加重视迎接挑战。发达国家的企业家通常把重点放在目标增长和竞争上，喜好适度的风险与适度的成果，而大多数发展中国家的企业家要么满足于维持现状，要么就偏好冒风险来获得理想成果。在分配环节上，发达国家的企业家对于完成不同任务的劳动者，给予增长率不同的报酬，而发展中国家的企业家却不加区别。

就价值体系而论，实际上每个国家的大多数企业家都有倾向。尽管企业家的倾向存在相似性，但是文化因素的确使企业家的倾向存在差异。英国历来视地主贵族为最高阶层，而企业家处于较低的社会等级，因此，英国企业家往往千方百计使自己步入贵族社会，而不是用优异管理来证明自己的社会价值。美国没有经历过封建制度，“身份”“门第”的社会阶层制度尚未固定，如果事业成功就会带来丰富的物质条件，并被赋予极高社会地位，这是美国式的生活信条。中国长期对企业家“官本论”式的评价方式与评价标准使企业家既不能成为一种单独的职业，也不能树立自己的社会形象，使企业家的前途只能局限于政府的行政阶梯。可见，一定的社会文化环境会形成一定的管理形态，不同国家、民族之中的企业家风格也会不同。

人文环境构成了每个置身其间的人的客观背景并对人产生潜移默化、无孔不入的影响。企业家作为一个具有较高智慧和能力的群体，人文环境是其更为直接和深入的影响因素。人文环境不仅为企业家成长提供文化素养、智力支持和道德规范，还可以对企业家行为产生激励和约束，是企业家精神生成的一个重要因素。企业家在崇尚创新的环境中更容易发展，成熟的社会对企业家的创新、创业精神持有成熟和容忍的态度。如果失去这些，企业家就失去了文化土壤，创新和创业精神受到打击，会逐渐丧失勇气和冲劲。

（三）教育环境理论

教育环境是指以教育为中心，对教育的产生、存在和发展起着制约和调控作用的几维空间和多元环境系统。教育环境包括以教育为中心，结合外部的自然环境、社会环境和精神环境形成的教育生态系统，以特定学校或教育机构为中心构成的教育体系内部的相互关系和以人的个体发展为主线的外部环境的不同层次（王景英，2004）。

教育的环境是复杂的，不仅因为构成环境的因素多，还因为环境因素时刻处于变化之中，它有时甚至是无形的，只有当人们发现某种因素制约着教育发展时，才感觉到它的存在。因此，从不同的角度来认识环境，有利于把握教育环境的内涵，有效地选择环境并优化环境。

1. 根据环境的内容，可把教育环境分为自然环境和社会环境

教育的自然环境就是影响教育发展的综合自然条件，包括学校的地理位置、气候条件、自然景观，影响师生身心的空气、温度、光线、声音、颜色、气味等。如南方学校与北方学校、城市学校与农村学校、山区学校与平原学校，在自然条件方面就存在很大差异。教育的社会环境就是影响教育发展的综合社会条件，包括国家和地方的政治经济制度、经济发展状况、科学发展水平、社会风气、文化传统、教育传统、教育体制、教育行政管理水平、家庭经济状况和心理因素、学校内部的各种物质条件、学校中的人际关系、文化氛围等。如重点学校和一般学校的差异、中等职业学校与普通中学的差异，主要是由教育的社会环境差异造成的。

2. 根据环境对教育的影响方式，可把教育环境分为直接环境和间接环境

教育的直接环境是指对教育产生直接作用的综合条件，如教育政策法规、教育体制、教育结构、教育物质设备、教育观念等。教育的间接环境是指对教育产生间接作用的综合条件，如人口数量、人事制度、文化传统、学校分布、政治经济发展状况、科技发展速度和水平等。

3. 根据对教育发生影响的因素来源，可把教育环境分为内部环境和外部环境

教育的内部环境是指来自学校教育系统内部的、影响教育质量的因素的综合，主要包括学校的物质环境（校园、教学楼、图书馆、礼堂、实验室、教师办公室、操场、食堂、草坪、花坛、水池、体育器材等）、学校的制度环

境（校规、校纪、班规、班纪等）、学校的文化环境（校风、班风、学风、文化氛围等）、学校的人际环境（学校领导与教师的关系、教师和学生的关系、教师间的关系、学生间的关系等）、学校的心理环境（师生的精神风貌、情感状态、个性特征等）。教育的外部环境就是来自学校以外，对教育发生影响的因素的综合。如社会教育观念、政府教育行为（教育决策、教育投入、教育督导等）、社会的办学行动、政治、经济、文化、科技信息、教育行政管理水平、家庭教育因素等。

4. 从对教育发生作用的环境因素的存在方式，可把教育环境分为显性环境和隐性环境

教育的显性环境就是对教育产生直接的、即时的、显著的影响的环境，如教育方针政策、教学物质条件、教育管理水平、课程设置、教材等。教育的隐性环境就是对教育产生潜移默化影响的，以观念形态或心理方式出现的因素。如大众教育意识、校风、班风、教育活动中的人际交往、教学氛围等。

（四）行业环境理论

在自然经济条件下难以产生现代的精神架构，企业家精神是基于现代经济活动发展起来的。在优胜劣汰、瞬息万变的市场竞争环境中，企业对超额利润的追求，恰恰成为其不断创新的动力所在。市场经济体制越是成熟，越是能够产生理性而热情的大企业家，也越可能催生优质的企业家精神。市场竞争程度是企业家人力资本的外在压力。企业家人力资本是在不断的市场竞争中得以形成和提高的，市场竞争程度对企业家人力资本形成的影响：一是市场竞争的激烈程度决定着企业家人力资本的形成速度。竞争越激烈，越需要企业家对快速变化的市场做出准确的判断和决策，所以市场竞争推动企业家不断提高自身人力资本。同时，竞争又可以使企业家从中学会市场营销技巧，使自身人力资本在竞争中得到提高。二是市场竞争激烈程度决定着企业家人力资本的内涵。当竞争程度较低时，企业家在市场开拓、经营方面花费精力较少，他更侧重于企业内部组织管理，其人力资本内涵里的生产性较强。当市场竞争十分激烈时，企业家会将更多的精力转移到市场上，其人力资本内涵里的交易性较强。行业环境是指对处于同一行业内的组织都会发生影响的环境因素。与一般环境不同的是，行业环境只对处于某一特定行业内的企业以及与该行业存在业务关系的企业产生影响。

在行业环境研究领域，最著名的理论模型就是 Michael Porter 于 20 世纪

80年代初提出的“波特五力模型”，它认为行业中存在着决定竞争规模和竞争程度的五种力量，这五种力量综合起来影响着产业的吸引力以及现有企业的竞争战略决策。五种力量分别为供应商的议价能力、购买者的议价能力、新进入者的威胁、替代品的威胁，以及同行业竞争者的竞争程度。

1. 供应商的议价能力

供方主要通过提高其投入要素价格与降低单位价值质量的能力，来影响行业中现有企业的盈利能力与产品竞争力。供方力量的强弱主要取决于他们所提供给买主的是什么投入要素，当供方所提供的投入要素其价值构成了买主产品总成本的较大比例、对买主产品生产过程非常重要，或者极大影响买主产品的质量时，供方对于买主的潜在讨价还价能力就大大增强。一般来说，满足如下条件的供方集团会具有比较强大的讨价还价能力：①供方行业为一些具有比较稳固市场地位而不受市场激烈竞争困扰的企业所控制，其产品的买主很多，以致单个买主都不可能成为供方的重要客户。②供方各企业的产品各具特色，以致买主难以转换或转换成本太高，或者很难找到可与供方企业产品相竞争的替代品。③供方能够方便地实行前向联合或一体化，而买主难以进行后向联合或一体化。

2. 购买者的议价能力

购买者主要通过压价与要求提供较高质量的产品或服务，来影响行业中现有企业的盈利能力。购买者议价能力较强的原因如下：①购买者的总数较少，而每个购买者的购买量较大，占了卖方销售量很大的比例。②卖方行业由大量相对来说规模较小的企业所组成。③购买者所购买的基本上是一种标准化产品，同时向多个卖主购买产品在经济上也完全可行。④购买者有能力实现后向一体化，而卖主不可能前向一体化。

3. 新进入者的威胁

新进入者在给行业带来新生产能力、新资源的同时，也希望在已被现有企业瓜分完毕的市场中赢得一席之地，这就有可能会与现有企业发生原材料与市场份额的竞争，最终导致行业中现有企业盈利水平降低，严重的话还有可能危及这些企业的生存。竞争性进入威胁的严重程度取决于两方面的因素，即进入新领域的障碍大小与预期现有企业对于进入者的反应情况。进入障碍主要包括规模经济、产品差异、资本需要、转换成本、销售渠道开拓、政府行为与政策、不受规模支配的成本劣势、自然资源、地理环境等方面，这其中有些障碍是很难借助复制或仿造的方式来突破的。预期现有企业对进入者的反应情况，主要是采取报复行动的可能性大小，这取决于有关厂商的财力情况、报复记录、固定资产规模、行业增长速度等。总之，新企业进入一个行业的可能性大小，取决于进入者主观估计进入所能带来的潜在利益、所需花费的代价与所要承担的风险这三者的相对大小情况。

4. 替代品的威胁

两个处于同行业或不同行业中的企业，可能会由于所生产的产品互为替代品，而在它们之间产生相互竞争行为，这种源自替代品的竞争会以各种形式影响行业中现有企业的竞争战略：①现有企业产品售价以及获利潜力的提高，将由于存在着能被用户方便接受的替代品而受到限制。②由于替代品生产者的侵入，使得现有企业必须提高产品质量，或者通过降低成本来降低售价，或者使其产品具有特色，否则其销量与利润增长的目标就有可能受挫。③源自替代品生产者的竞争强度，受产品买主转换成本高低的影响。总之，替代品价格越低、质量越好、用户转换成本越低，其所能产生的竞争压力越强；而这种来自替代品生产者的竞争压力的强度，可以具体通过考察替代品销售增长率、替代品厂家生产能力与盈利扩张情况来加以描述。

5. 同行业竞争者的竞争程度

大部分行业中的企业，相互之间的利益都是紧密联系在一起的，作为企业整体战略一部分的各企业竞争战略，其目标都在于使得自己的企业获得相对于竞争对手的优势，所以在实施中就必然会产生冲突与对抗现象，这些冲突与对抗就构成了现有企业之间的竞争。现有企业之间的竞争常常表现在价格、广告、产品介绍、售后服务等方面，其竞争强度与许多因素有关。一般来说，出现下述情况将意味着行业中现有企业之间竞争的加剧：行业进入障碍较低，势均力敌竞争对手较多，竞争参与者范围广泛；市场趋于成熟，产品需求增长缓慢；竞争者企图采用降价等手段促销；竞争者提供几乎相同的产品或服务，用户转换成本很低；一个战略行动如果取得成功，其收入相当可观；行业外部实力强大的公司在接收了行业中实力薄弱企业后，发起进攻性行动，结果使得刚被接收的企业成为市场的主要竞争者；退出障碍较高，即退出竞争要比继续参与竞争代价更高。在这里，退出障碍主要受经济、战略、感情以及社会政治关系等方面的影响，具体包括：资产的专用性、退出的固定费用、战略上的相互牵制、情绪上的难以接受、政府和社会的各种限制等。

（五）企业内部环境理论

1. 企业内部环境的内涵

最早明确给出企业内部环境定义的是 Duncan（1972），他认为组织内部环境是在组织或特定决策单元边界以内那个系统中，个体决策纳入直接考虑的物理和社会因素的全部。Robbins（1996）、Daft（2013）、Wang 等（2008）、Carpenter 等（2009），以及国内学者赵黎明和王耀东（2004）、郭勇（2005）、赵锡斌（2007）、陈继祥和王家宝（2010）、杨增雄等（2013）也持同样的观点，我们称之为“因素论”定义，即将企业内部环境定义为企业边界内各种因素的组合。

另一些学者，给出了构成要素描述型定义，如 Mintzbergh（1983）认为，组织内部环境，是指组织在过去的学习活动中积累的知识、行为、组织结构、规范和价值观的集合。国内学者席酉民（2001）认为，内部环境主要是讨论企业内部的氛围、企业组织制度和政策形成的感受系统。南建设（2015）认为是企业边界以内的、能为企业所掌控的、在企业决策行为中纳入直接考虑的相关物理的和社会因素的全部。

2. 企业内部环境的构成要素

Rice（1963）认为企业内部环境包括成员的人际关系和他们彼此之间的相互作用。Worthington（2011）认为企业内部环境主要包括组织结构、功能和追求特定组织目标的方法。企业的组织结构一般有职能组织结构、以产品或服务为基础的组织结构、事业部组织结构、矩阵结构和项目组等。组织内部的不同业务职能包括市场营销、生产、人力资源管理和采购等。管理是企业内部环境的一个关键方面，“管理”的观念是贯穿在每一个内部环境分析过程中的主题。Capon（2005）认为，组织的内部环境分为基础部分和功能部分。基础部分包括组织类型、组织资源、组织结构、组织文化。组织类型包括公有制组织和私有制组织。组织资源分为三类，即人力资源、有形资源和无形资源。组织结构有五种形式，分别是简单式结构、功能式结构、事业部结构、控股公司结构和矩阵式结构。组织文化分为权势文化、角色文化、任务文化和个人文化四个类型。功能部分包括组织的四项主要职能，即市场营销、运营管理、人力资源管理和财务。赵锡斌（2007）认为，企业内部环境要素包括管理水平、组织结构、制度安排、技术与人力资源状况、产品与服务状况和企业文化。Duncan（1972）认为，组织内部环境由组织目标、产品或服务、组织沟通和组织成员等各种因素构成。Hitt等（2009）认为，企业内部环境的主要组成要素是资源、能力和核心竞争力。资源包括有形资源和无形资源。有形资源有四种，分别是财务资源、组织资源、物理资源和技术资源。无形资源有三种，分别是人力资源、创新资源和声望资源。Slocum（1979）认为，组织内部环境中的有关变量包括：同事对一个管理者的期望、领导的习惯做法、奖酬制度的性质、管理上的价值观以及组织内部成员的个人价值观等。Mintzberg（1983）认为，组织内部环境指组织在过去的活动学习中积累的知识、行为、组织结构、规范和价值观。南建设（2015）总结出的企业内部环境的主要构成要素有六个，即企业资源、企业能力、企业组织结构、企业文化、企业管理和企业管理团队。

企业是一种组织形式，其本身就是一种制度安排。企业家就是这种制度安排的产物，是企业组织制度的人格化。企业制度对企业家的影响包括以下方面：首先，制度的明确性和其有效执行力度可以改变人们的职业选择倾向，实现企业家职业化。通过激励竞争、风险与酬劳成正比、鼓励收入差别、尊重个人价值等方面的制度安排，使从事企业经营管理活动，并以此为职业的人能够取得较高的社会地位和收入，使经营企业成为一个富有魅力的职业，从而改变人们的职业选择观念，吸引更多的人加入企业经营活动中来，从而促进全社会企业家的成长。其次，通过制度安排可以提高企业家综合素质，拓展企业家能力，促进企业家成长。如实行企业家定期培训制度，加大教育力度等，可以实现企业家个体能力的增长，从而促进企业家市场的成长。最后，制度还可以通过市场，间接影响企业家人力资本供给。在制度变革中，建立和完善市场经济体制，强化市场的资源配置功能，使作为市场产物的企业家实现个人价值和社会价值，客观上为企业家人力资本供给起了一个引导作用，引导更多的人投身企业家这一职业中来。

二、文献综述

回顾企业家精神培育环境的文献，可以看出学者们主要从企业家精神培育环境评价、完善企业家精神培育环境对策、环境对企业家精神的影响三个视角来进行研究。

（一）企业家精神培育环境的评价

现有学者主要通过开发测量量表，基于大样本数据对企业家精神培育环境进行了评价。Busenitz 等（2000）开发了包括规制、规范和认知三个维度的创业制度环境量表，实证检验表明量表具有良好的信度和效度。蒋春燕和赵曙明（2010）在借鉴 Busenitz 等（2000）研究的基础上，开发了包括规范、认知和规制三个维度的企业家精神制度环境的量表，通过问卷调查收集到的数据对北京、上海、苏州等 15 个国家高新技术开发区的企业家精神制度环境进行了评价。研究结果表明，15 个高新区总体制度环境都是有利于公司企业家精神培育的，但 15 个高新区公司企业家精神制度环境存在显著的地区差异。中国企业家调查系统（2009）开发了政府环境（包括政府政策的简便程度、政府职能转变两个维度）、社会环境（包括合同与产权保护、融资难度、当地人力资源供应三个维度）、行业竞争环境（包括竞争强度、技术变化、行业增长三个维度）的测量量表，基于 2008 年中国企业经营者问卷跟踪调查的数据，对政府环境、社会环境以及行业竞争环境这三个外部环境进行了评价。Gupta 等（2014）对巴西、中国、印度以及韩国四个新兴经济国家企业家精神培育的制度环境进行了比较研究。Xu 和 Ma（2014）从基本因素、旅游地吸引力、信息和交通、市场潜力、市场可进入性、家庭背景以及企业家集聚七个方面对企业家精神培育的区域发展环境进行了研究。

（二）完善企业家精神培育环境的对策

现有学者主要针对企业家精神培育环境存在的问题，提出了完善企业家精神培育环境的对策。李维安和王辉（2003）从宏观和微观两个方面提出了培育企业家精神的政策建议，宏观方面要改善市场经济环境、加强法律法规体系建设，微观方面要建立健全现代公司治理制度，提供企业家创新精神的微观制度基础；庄子银（2005）通过研究指出，过度的政府管制、市场化程度低、公正有效法律体系的缺失成为企业家精神产生和发挥的制度障碍。政府应采取减少政府管制、提高市场化程度、建立公正有效的法律体系等制度创新手段以及激励性税收和补贴手段，这样可以为企业家精神提供合理的激励。刘志铭和李晓迎（2008）认为，政府的过度管制、高税率、法制的缺失都会阻碍企业家精神的发挥，因此，他提出要减少政府的管制、减轻企业的税负及完善法律制度的建议。丁晓晶（2008）从社会主义市场经济体制、社会文化氛围、企业家人才市场、财产保护制度和知识产权制度四个方面提出了完善企业家精神培育宏观环境的对策。官兵（2008）研究了企业家精神在推动金融发展方面的重要性及金融制度对企业家精神的影响，提出建立一个功能完备、体系完整的金融体制才能更大效率发挥企业家的创新精神。庞长伟和李垣（2011）的研究表明，减少政府对企业的干预，规范政府行为，增加政府对企业的政策支持，有助于企业家精神的培育和发挥。余兴（2012）在分析海峡西岸经济区民营企业家精神培育环境存在的障碍的基础上，提出通过引入现代公司治理模式完善企业家精神培育内部环境，并通过营造良好的创业环境、开放包容的文化环境以及健全的制度环境来打造企业家精神培育外部宏观环境。

（三）环境对企业家精神的影响

企业家作为组织与社会中的一员，企业家精神的形成必然要受到环境的影响，良好的环境是企业家精神培育的土壤。因此，现有学者开始关注环境对企业家精神培育的影响。综观现有研究，学者们主要从理论研究与实证研究两个方面研究了环境对企业家精神的影响。

（1）环境对企业家精神影响的定性研究。部分学者采用定性研究的方法来阐述环境对企业家精神影响的机理。Welter 和 Smallbone（2001）研究了转型期的制度对企业家精神的影响，认为制度环境对转型期国家或地区企业家精神具有重要的影响。Zahral（1991）研究了制度环境对企业家精神的影响作用。高波和张志鹏（2004）研究了城市文化对企业家精神形成的影响。赵曙明（2004）结合中国企业和企业家成长的实际，论述了企业家精神的本质特征，分析了社会制度与环境对企业家成长和企业家精神产生的巨大影响，指出良好的社会制度与环境对企业家精神的培育有正向的促进作用。尹宗成和李向军（2012）研究指出金融系统通过为企业家创业和创新活动提供资金支持，缓解信贷约束，激发企业家才能。殷丽梅（2016）指出企业家精神关系到企业发展和社会经济发展，在创新驱动发展战略下更要建立以企业家精神为导向的社会文化环境来促进企业家精神的培养。

（2）环境对企业家精神影响的实证研究。更多学者采用实证研究的方法来验证制度环境、社会文化环境、创业教育环境、企业内部环境对企业家精神的影响。第一，制度环境对企业家精神的影响。Garcia - Posada 等（2009）对南非企业家的调查发现，官僚机构的效率、适宜的税率及劳工管制政策均会影响企业家创业。Zhu 等（2012）研究了制度环境的运行状况（竞争环境、融资环境、法律法规环境、税收负担等）对中小企业创新的影响。Garcia-Posada 和 Mora-Sanguinetti（2015）研究了司法制度环境对企业家精神培育的影响。Aparicio 等（2016）研究了制度环境对机会型创业的影响。解维敏（2013）以我国 2002—2006 年上市公司为样本，实证检验了转型经济下的我国制度环境对企业家创新精神的影响。研究结果表明，与私有产权相比，政府控制不利于培育企业家创新精神，且地方政府控制的企业创新精神更低，而法律对产权的保护、法律执行的强化有利于降低企业创新产出被侵占的风险，银行业市场化改革的推进、地区金融的发展扩大了企业的融资渠道，降低了企业的资金风险，这些都有助于激励企业家的创新精神。杨勇等（2014）研究了金融发展水平以及法制水平对企业家精神培育的影响。邵传林（2014）基于中国省级层面的非平衡面板数据，实证检验了法律制度和地区腐败对企业家精神的影响效果。邵传林（2015）采用中国工业企业数据及地区层面的制度数据研究了制度环境对企业家精神的影响程度。第二，社会文化环境对企业家精神的影响。Cho（2009）研究了不同国家的文化和社会经济环境对企业家精神培育的影响。黎常（2014）从创业失败的社会烙印和创业角色榜样两个方面研究了社会文化特征对区域企业家精神的影响。第三，教育环境对企业家精神的影响。美国考夫曼企业家精神研究中心（The Kauffman Center for Entrepreneurship Leadership）认为，企业家精神的教育主要是对具有企业家潜质的个体进行专业系统的前沿理论与先进技术的培训，使其比其他没有接受教育的人更能够抓住机会、善于全面思考。Contiu（2014）、Fayolle 和 Gailly（2015）研究了创业教育环境对学生创业导向与企业家精神培育的影响。第四，企业内部环境对企业家精神的影响。Ruiz 和 Coduras（2015）研究了企业内部人力资源管理环境对企业家精神培育的影响。

第二节　概念模型与研究假设

环境是企业家诞生和成长的场所，相对于其他外部因素而言，它对企业家精神培育的影响更大。根据前文对企业家精神培育环境的文献综述以及结合企业家精神培育环境的实际情况，本章构建的概念模型如图5-1所示。

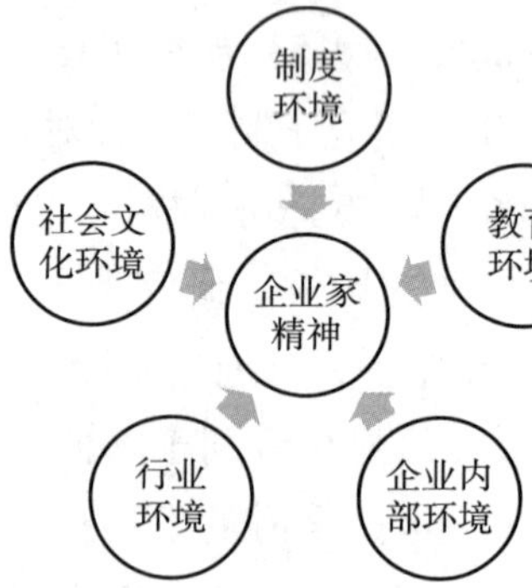

图5-1　企业家精神培育环境的概念模型

一、制度环境对企业家精神的影响

制度是由象征性要素、社会活动和物质资源组成的多方面的、持久的社会结构，制度环境则是组织为了获取合法性和外界支持而必须遵守的规则和要求（Scott，2001）。对于企业家精神培育行为而言，其合法性机制表现在企业家需要积极寻求组织内外部利益相关者的认同，适应和遵循组织场域中的社会秩序模式，最终表现为企业家行为对制度环境的适应和遵从（North，1987）。新制度经济学认为，制度既能够激发企业家活力，也能够抑制企业家精神的有效发挥。较好的制度环境会为企业家的创业与创新活动提供有力支持以及可预期的行为框架，能够促进企业家的机会型创业（Aparicio et al.，2016），有利于企业家精神在生产性领域的驻存（Baumol，1990；Sobel，2008），从而使企业家的创新精神容易被激发。反之，如果企业家所处的制度环境普遍较差，企业家就会面临较高的交易成本和较大的制度不确定性（Batjargal et al.，2013），将导致其面对的机会混杂，其中大部分机会对再分配有利，而不是对生产性活动有利（North，1990），如此企业家精神的“正能量”

必然被“负能量”所吞噬。Aldrich 和 Wiedenmayer（1993）声称制度环境甚至可以创造或破坏一个国家的企业家精神。Baumol（1990）也表达了类似的观点，即制度环境可以决定企业家精神是富有成效的、没有成效的，甚至是具有破坏性的结果。

理论的提出无疑揭示了经验研究的重要性和必要性，后续学者纷纷从实证层面论证制度环境对企业家精神的影响。Zhu 等（2012）研究了制度环境的运行状况（竞争环境、融资环境、法律法规环境、税收负担等）对中小企业创新创业的影响。Mora-Sanguinetti（2015）研究了司法制度环境对企业家精神培育的影响。Aparicio 等（2016）研究了制度环境对机会型创业的影响。邵传林（2015）采用中国工业企业数据及地区层面的制度数据研究了制度环境对企业家精神的影响程度。颜为民等（2015）基于中国 1992—2011 年省级层面的数据，检验了制度环境中的地区腐败、金融市场化等制度变量对企业家精神的影响机制及其效应。实证结果表明，作为制度环境替代性变量的地区腐败、金融市场化均与企业家创新精神具有稳健的正相关关系。韩磊等（2017）基于新制度经济学的理论，利用中国 1997—2014 年省级非平衡面板数据，采用动态面板广义矩估计法和结构方程，从法与金融的视角实证考察了其对企业家精神的影响。研究表明：就全国和内陆而言，法律制度效率、金融市场化整体上对企业家精神均有显著的正向效应；就沿海而言，法律制度效率对企业家精神有显著的正向效应，而金融市场化的正向效应不显著；法律制度效率、金融市场化与外部制度环境的交互效应对企业家精神的影响均显著；结构方程实证表明金融市场化作为法律制度效率的中介变量对企业家精神具有显著的部分中介效应。由此提出如下假设：

H1：制度环境对企业家精神有显著正向影响。

二、社会文化环境对企业家精神的影响

文化是指人们所选择与遵从的特定价值观体系，它构成了人们的主观模型（高波、张志鹏，2004）。社会文化环境是相对于企业家精神培育环境而言的，存在于企业家周围，并影响企业家精神形成的各种社会文化条件的总和，包括权利、契约、信仰、艺术、道德、法律、风俗以及社会成员所掌握和接受的任何其他的才能和习惯的复合体。企业家个体选择何种价值观以及价值观体系如何变迁对于企业家精神的形成具有决定性的作用。然而，企业家价

值观的选择并非任意而为，它总是要受到一定的社会文化环境的制约。企业家精神往往从所在社会文化环境中汲取特定的价值观念，采取相应的行为方式，在一定程度上，社会文化环境决定了企业家精神的取向与内涵，将显著作用于企业家的管理思维和实际操作，是企业家精神形成的源泉。在诚实守信、开放包容、尊重企业家及其贡献、以商为荣与合作共赢、鼓励创新与宽容失败的社会文化环境中，企业家才具有更加强烈的创业与创新意愿（Cardon et al.，2011），因而才能孕育出更丰富的企业家精神；相反，在与企业家精神培育相悖的消极的社会文化环境中，企业家精神就会呈现出一种瞬间即逝的泡沫化现象和个案现象，难以长久延续和广泛发展。

学者们从理论与实证研究的角度进一步研究了社会文化环境对企业家精神的影响。OECD（2003）的研究认为社会特征，如文化障碍、缺乏正面的创业典范（角色榜样）以及有限的网络等，是约束农村创业活动最重要的障碍。Cardon 等（2011）的研究表明包容性的正式规则和非正式文化价值影响创业活动的发展水平，在对创业失败比较包容的社会文化中，个体从事创业活动的意愿更为强烈。朱元根（2005）认为企业家精神的兴起推动了基于技术创新的高科技企业和基于业务创新的中小企业的大量创办，为经济增长提供了精神支持和条件，结合中国企业和企业家成长的实际，提出社会环境会对企业家成长和企业家精神产生巨大影响。马寅杰（2007）认为企业家精神的兴起需要一种特定的文化环境，培育企业家精神，首先要创造一个适宜企业家精神形成的文化环境。袁宁（2008）通过研究东北文化环境对民营企业家成长的影响，提出企业家群体与社会文化环境之间形成良性互动与循环，是企业家成长的基础性条件。叶宏球（2013）根据晋商企业家精神所表现出的核心特征，认为晋商文化是晋商企业家精神的生成环境。黎常（2014）研究了社会文化特征（包括创业失败的社会烙印和创业角色榜样两个层面）对农村与城镇、东部农村与中西部农村创业活动影响的差异。研究表明，这两个因素对于不同区域创业活动参与都有显著影响，但这种影响程度在不同区域之间存在不同：在农村与城镇之间，创业角色榜样的影响没有显著的差异，而创业失败的社会烙印对农村的影响小于城镇；在东部农村与中西部农村之间，创业失败的社会烙印并没有表现出显著差异，但创业角色榜样对东部农村地区的影响比中西部农村地区更大。熊平和程玮（2015）认为企业家精神的培育是一项长期系统的工程，除了要加强硬件环境建设，在现实条件下，提供更好的软件环境，营造有利于创业者发展的文化环境和氛围，培育创业者的企业家精神更为重要。殷丽梅（2016）指出企业家精神关系到企业发展和社会经济发展，在创新驱动发展战略下更要建立以企业家精神为导向的社会文化环境来促进企业家精神的培养。由此提出如下假设：

H2：社会文化环境对企业家精神培育有显著正向影响。

三、教育环境对企业家精神的影响

《教育大辞典》中教育环境的概念为“为培育人而有意识地创设的情境，一般可分为家庭教育环境、社会教育环境和学校教育环境”。本章所指的教育环境是指学校教育环境，即确保学校教学活动顺利进行的诸条件的综合（张辉蓉、贾瑜，2014），具体包括以下几个方面：一是物质技术设备、教学场所等学校内部的物质和自然形态的因素，能够为学校的思想政治教育活动的进行提供物质条件；二是学校的规章制度，这些规章制度对规范学生道德行为和思想政治素质起到了重要的导向作用；三是表现为思想观念层面的学校的学术氛围、学习风气、优良传统、文化活动等学校的精神因素。教育环境作为企业家精神培育的环境之一，在培养企业家精神方面起到了至关重要的作用。学校作为教育的主体，如果能够增设创业教育课程、重视课外活动的开展、尊重学生个性的发展、重视学生创造思维与创新能力的培养以及注重多学科的渗透教育，那么这样的教育环境就可以改变受教育者的精神状态与知识结构，使其具备创新精神、冒险精神和风险承担的能力，使其从事更多的创新活动，从而有助于企业家精神的形成。Contiu（2014）、Fayolle 和 Gailly（2015）的研究均表明了创业教育环境对学生创业导向与企业家精神培育具有促进作用。侯锡林教授（2007）从高校的角度来谈企业家精神培育，他认为创业教育是当前高校教育体系中十分重要的部分，而创业教育的核心是培育企业家精神。陈春丽（2011）运用重庆市 2000—2008 年数据，实证分析了企业家精神对重庆经济增长的影响，在总结实证检验结论的基础上，提出加快推动以创业教育为载体的企业家精神教育体系的发展，从而促进企业家精神发展。孙云龙和刘万兆（2013）认为应当以企业家精神培育为主，对大学生的创业教育模式进行改良。侯锡林（2007）、万玺和应晓跃（2010）、肖龙海（2011）等从高校培育学生的角度进行研究，并认为高校需要通过创业教育来培养学生，使企业家精神在高等教育体系中成为十分重要的部分。考虑到企业的自身特点，企业家即使拥有一定的社会经验，但在理论基础和技术更新方面，仍需要高校对其进行不间断的重复培育，所以高校对企业家精神培育是随着经济环境变化和科学技术发展不断推进更新的。刘晓阳等（2012）认为应该以企业家精神引导地方高校创新型创业人才培养体系建设。由此提出如下假设：

H3：教育环境对企业家精神培育有显著正向影响。

四、行业环境对企业家精神的影响

行业环境是指对处于某一特定行业内的企业以及与该企业存在一定关系的企业产生影响的环境因素（张凤新等，2004）。行业环境总体反映了企业运行的外部行业特征。本章从竞争强度、技术变化以及行业增长三个方面对企业家精神培育的行业环境进行研究。行业环境是企业自身运行及合作的结果，它对企业家精神的培育具有重要的影响。在市场竞争激烈、技术变化难以预测以及行业增长较快的行业环境中，企业家所获取的信息往往是不准确的、难获得的或者滞后的，加大了管理者对企业现状和未来状况的准确估计，企业家面临很强的决策模糊性（Eisenhardt & Bourgeois，1988）。为此，企业家不得不增强自己的创新精神、冒险精神和风险承担能力，通过创新寻求机会去适应行业环境（汪丽等，2012），进而有助于企业家精神的培育。Ruiz 和 Coduras（2015）的研究表明了企业内部人力资源管理环境对企业家精神培育具有促进作用。由此提出如下假设：

H4：行业环境对企业家精神培育有显著正向影响。

五、企业内部环境对企业家精神的影响

企业内部环境是指企业边界以内的、能为企业所掌控的、在企业决策行为中直接纳入考虑的相关物理和社会因素的全部（南建设，2015），是那些影响管理决策制定和目标达成的组织内部全部因素（Wang et al.，2008）。本章的企业内部环境是指对企业家精神产生影响的企业内部因素，包括企业家激励与约束机制、企业家选任与评估机制、企业家决策机制、企业文化以及工作环境。如果一个企业拥有完善的企业家激励与约束机制、合理的企业家选任与评估机制、科学的企业家决策机制、鼓励创新的企业文化以及人性化与宽松的工作环境，那么就能够唤起企业家的创新精神、冒险精神和风险承担

精神，从而孕育出更丰富的企业家精神。我国学者王安全（2001）通过对企业家精神培育的影响因素进行分析，得出公司董事会及经营结构、企业家素质、战略管理和创业环境这三方面对企业自身的企业家精神培育起到十分重要的作用，由此得出，改善企业整体的环境对企业家精神的培育具有积极作用。郭俊华和白永秀（2009）认为从企业内部制度看，无论是国有企业，还是非国有企业，都要实行制度创新。一是要明晰产权关系，调动企业经营者的创新积极性；二是要尽快建立和完善法人治理结构；三是完善公司治理制度。吴李洋等（2015）认为企业家精神的培育在公司层面应该从三个方面入手：建立全面完善有效的激励机制与制约机制；建立竞争性选拔机制；注重企业文化建设。由此提出如下假设：

H5：企业内部环境对企业家精神培育有显著正向影响。

第三节 研究设计

一、问卷的设计

（一）问卷设计的过程

依据 Dunn 等（1994）提出的问卷设计原则，参考王德才和赵曙明（2013）等的研究，本章通过以下流程进行问卷设计。

1. 国内外文献回顾

通过整理国内外关于企业家精神、企业家精神培育环境的文献，借鉴其中相关研究的理论构思和被广泛引用的相关变量的测量量表，并结合资源富集地区的实际特点，设计了变量的测量题项，并形成了调查问卷的初稿。

2. 专家甄别

笔者对于所研究变量之间的逻辑关系、问卷的题项内容、问卷题项措辞以及问卷格式这四个问题与所在研究团队和同领域学者（包括导师、同事和博硕士生）进行了交流，并征求他们的意见，对问卷题项进行修改，形成了第二稿问卷。

3. 征求资深企业家的意见

与来自内蒙古大学 2016 级 EMBA（A 班）的 5 位具有丰富的管理经验以

及良好的学术背景的企业家进行深度访谈，就下述三个问题征求了他们的意见：①变量之间的逻辑关系是否符合企业的实际情况；②量表中变量的测度能否反映企业的相关情况；③量表的措辞是否容易被企业界人士所理解。在此基础上对问卷题项进行修正，形成了第三稿问卷。

4. 小样本预测试

在正式大规模发放问卷之前，笔者将问卷发给内蒙古大学 2017 级 EMBA（A 班和 B 班）的 89 位企业家进行预测试。依据小规模调查收集问卷的反馈结果做初步检验分析（信度分析、探索性因子分析），进而来筛选出最能测量所需测量变量的题项，形成用于大规模发放的有效问卷的最终版本。

（二）数据结果偏差的处理

Fowler（1988）认为，在问卷调查中答卷者所填的答案与实际情况不一致可能存在以下四种原因：①答卷者不了解所需答案的具体信息；②答卷者不记得问卷中问题的答案；③答卷者不愿回答问卷中的问题；④答卷者不能准确理解问卷中问题的含义。针对上述四大原因，参考彭新敏（2009）等的研究，笔者在问卷设计过程中做了如下处理：①选择在该企业工作三年以上、对企业整体运作情况较为熟悉的总经理（总裁）来填写问卷；②问卷中所涉及的题项都是近一两年的情况，从而尽量避免由于答卷者记忆问题而引起的偏差；③问卷题项尽量不涉及个人及企业的隐私，同时在问卷的指导语处说明本次问卷调查的纯学术研究目的，强调匿名进行问卷填写，并做出保密承诺，从而避免答卷者虽然知道答案却不愿如实回答所带来的负面影响；④本问卷的设计有广泛的文献阅读基础，能够确保每个研究变量都有明确的操作性定义与测量指标，同时广泛听取企业界与学术界专家的意见，并对问卷进行小样本预测试，对问卷的表述和措辞进行反复修改与完善，排除了题项表意含糊不清或难以理解的情况。

（三）问卷的基本内容

本书的问卷设计主要围绕企业家精神的相关问题展开，要求问卷能够为研究内容提供所需要的数据。根据本研究的概念模型与研究假设，所设计的调查问卷包括以下基本内容：①问卷填写者个人及企业背景资料；②对企业家精神的具体测度；③对企业家精神培育环境的具体测度。

二、变量的初始测量

本章需要测量的变量包括企业家精神（包括创新、风险活动、战略更新三个维度）及企业家精神培育环境（包括制度环境、社会文化环境、教育环境、行业环境、企业内部环境五个维度）。研究中各变量的测量题项主要有以下四个来源：一是直接引用相关文献中已经被证实有效或是相对成熟的测量题项；二是在文献提出的测量量表的基础上结合本研究的实际需要进行修改得来的题项；三是依据相关理论或概念分析得来的题项；四是根据本研究的实地访谈结果进行修改得来的题项。在变量的测量方式上，采用李克特五级量表对变量进行测量，其中，“1”表示“很不同意”，“2”表示“不太同意”，“3”表示“同意”，“4”表示“比较同意”，“5”表示“非常同意”。

（一）企业家精神的初始测量

企业家精神概念的提出已有多年，其含义的广泛性、不稳定性、多层次性使其成为一个多维概念（靳卫东等，2008），因此，对其内涵的认识尚未达成一致。根据 Hébert 和 Link（1989）对企业家精神内涵的研究归类，经典的三个学派分别是：以 Schumpeter 和鲍莫尔为代表的德国学派，强调企业家的创新精神；以奈特和舒尔茨为代表的芝加哥学派，注重企业家的风险承担能力和冒险精神以及应付市场失衡的能力；以米塞斯和科兹纳为代表的奥地利学派，关注企业家对市场机会的识别能力。同时，受到经济发展、文化环境的影响，在不同地区、不同时代，企业家精神的表现形式和核心内容也有很大不同，经历了物资资源竞争、资源配置优化、人力资源优化和企业群体创新等的迭代更新，如今企业家精神发展囊括了资本运作、品牌运营等时代特点。企业家精神内涵的广泛性、不稳定性、多层次性使其成为一个多维概念（靳卫东等，2008），因此学者们拓展出不同的测度指标和测度方法。依据测度指标的个数不同，现有研究分别采用单一指标或复合指标对企业家精神进行测量。

单一指标主要着重于企业家精神特征的某一方面，使用最能体现这一特征的数据进行度量。由于企业家的创业活动数据容易获取，且可以应用复杂的数学模型和统计技术（董昀，2012），为此，对企业家精神的测度主要转向对创业精神的衡量，采用了诸如自我雇佣比率（Salas-Fumás et al.，2014）、企业所有权比率（Moradi，2011）、企业的进入退出比率（Aghion et al.，2006）、小企业所占市场份额（王先柱等，2015）等指标。基于对单一指标是否能够全面性代表企业家精神的疑问，更多学者倾向于采用复合指标来衡量企业家精神。Fogel（1994）最先提出用一个整体的概念框架整合企业环境，在社会环境如何满足、引导或强化企业家的需求并推动新企业的创立二者之间建立明确的关联。在此基础上，各类研究机构和学者尝试建立不同的复合指标体系。其中，认可度和引用度最高的是全球创业观察（Global Entrepreneur-ship Monitor，GEM）提出的企业家精神评价体系，包括企业家的普及率（即早期企业家精神指数 TEA，具体由新生企业家比率 NASCENT 和新建企业家比率 YOUNG 组成）、早期企业家活动的主要特征（生存型企业家 TEANEC 和机会型企业家 TEAOPP）以及企业家的认知三个方面。国内外的学者也尝试构建复合企业家精神评价指标体系。Guth 和 Ginsberg（1990）从组织整体的战略出发，指出公司企业家精神包括围绕以下两种类型的现象和过程：①现有组织内部新业务的产生，比如内部创新或者风险活动；②通过对组织得以建立的核心观念的更新，比如战略更新，而实现组织转型。蒋春燕和赵曙明（2010）将企业家精神界定为创新（包括开发新产品、技术革新、对现有的生产过程进行改造和更换以及引进新的组织管理体系）、战略更新（通过改变业务范围、竞争手段使公司重新充满活力）和风险活动（企业进入新的市场）三个维度。曾铖等（2018）以及王霞等（2017）从冒险性（Risk - taking）、开拓性（Proactive）、创新性（Innovation）三个方面对企业家精神做出内涵界定，进而构建多层次评价指标体系。邢小强和周平录（2018）从嵌合性、竞合性和耦合性 3 个维度构建区域企业家精神评估指标体系。

借鉴现有学者的研究，本章将企业家精神划分为创新、风险活动以及战略更新三个维度，利用 A11～A15 五个题项来测量创新，利用 A21～A25 五个题项来测量风险活动，利用 A31～A36 六个题项来测量战略更新，具体测量题项如表 5-1 所示。

表 5-1 企业家精神的初始测量量表

测量维度	编号	题项	来源或依据
创新	A11	企业在过去三年里推出了大量的新产品和服务	Guth 和 Ginsberg（1990）、蒋春燕和赵曙明（2010）、曾铖等（2018）、王霞等（2017）、邢小强和周平录（2018）
	A12	企业比主要的竞争对手取得了更多的专利	
	A13	企业在本行业的突破式创新上起领头羊的作用	
	A14	企业在提升产品或服务方面的花费远远高于行业平均水平	
	A15	企业舍得在新产品或服务上投资	
风险活动	A21	企业进入了新的市场领域	
	A22	企业创立了新的企业	
	A23	企业在现有的市场上找到了新的立足点	
	A24	企业对新的商业机会舍得投资	
	A25	企业创立了新的半自动化和自动化部门	
战略更新	A31	企业剥离了一些不盈利的部门	
	A32	企业改变了一些部门的竞争战略	
	A33	为了加强部门之间的合作和交流，企业重组了一些部门	
	A34	企业重新定义了公司所在的行业	
	A35	企业引进了创新的人力资源管理体系	
	A36	企业在行业内首个引进新的商业概念和实践	

（二）企业家精神培育环境的初始测量

关于企业家精神培育环境的测量，现有学者主要采用以下两种方式进行测量。第一，采用客观的指标进行测量。Garcia-Posada 和 Mora-Sanguinetti（2015）用“（年初待审案件+年内新增案件）/年内裁决案件”来测量西班牙企业家精神培育的司法制度效力。邵传林（2015）采用《中国市场化指数》中的“中介组织发育与法律指数”来衡量企业家精神培育的地区制度环境。杨勇等（2014）采用“各省域金融机构（中外）人民币业务扣除农业贷款年末余额”来测量企业家精神培育的金融环境，用“各省立案侦查贪污贿赂、渎职侵权人数”来测量企业家精神培育法制环境。第二，采用测量量表的方式进行主观测量。Manolova 等（2008）、Gupta 等（2014）以及蒋春燕和赵曙明（2010）从规制、认知和规范三个维度对企业家精神培育的制度环境进行了测量。Xu 和 Ma（2014）采用 27 个测量题项从基本因素、旅游地吸引力、信息和交通、市场潜力、家庭背景以及企业家集聚等方面对企业家精神培育的区域发展环境进行了测量。Contiu（2014）采用了19个测量题项对企业家精神培育的教育环境进行了测量。Ruiz和Coduras（2015）从企业特征、信息与沟通、领导、企业发展、工作特征、工作资源、团队、薪酬、绩效评价九个方面对影响企业家精神培育的企业内部环境进行了测量。黎常（2014）从创业失败的社会烙印以及创业角色榜样两个维度来测量企业家精神培育的文化环境。中国企业家调查系统（2009）从政府政策的简便程度、政府职能转变两个方面对企业家精神培育的政府环境进行测量；从合同与产权保护、融资难度和当地人力资源供应三个方面对企业家精神培育的社会环境进行测量；从竞争强度、技术变化和行业增长对企业家精神培育的行业环境进行测量。

本章关于企业家精神培育环境的测量题项就是在以上文献提出的测量量表的基础上结合本研究的实际需要进行修改得来的。利用B11~B15五个题项来测量企业家精神培育的制度环境，利用B21~B25五个题项来测量企业家精神培育的社会文化环境，利用B31~B35五个题项来测量企业家精神培育的教育环境，利用B41~B46六个题项来测量企业家精神培育的行业环境，利用B51~B55五个题项来测量企业家精神培育的企业内部环境，具体测量题项如表5-2所示。

表5-2　企业家精神培育环境的初始测量量表

测量维度	编号	题项	来源或依据
制度环境	B11	政府制定了健全的创业与创新扶持政策	Manolova等（2008）、Gupta等（2014）、蒋春燕和赵曙明（2010）、Xu和Ma（2014）、Contiu（2014）、Ruiz和Coduras（2015）、中国企业家调查系统（2009）
	B12	政府为企业提供了高效廉洁的行政服务	
	B13	政府为企业提供了公平便捷的融资渠道	
	B14	政府制定了支持本地企业家成长的政策	
	B15	政府为企业家权益提供了较好的法律保护	
社会文化环境	B21	所在社会拥有良好的社会信用环境	
	B22	所在社会拥有开放、包容的文化环境	
	B23	所在社会拥有尊重企业家及其贡献的社会价值观	
	B24	所在社会拥有以商为荣、义利共存的社会理念	
	B25	所在社会拥有鼓励创新、宽容失败的创业精神	

续表

测量维度	编号	题项	来源或依据
教育环境	B31	你曾接受教育的学校增设了创业教育课程	Manolova 等（2008）、Gupta 等（2014）、蒋春燕和赵曙明（2010）、Xu 和 Ma（2014）、Contiu（2014）、Ruiz 和 Coduras（2015）、中国企业家调查系统（2009）
	B32	你曾接受教育的学校非常重视课外活动的开展	
	B33	你曾接受教育的学校非常尊重学生个性的发展	
	B34	你曾接受教育的学校重视学生创造思维与创新能力的培养	
	B35	你曾接受教育的学校注重多学科的渗透教育	
行业环境	B41	企业所面临的市场竞争非常激烈	
	B42	企业所面临的技术变化非常迅速	
	B43	企业所面临的技术发展趋势很难预测	
	B44	企业面临的市场需求增长非常快	
	B45	企业很难预测到竞争对手的市场行为	
	B46	新企业进入较多	
企业内部环境	B51	所在企业拥有完善的企业家激励与约束机制	
	B52	所在企业拥有合理的企业家选任与评估机制	
	B53	所在企业拥有科学的企业家决策机制	
	B54	所在企业拥有鼓励创新的企业文化	
	B55	所在企业拥有人性化与宽松的工作环境	

三、量表预测试及分析

在进行大样本问卷发放前，本章先对上述设计的问卷进行小样本预检验。通过小规模样本调查及检验，对问卷的测量题项进行分析和净化，旨在尽早发现研究设计及测量工具的缺点并做修正，以减少大规模样本调研中发生错误的可能性，提高研究的效度和信度，争取得到更真实可靠的研究成果。

（一）小样本数据收集

小样本调研是在 2018 年 2 月进行的，调查对象为内蒙古大学 EMBA 学员。此次调查共发放调查问卷 200 份，收回 185 份，回收率为 92.5%。对回收的问卷，按照以下四个原则进行筛选：①被调查者不是来自内蒙古企业的董事长或总经理（总裁）的予以删除；②问卷中有多处缺答现象的予以删除；③问卷填写呈现明显规律性的予以删除；④问卷回答中有前后矛盾现象的予以删除。通过对问卷的适应性及有效性进行检测，最终获得有效问卷 145 份，有效问卷回收率为72.5%。

（二）小样本数据描述

根据小样本问卷调查获得的数据，从企业层面和个体层面对小样本分布情况进行简单描述性统计分析，其中企业层面包括企业所在行业、企业性质、企业年龄、企业规模以及企业所在地区，个体层面包括被调查者的年龄、性别、学历、任期以及职位。

1. 小样本企业的统计描述

表5-3为小样本企业基本资料的统计描述结果。从企业所属行业来看，来自采矿业的企业最多，共有25家，占总样本的17.24%；来自租赁和商务服务业的企业数量最少，只有4家，占总样本的2.76%。从企业成立年限来看，成立时间为5（含）~10年的企业数量最多，共有48家，占样本企业的33.10%；成立时间15（含）~20年的企业数量最少，共有18家，占样本企业的12.41%。从企业规模来看，员工人数为500（含）~1000人的企业数量最多，共有38家，占样本企业的26.21%；员工人数为1500（含）人以上的企业数量最少，共有20家，占样本企业的13.79%。从企业性质来看，国有企业有45家，占样本企业的31.03%；非国有企业有100家，占样本企业的68.97%。

表5-3 小样本企业基本资料统计描述

类别	特征分类	样本数量	所占比重/%	累计百分比/%
主导业务所属行业领域	农、林、牧、渔业	12	8.28	8.28
	采矿业	25	17.24	25.52
	制造业	13	8.97	34.49
	电力、热力、燃气及水生产和供应业	8	5.52	40.01
	建筑业	12	8.28	48.29
	批发和零售业	6	4.14	52.43
	交通运输、仓储和邮政业	10	6.90	59.33
	住宿和餐饮业	16	11.03	70.36
	信息传输、软件和信息技术服务业	6	4.14	74.50
	金融业	17	11.70	86.20
	房地产业	6	4.14	90.34
	租赁和商务服务业	4	2.76	93.10
	其他	10	6.90	100.00

续表

类别	特征分类	样本数量	所占比重/%	累计百分比/%
企业成立年限	5 年以下	25	17.24	17.24
	5（含）~10 年	48	33.10	50.34
	10（含）~15 年	33	22.76	73.10
	15（含）~20 年	18	12.41	85.51
	20 年（含）以上	21	14.49	100.00
企业规模	100 人以下	28	19.31	19.31
	100（含）~500 人	36	24.83	44.14
	500（含）~1000 人	38	26.21	70.35
	1000（含）~1500 人	23	15.86	86.21
	1500（含）人以上	20	13.79	100.00
企业性质	国有企业	45	31.03	31.03
	非国有企业	100	68.97	100.00

2. 小样本被调查者的统计描述

表 5-4 为小样本被调查者的基本资料的统计描述结果。从被调查者的年龄来看，40（含）~45 岁的企业家居多，共有 49 人，占总样本的 33.79%；50（含）岁以上的企业家最少，只有 14 人，占总样本的 9.66%。从被调查者的性别来看，男性企业家共有 43 人，占总样本的 29.66%；女性企业家共有 102 人，占总样本的 70.34%。从被调查者的学历来看，最高学历为博士研究生，最低学历为专科，其中具有本科学历的企业家最多，共有 81 人，占总样本的 55.86%。从被调查者的专业来看，管理专业的企业家居多，共有 63 人，占总样本的 43.45%。从被调查者所担任的职务来看，担任董事长的共有 25 人，占总样本的 17.24%；担任总经理（或总裁）的共有 52 人，占总样本的 35.86%；担任董事长兼总经理（或总裁）的共有 68 人，占总样本的 46.90%。从被调查者的任期来看，从事目前职位的年限为 3（含）~5 年的企业家居多，共有 44 人，占总样本的 30.34%；从事目前职位的年限为 1 年以下的企业家最少，只有 10 人，占总样本的 6.90%。

表 5-4　小样本被调查者的基本资料统计描述

类别	特征分类	样本数量	所占比重/%	累计百分比/%
年龄	35 岁以下	18	12.41	12.41
	35（含）~40 岁	28	19.31	31.72
	40（含）~45 岁	49	33.79	65.51
	45（含）~50 岁	36	24.83	90.34
	50（含）岁以上	14	9.66	100.00
性别	女	102	70.34	70.34
	男	43	29.66	100.00
学历	专科	12	8.28	8.28
	本科	81	55.86	64.14
	硕士研究生	46	31.72	95.86
	博士研究生	6	4.14	100.00
专业	文史哲法律	9	6.21	6.21
	经济	44	30.34	36.55
	管理	63	43.45	80.0
	理工农医	23	15.86	95.86
	其他	6	4.14	100.00
职位	董事长兼总经理（或总裁）	68	46.90	46.90
	董事长	25	17.24	64.14
	总经理（或总裁）	52	35.86	100.00
任期	1 年以下	10	6.90	6.90
	1（含）~3 年	22	15.17	22.07
	3（含）~5 年	44	30.34	52.41
	5（含）~10 年	39	26.90	79.31
	10（含）年以上	30	20.69	100.00

（三）小样本检验的方法与标准

在小样本预测试阶段，本章采用信度分析和探索性因子分析对小样本进行检验。信度分析（Reliability Analysis）的目的是删除对测量变量毫无贡献的测量题项，从而精简问卷以及增加每个测量变量的信度。探索性因子分析（Exploratory Factor Analysis，EFA）的目的是从杂乱无章的数据中找出共同属性，并检验不同潜变量之间的区分效度（Simonin，1999），从而确定量表的基本构念与测量题项。具体的方法与标准如下：

1. 信度分析

（1）采用修正的题项—总体相关系数（Corrected Item-Total Correlation，CITC）对测量题项进行净化。对于 CITC 值，有学者认为样本数据的信度通过检验的最低限度为 CITC 值大于 0.35（李怀祖，2004），也有学者认为题项的 CITC 值低于 0.5 就认为其收敛效度较差，应该予以删除（Bock et al.，2005），本章以 0.5 作为净化测量题项的标准。

（2）采用 α 信度系数（The Cronbach Alpha，简称 α 系数）检验测量题项的信度。α 系数介于 0~1，值越大，则表示内在信度越高。一般认为，α 系数大于 0.9，表示量表的内在信度很高；α 系数大于 0.8 而小于 0.9，则内在信度较高；α 系数大于 0.7 而小于 0.8，设计量表仍可被接受；α 系数小于 0.7，设计量表存在很大问题，应考虑重新设计（Nunnally，1978）。

2. 探索性因子分析

（1）对样本进行 KMO（Kaiser-Meyer-Olykin）样本充分性测度以及巴特利特球形检验（Bartlett Test of Sphericity），以判断样本是否适合进行因子分析。利用 KMO 值来判断样本是否适合进行因子分析的标准为：①KMO 值在 0.9 以上，非常适合；②KMO 值在 0.8~0.9，很适合；③KMO 值在 0.7~0.8，适合；④KMO 值在 0.6~0.7，不太适合；⑤KMO 值在 0.5~0.6，很勉强；⑥KMO 值在 0.5 以下，不适合。根据上述原则，本章对于 KMO 值大于 0.7 的样本进行因子分析；对于 KMO 值处于 0.6~0.7 的，以理论研究为基础，根据实际的情况决定是否进行因子分析；对于 KMO 值小于 0.6 的，不进行因子分析。同时，判断样本是否适合进行因子分析的另一个标准是巴特利特球形检验的统计值显著性概率小于等于显著性水平（马庆国，2002）。

（2）对潜变量进行探索性因子分析。本章采用主成分分析法（Principle Component Methods）对剩余测量题项进行因子提取，用方差最大（Varimax）法进行因子旋转，并将特征值（Eigenvalue）大于 1 作为提取因子的标准。在对题项进行删除时，本章遵循以下三个原则：①当一个题项自成一个因子时，则删除该题项，因为其没有内部一致性；②当一个题项在所属因子的载荷小于 0.5 时，则删除该题项，因为其没有收敛效度；③当一个题项在所有因子的载荷都小于 0.5，或者在两个或两个以上因子的载荷大于

0.5 时，则删除该题项，因为其没有区分效度。经过上述测量题项的删除过程，当所有剩余测量题项的因子载荷都大于 0.5，且解释方差的累计比例（Cummulative % of Variance）大于 50%时，则表示剩余的测量题项是符合要求的。

（四）量表的信度分析

1. 企业家精神量表的信度分析

（1）创新量表的信度分析。如表 5-5 所示，创新量表 5 个测量题项的初始 CITC 指数都大于 0.5 的最低标准，分别为：A11 为 0.707，A12 为 0.664，A13 为 0.616，A14 为 0.626，A15 为 0.671。创新量表的信度系数为 0.847，大于 0.7 的最低标准，表明测量题项具有很高的内部一致性，符合研究要求。

表 5-5　创新量表的信度分析结果

变量	题项代码	CITC	删除该题项后的 α 系数	Cronbach's α
创新	A11	0.707	0.802	0.847
	A12	0.664	0.815	
	A13	0.616	0.827	
	A14	0.626	0.824	
	A15	0.671	0.812	

（2）风险活动量表的信度分析。如表 5-6 所示，风险活动量表 5 个测量题项的初始 CITC 指数都大于 0.5 的最低标准，分别为：A21 为 0.658，A22 为 0.632，A23 为 0.662，A24 为 0.575，A25 为 0.628。风险活动量表的信度系数为 0.832，大于 0.7 的最低标准，表明测量题项具有很高的内部一致性，符合研究要求。

表 5-6　风险活动量表的信度分析结果

变量	题项代码	CITC	删除该题项后的 α 系数	Cronbach's α
风险活动	A21	0.658	0.791	0.832
	A22	0.632	0.798	
	A23	0.662	0.790	
	A24	0.575	0.814	
	A25	0.628	0.799	

（3）战略更新量表的信度分析。如表 5-7 所示，战略更新量表 6 个测量题项的初始 CITC 指数都大于 0.5 的最低标准，分别为：A31 为 0.650，A32 为 0.672，A33 为 0.707，A34 为 0.709，A35 为 0.694，A36 为 0.690。战略更新量表的信度系数为 0.880，大于 0.7 的最低标准，表明测量题项具有很高的内部一致性，符合研究要求。

表 5-7 战略更新量表的信度分析结果

变量	题项代码	CITC	删除该题项后的 α 系数	Cronbach's α
战略更新	A31	0.650	0.865	0.880
	A32	0.672	0.862	
	A33	0.707	0.856	
	A34	0.709	0.855	
	A35	0.694	0.858	
	A36	0.690	0.859	

2. 企业家精神培育环境的信度分析

（1）制度环境量表的信度分析。如表 5-8 所示，制度环境量表 5 个测量题项的初始 CITC 指数都大于 0.5 的最低标准，分别为：B11 为 0.715，B12 为 0.786，B13 为 0.807，B14 为 0.771，B15 为 0.777。制度环境量表的 α 信度系数为 0.909，大于 0.7 的最低标准，表明测量题项具有很高的内部一致性，符合研究要求。

表 5-8 制度环境量表的信度分析结果

变量	题项代码	CITC	删除该题项后的 α 系数	Cronbach's α
制度环境	B11	0.715	0.901	0.909
	B12	0.786	0.886	
	B13	0.807	0.882	
	B14	0.771	0.889	
	B15	0.777	0.888	

（2）社会文化环境量表的信度分析。如表 5-9 所示，社会文化环境的测量题项中，第 1 个测量题项（B21 所在社会拥有良好的社会信用环境）的

CITC 指数为 0.436，小于 0.5 的最低标准，且删除这个测量题项后 α 信度系数有所上升，从 0.783 上升到 0.788，所以将这个测量题项予以删除。测量题项 B21 被删除后，其他测量题项的 CITC 值分别为：B22 为 0.584，B23 为 0.612，B24 为 0.573，B25 为 0.614，均大于 0.5 的最低标准。社会文化环境量表的信度系数为 0.788，大于 0.7 的最低标准，表明测量题项具有很高的内部一致性，符合研究要求。

表 5-9 社会文化环境量表的信度分析结果

变量	题项代码	初始的 CITC	最终的 CITC	删除该题项后的 α 系数	Cronbach's α
社会文化环境	B21	0.436	删除	—	初始 α=0.783 最终 α=0.788
	B22	0.608	0.584	0.742	
	B23	0.616	0.612	0.728	
	B24	0.539	0.573	0.747	
	B25	0.611	0.614	0.726	

（3）教育环境量表的信度分析。如表 5-10 所示，教育环境的测量题项中，第 5 个测量题项（B35：你曾接受教育的学校注重多学科的渗透教育）的 CITC 指数为 0.435，小于 0.5 的最低标准，且删除这个测量题项后 α 信度系数有所上升，从 0.860 上升到 0.865，所以将这个测量题项予以删除。测量题项 B35 被删除后，其他测量题项的 CITC 值分别为：B31 为 0.711，B32 为 0.738，B33 为 0.710，B34 为 0.698，均大于 0.5 的最低标准。教育环境量表的 α 信度系数为 0.865，大于 0.7 的最低标准，表明测量题项具有很高的内部一致性，符合研究要求。

表 5-10 教育环境量表的信度分析结果

变量	题项代码	初始的 CITC	最终的 CITC	删除该题项后的 α 系数	Cronbach's α
教育环境	B31	0.680	0.711	0.829	初始 α=0.860 最终 α=0.865
	B32	0.718	0.738	0.818	
	B33	0.727	0.710	0.830	
	B34	0.727	0.698	0.834	
	B35	0.435	删除	—	

（4）行业环境量表的信度分析。如表 5-11 所示，行业环境量表 6 个测量题项的初始 CITC 指数都大于 0.5 的最低标准，分别为：B41 为 0.595，B42 为 0.625，B43 为 0.674，B44 为 0.693，B45 为 0.623，B46 为 0.626。制度环境量表的信度系数为 0.853，大于 0.7 的最低标准，表明测量题项具有很高的内部一致性，符合研究要求。

表 5-11　行业环境量表的信度分析结果

变量	题项代码	CITC	删除该题项后的α系数	Cronbach's α
行业环境	B41	0.595	0.837	0.853
	B42	0.625	0.831	
	B43	0.674	0.822	
	B44	0.693	0.818	
	B45	0.623	0.832	
	B46	0.626	0.831	

（5）企业内部环境量表的信度分析如表 5-12 所示，企业内部环境量表 5 个测量题项的初始 CITC 指数都大于 0.5 的最低标准，分别为：B51 为 0.743，B52 为 0.720，B53 为 0.754，B54 为 0.733，B55 为 0.624。企业内部环境量表的信度系数为 0.881，大于 0.7 的最低标准，表明测量题项具有很高的内部一致性，符合研究要求。

表 5-12　企业内部环境量表的信度分析结果

变量	题项代码	CITC	删除该题项后的α系数	Cronbach's α
企业内部环境	B51	0.743	0.848	0.881
	B52	0.720	0.854	
	B53	0.754	0.846	
	B54	0.733	0.851	
	B55	0.624	0.876	

（五）探索性因子分析

1. 企业家精神的探索性因子分析

在分别对创新、风险活动以及战略更新的测量量表进行分析与净化检验后，本研究进而对 16 个测量题项进行探索性因子分析，以判断是否存在其他的关系因子以及测量题项是否需要调整。首先进行 KMO 样本充分性测度和巴特利特球形检验以判断是否可以进行因子分析。如表 5-13 所示，KMO 值为 0. 892，介于 0. 8~0. 9，而且 Bartlett 检验显著，根据上述规则，这 16 个测量题项很适合做探索性因子分析。

探索性因子分析结果如表 5-13 所示，有三个因子的特征根值大于 1，其值分别为：6. 545、2. 129、1. 377，它们总共解释了方差变异的 62. 82%，超过 50%的最低标准，而且各测量题项的因子载荷都大于 0. 5。探索性因子分析的结果表明，这些测量题项是由三个因子组成的，因子 1 代表创新，因子 2 代表风险活动，因子 3 代表战略更新，这与本研究提出的企业家精神三维度特征是一致的。

表 5-13　企业家精神探索性因子分析结果

变量	题项代码	测量题项	因子 1	因子 2	因子 3
创新	A11	企业在过去三年里推出了大量的新产品和服务	0. 837		
	A12	企业比主要的竞争对手取得了更多的专利	0. 760		
	A13	企业在本行业的突破式创新上起领头羊的作用	0. 697		
	A14	企业在提升产品或服务方面的花费远远高于行业平均水平	0. 721		
	A15	企业舍得在新产品或服务上投资	0. 781		
风险活动	A21	企业进入了新的市场领域		0. 740	
	A22	企业创立了新的企业		0. 776	
	A23	企业在现有的市场上找到了新的立足点		0. 769	
	A24	企业对新的商业机会舍得投资		0. 637	
	A25	企业创立了新的半自动化和自动化部门		0. 685	
战略更新	A31	企业剥离了一些不盈利的部门			0. 762
	A32	企业改变了一些部门的竞争战略			0. 784
	A33	为了加强部门之间的合作和交流企业重组了一些部门			0. 678
	A34	企业重新定义了公司所在的行业			0. 690
	A35	企业引进了创新的人力资源管理体系			0. 734
	A36	企业在行业内首个引进新的商业概念和实践			0. 714
特征根值			6. 545	2. 129	1. 377

续表

变量	题项代码	测量题项	因子 1	因子 2	因子 3
方差解释量/%			37.575	13.809	11.432
KMO 值			0.892		
Bartlett 检验卡方值			858.903		
显著性概率			0.000		

2. 企业家精神培育环境的探索性因子分析

在分别对制度环境、社会文化环境、教育环境、行业环境以及企业内部环境的测量量表进行分析与净化检验后，本研究进而对剩余的 24 个测量题项（五个变量的初始测量题项共有 26 个，根据上述量表净化结果，删除 2 个测量题项）进行探索性因子分析，以判断是否存在其他的关系因子以及测量题项是否需要调整。首先对样本进行 KMO 测量和 Bartlett 球形检验，KMO 值为 0.908，大于 0.9，而且 Bartlett 检验显著，根据上述规则，这 24 个测量题项非常适合进一步做探索性因子分析。探索性因子分析如表 5-14 所示，行业环境的测量题项中的“B45 企业面临的市场需求增长非常快”以及“B46 企业面临潜在的市场需求较大”横跨两个因子，应删除。

表 5-14　企业家精神培育环境探索性因子分析初步结果

变量	题项代码	测量题项	因子 1	因子 2	因子 3	因子 4	因子 5
制度环境	B11	政府制定了健全的创业与创新扶持政策	0.152	0.755	0.168	0.237	0.025
	B12	政府为企业提供了高效廉洁的行政服务	0.067	0.806	0.136	0.202	0.256
	B13	政府为企业提供了公平便捷的融资渠道	0.126	0.819	0.104	0.247	0.172
	B14	政府制定了支持本地企业家成长的政策	0.112	0.704	0.295	0.212	0.301
	B15	政府为企业家权益提供了较好的法律保护	0.221	0.749	0.224	0.238	0.146
社会文化环境	B22	所在社会拥有开放、包容的文化环境	0.196	0.184	0.243	0.089	0.665
	B23	所在社会拥有尊重企业家及其贡献的社会价值观	0.055	0.299	-0.004	0.071	0.761
	B24	所在社会拥有以商为荣、义利共存的社会理念	0.168	0.045	0.225	0.094	0.759
	B25	所在社会拥有鼓励创新、宽容失败的创业精神	0.206	0.142	0.106	0.149	0.735

续表

变量	题项代码	测量题项	因子 1	因子 2	因子 3	因子 4	因子 5
教育环境	B31	你曾接受教育的学校增设了创业教育课程	0. 220	0. 189	0. 750	0. 239	0. 030
	B32	你曾接受教育的学校非常重视课外活动的开展	0. 206	0. 138	0. 788	0. 141	0. 162
	B33	你曾接受教育的学校非常尊重学生个性的发展	0. 216	0. 231	0. 735	0. 036	0. 211
	B34	你曾接受教育的学校重视学生创造思维与创新能力的培养	0. 171	0. 163	0. 779	0. 128	0. 168
行业环境	B41	企业很难预测顾客需求及产品偏好的变化	0. 151	0. 362	0. 054	0. 678	0. 006
	B42	企业很难预测到竞争对手的市场行为	0. 157	0. 256	0. 142	0. 689	0. 097
	B43	企业所面临的技术变化非常迅速	0. 178	0. 294	0. 233	0. 668	0. 151
	B44	企业所面临的市场竞争非常激烈	0. 201	0. 365	0. 164	0. 675	0. 129
	B45	企业面临的市场需求增长非常快	0. 554	-0. 031	0. 139	0. 550	0. 235
	B46	企业面临潜在的市场需求较大	0. 579	0. 055	0. 042	0. 507	0. 313
企业内部环境	B51	所在企业拥有完善的企业家激励与约束机制	0. 779	0. 151	0. 204	0. 187	0. 164
	B52	所在企业拥有合理的企业家选任与评估机制	0. 785	0. 178	0. 192	0. 019	0. 133
	B53	所在企业拥有科学的企业家决策机制	0. 758	0. 155	0. 274	0. 093	0. 258
	B54	所在企业拥有鼓励创新的企业文化	0. 775	0. 112	0. 148	0. 151	0. 154
	B55	所在企业拥有人性化与宽松的工作环境	0. 715	0. 111	0. 126	0. 282	-0. 043
特征根值			8. 701	2. 085	1. 704	1. 125	1. 001
方差解释量/%			21. 130	14. 321	10. 123	5. 422	3. 002
KMO 值			0. 908				
Bartlett 检验卡方值			818. 143				
显著性概率			0. 000				

对样本再次进行 KMO 测量和 Bartlett 球形检验，KMO 值为 0. 941，Bartlett 的球形度也通过了显著性检验，说明该量表非常适合做因子分析。对剩余的 22 个测量题项再次进行探索性因子分析，结果如表 5-15 所示，有五个因子的特征根值大于 1，其值分别为：9. 702、2. 385、1. 804、1. 575 和 1. 028，它们总共解释了方差变异的 68. 73%，超过 50%的最低标准，而且各测量题项的因

子载荷都大于0.5。探索性因子分析的结果表明，这些测量题项是由五个因子组成的，因子1代表制度环境，因子2代表社会文化环境，因子3代表教育环境，因子4代表行业环境，因子5代表企业内部环境，这与本研究提出的企业家精神培养环境的五维度特征是一致的。

表5-15 企业家精神培育环境探索性因子分析最终结果

变量	题项代码	测量题项	因子1	因子2	因子3	因子4	因子5
制度环境	B11	政府制定了健全的创业与创新扶持政策	0.743				
	B12	政府为企业提供了高效廉洁的行政服务	0.761				
	B13	政府为企业提供了公平便捷的融资渠道	0.800				
	B14	政府制定了支持本地企业家成长的政策	0.681				
	B15	政府为企业家权益提供了较好的法律保护	0.735				
社会文化环境	B22	所在社会拥有开放、包容的文化环境		0.668			
	B23	所在社会拥有尊重企业家及其贡献的社会价值观		0.781			
	B24	所在社会拥有以商为荣、义利共存的社会理念		0.738			
	B25	所在社会拥有鼓励创新、宽容失败的创业精神		0.730			
教育环境	B31	你曾接受教育的学校增设了创业教育课程			0.727		
	B32	你曾接受教育的学校非常重视课外活动的开展			0.762		
	B33	你曾接受教育的学校非常尊重学生个性的发展			0.757		
	B34	你曾接受教育的学校重视学生创造思维与创新能力的培养			0.796		
行业环境	B41	企业很难预测顾客需求及产品偏好的变化				0.727	
	B42	企业很难预测到竞争对手的市场行为				0.762	
	B43	企业所面临的技术变化非常迅速				0.757	
	B44	企业所面临的市场竞争非常激烈				0.796	

续表

变量	题项代码	测量题项	因子 1	因子 2	因子 3	因子 4	因子 5
企业内部环境	B51	所在企业拥有完善的企业家激励与约束机制					0.760
	B52	所在企业拥有合理的企业家选任与评估机制					0.748
	B53	所在企业拥有科学的企业家决策机制					0.746
	B54	所在企业拥有鼓励创新的企业文化					0.789
	B55	所在企业拥有人性化与宽松的工作环境					0.737
特征根值			9.702	2.385	1.804	1.575	1.028
方差解释量/%			29.130	19.321	11.123	6.412	2.744
KMO 值			0.941				
Bartlett 检验卡方值			818.143				
显著性概率			0.000				

四、量表的正式验证和确定

（一）数据收集

1. 调查对象的确定

样本选择是调研工作中极为重要的环节，样本高质量决定了研究结论的高适用性和高外推性（李怀祖，2004）。为了获取高质量的样本数据，本章对问卷发放对象进行了严格控制，以提高数据的可靠性和代表性。根据以往学者调查问卷发放的经验，通过查找企业黄页或相关数据库，直接向企业邮寄问卷或通过 E-mail 发放问卷的难度较大且回收率非常低。因此，为保证调研工作的顺利进行，提高问卷的有效性与回收率，笔者选择有一定社会关系的调研渠道。由于问卷中的题项是有关内蒙古企业家精神以及企业家精神培育环境等方面的内容，所以本章将问卷的填写对象确定为来自内蒙古的董事长或总经理（总裁）。

2. 问卷发放及收回

本研究的调查问卷从 2019 年 4 月 10 日开始发放，2019 年 8 月 5 日截止回收，历时将近 4 个月。本次调查共发放问卷 470 份，回收 351 份，回收率为 74.68%。与小样本测试相同，对回收的问卷，按照以下 4 个原则进行筛选：①被调查者不是来自内蒙古企业的董事长或总经理（总裁）的予以删除；②问卷中有多处缺答现象的予以删除；③问卷填写呈现明显规律性的予以删除；④问卷回答中有前后矛盾现象的予以删除。通过对问卷的适应性及有效性进行检测，最后获得有效问卷 239 份，有效率为 50.85%。本研究通过以下四种途径来发放调查问卷（见表 5-16）：一是内蒙古大学 EMBA 的教学平台。所有的问卷都在学员上课期间现场发放，现场收回，共发放问卷 200 份，回收 181 份，回收率为 90.50%，剔除无效问卷，共获取有效问卷 121 份，有效率为 60.50%。二是 2017 年内蒙古企业家年会。通过该种方式共发放问卷 109 份，回收 81 份，回收率为 74.31%，剔除无效问卷，共获取有效问卷 60 份，有效率为 55.05%。三是政府机关以及行业协会工作人员的社会关系。通过该种方式共发放问卷 99 份，回收 65 份，回收率为 65.66%，剔除无效问卷，共获取有效问卷 39 份，有效率为 39.39%。四是同学、亲戚和朋友的社会关系。通过该种方式共发放问卷 110 份，回收 75 份，回收率为 68.18%，剔除无效问卷，共获取有效问卷 19 份，有效率为 17.27%。

表 5-16 问卷的发放与回收情况

问卷的发放途径	发放数量/份	回收数量/份	回收率/%	有效数量/份	有效率/%
EMBA 的教学平台	200	181	90.50	121	60.50
内蒙古企业家年会	109	81	74.31	60	55.05
政府机关以及行业协会工作人员	99	65	65.66	39	39.39
同学、亲戚和朋友	110	75	68.18	19	17.27
合计	470	351	74.68	239	50.85

（二）样本描述

根据问卷调查获取的数据，基于企业层面和个体层面对样本进行简单描述性统计分析，其中企业层面包括企业所在行业、企业性质、企业年龄、企业规模，个体层面包括被调查者的年龄、性别、学历、专业任期以及职位。

1. 样本企业的统计描述

表 5-17 为样本企业基本资料的统计描述结果。从企业所属行业来看，来

自采矿业的企业最多，共有 40 家，占总样本的 16. 74%；来自租赁和商务服务业的企业数量最少，只有 9 家，占总样本的 3. 77%。从企业成立年限来看，成立时间为 5（含）~10 年的企业数量最多，共有 85 家，占样本企业的 35. 56%；成立时间 20（含）年以上的企业数量最少，共有 29 家，占样本企业的 12. 14%。从企业规模来看，员工人数为 100（含）~500 人的企业数量最多，共有 69 家，占样本企业的 28. 87%；员工人数为 1500（含）人以上的企业数量最少，共有 25 家，占样本企业的 10. 46%。从企业性质来看，国有企业有 98 家，占样本企业的 41. 00%；非国有企业有 141 家，占样本企业的 59. 00%。

表 5-17 样本企业基本资料统计描述

类别	特征分类	样本数量	所占比重/%	累计百分比/%
主导业务所属行业领域	农、林、牧、渔业	16	6. 69	6. 69
	采矿业	40	16. 74	23. 43
	制造业	25	10. 46	33. 89
	电力、热力、燃气及水生产和供应业	15	6. 28	40. 17
	建筑业	25	10. 46	50. 63
	批发和零售业	18	7. 53	58. 16
	交通运输、仓储和邮政业	16	6. 69	64. 85
	住宿和餐饮业	23	9. 62	74. 47
	信息传输、软件和信息技术服务业	10	4. 18	78. 65
	金融业	19	7. 95	86. 6
	房地产业	10	4. 18	90. 78
	租赁和商务服务业	9	3. 77	94. 55
	其他	13	5. 45	100. 00
企业成立年限	5 年以下	33	13. 81	13. 81
	5（含）~10 年	85	35. 56	49. 37
	10（含）~15 年	62	25. 94	75. 31
	15（含）~20 年	30	12. 55	87. 86
	20（含）年以上	29	12. 14	100. 00

续表

类别	特征分类	样本数量	所占比重/%	累计百分比/%
企业规模	100 人以下	37	15.48	15.48
	100（含）~500 人	69	28.87	44.35
	500（含）~1000 人	68	28.45	72.80
	1000（含）~1500 人	40	16.74	89.54
	1500（含）人以上	25	10.46	100.00
企业性质	国有企业	98	41.00	41.00
	非国有企业	141	59.00	100.00

2. 被调查者的统计描述

表 5-18 为被调查者基本资料的统计描述结果。从被调查者的年龄来看，40（含）~45 岁的企业家居多，共有 88 人，占总样本的 36.82%；35 岁以下的企业家最少，只有 24 人，占总样本的 10.04%。从被调查者的性别来看，男性企业家共有 69 人，占总样本的 28.87%；女性企业家共有 170 人，占总样本的 71.13%。从被调查者的学历来看，最高学历为博士研究生，最低学历为专科，其中具有本科学历的企业家最多，共有 126 人，占总样本的 52.72%。从被调查者的专业来看，管理专业的企业家居多，共有 109 人，占总样本的 45.61%。从被调查者所担任的职务来看，担任董事长的共有 71 人，占总样本的 29.71%；担任总经理（或总裁）的共有 100 人，占总样本的 41.84%；担任董事长兼总经理（或总裁）的共有 68 人，占总样本的 28.45%。从被调查者的任期来看，从事目前职位的年限为 3（含）~5 年的企业家最多，共有 76 人，占总样本的 31.80%；从事目前职位的年限为 1 年以下的企业家最少，只有 17 人，占总样本的 7.11%。

表 5-18　被调查者的基本资料统计描述（N=239）

类别	特征分类	样本数量	所占比重/%	累计百分比/%
年龄	35 岁以下	24	10.04	10.04
	35（含）~40 岁	51	21.34	31.38
	40（含）~45 岁	88	36.82	68.20
	45（含）~50 岁	56	23.43	91.63
	50（含）岁以上	20	8.37	100.00

续表

类别	特征分类	样本数量	所占比重/%	累计百分比/%
性别	女	170	71.13	71.13
	男	69	28.87	100.00
学历	专科	17	7.11	7.11
	本科	126	52.72	59.83
	硕士研究生	88	36.82	96.65
	博士研究生	8	3.35	100.00
专业	文史哲法律	23	9.62	9.62
	经济	63	26.36	35.98
	管理	109	45.61	81.59
	理工农医	34	14.23	95.82
	其他	10	4.18	100.00
职位	董事长兼总经理（或总裁）	68	28.45	28.45
	董事长	71	29.71	58.16
	总经理（或总裁）	100	41.84	100.0
任期	1年以下	17	7.11	7.11
	1（含）~3年	40	16.74	23.85
	3（含）~5年	76	31.80	55.65
	5（含）~10年	63	26.36	82.01
	10（含）年以上	43	17.99	100.00

（三）测量的信度与效度检验

1. 信度检验

（1）企业家精神量表的信度检验。

表5-19为企业家精神各构面测量的信度检验结果。创新量表5个测量题项的CITC值分别为：0.716、0.671、0.626、0.636和0.638，都大于0.5的最低标准，α系数为0.848，大于0.7的最低标准，表明测量题项具有很高的内部一致性，符合研究的要求。风险活动量表5个测量题项的CITC值分别为：0.655、0.643、0.692、0.611和0.656，都大于0.5的最低标准，α系数为0.845，大于0.7的最低标准，表明测量题项具有较高的内部一致性，符合研究的要求。战略更新量表6个测量题项的CITC值分别为：0.691、0.704、0.729、0.671、0.694和0.740，都大于0.5的最低标准，α系数为0.889，大

于0.7的最低标准，表明测量题项具有很高的内部一致性，符合研究的要求。

表5-19 企业家精神量表的信度分析

变量	题项代码	CITC	删除该题项后的α系数	Cronbach's α
创新	A11	0.716	0.801	0.848
	A12	0.671	0.814	
	A13	0.626	0.825	
	A14	0.636	0.823	
	A15	0.638	0.822	
风险活动	A21	0.655	0.812	0.845
	A22	0.643	0.815	
	A23	0.692	0.802	
	A24	0.611	0.824	
	A25	0.656	0.812	
战略更新	A31	0.691	0.872	0.889
	A32	0.704	0.870	
	A33	0.729	0.865	
	A34	0.671	0.875	
	A35	0.694	0.871	
	A36	0.740	0.864	

（2）企业家精神培育环境量表的信度分析。

表5-20为企业家精神培育环境各构面测量的信度检验结果。制度环境量表5个测量题项的CITC值分别为：0.728、0.786、0.760、0.797和0.769，都大于0.5的最低标准，α系数为0.908，大于0.7的最低标准，表明测量题项具有很高的内部一致性，符合研究的要求。社会文化环境量表4个测量题项的CITC值分别为：0.607、0.638、0.641和0.632，都大于0.5的最低标准，α系数为0.811，大于0.7的最低标准，表明测量题项具有较高的内部一致性，符合研究的要求。教育环境量表4个测量题项的CITC值分别为：0.695、0.727、0.665和0.682，都大于0.5的最低标准，α系数为0.852，大于0.7的最低标准，表明测量题项具有很高的内部一致性，符合研究的要求。行业环境量表4个测量题项的CITC值分别为：0.640、0.648、0.644和0.701，都大于0.5的最低标准，α系数为0.830，大于0.7的最低标准，表明测量题项具有很高的内

部一致性，符合研究的要求。企业内部环境量表5个测量题项的CITC值分别为：0.751、0.712、0.724、0.700和0.683，都大于0.5的最低标准，α系数为0.881，大于0.7的最低标准，表明测量题项具有很高的内部一致性，符合研究的要求。

表5-20 企业家精神培育环境量表的信度分析

变量	题项代码	CITC	删除该题项后的α系数	Cronbach's α
制度环境	B11	0.728	0.896	0.908
	B12	0.786	0.884	
	B13	0.760	0.889	
	B14	0.797	0.882	
	B15	0.769	0.887	
社会文化环境	B21	0.607	0.773	0.811
	B22	0.638	0.760	
	B23	0.641	0.757	
	B24	0.632	0.762	
教育环境	B31	0.695	0.810	0.852
	B32	0.727	0.797	
	B33	0.665	0.823	
	B34	0.682	0.816	
行业环境	B41	0.640	0.794	0.830
	B42	0.648	0.790	
	B43	0.644	0.792	
	B44	0.701	0.767	
企业内部环境	B51	0.751	0.846	0.881
	B52	0.712	0.855	
	B53	0.724	0.853	
	B54	0.700	0.858	
	B55	0.683	0.862	

2. 收敛效度检验

收敛效度是指测量相同潜在特质的题项或测验会落在同一个因素构面上，且题项或测验间所测得的测量值之间具有高度的相关性（吴明隆，2009）。具备良好的收敛效度要满足以下标准：第一，各潜变量测量题项的因子载荷超过0.5，并达到统计显著性水平（马庆国，2002）；第二，测量模型具有良好的拟合度；第三，平均变异数抽取量（Average Variance Extracted，AVE）大于0.5（Bagozzi & Yi，1988）。

（1）企业家精神的收敛效度检验。

对企业家精神中创新、风险活动以及战略更新三个潜变量进行验证性因子分析，测量模型和拟合结果分别如图5-2和表5-21所示。第一，就因子载荷而言，所有测量题项的标准化因子载荷均大于0.7，且均达到显著水平。第二，就拟合优度指标而言，χ2/df=0.458，不仅小于5，而且小于更加严格的标准2；GFI=0.939，NFI=0.951，TLI=0.991，CFI=0.998，均远大于0.9的最低标准；RMSEA=0.001，不仅小于0.10，而且小于更加严格的标准0.01，表明模型拟合效果很理想。第三，就平均变异数抽取量而言，创新、风险活动及战略更新这三个因子的AVE值分别为0.692、0.596以及0.606，均超过0.5的最低标准。上述拟合结果表明，企业家精神的测量量表具有较好的收敛效度。

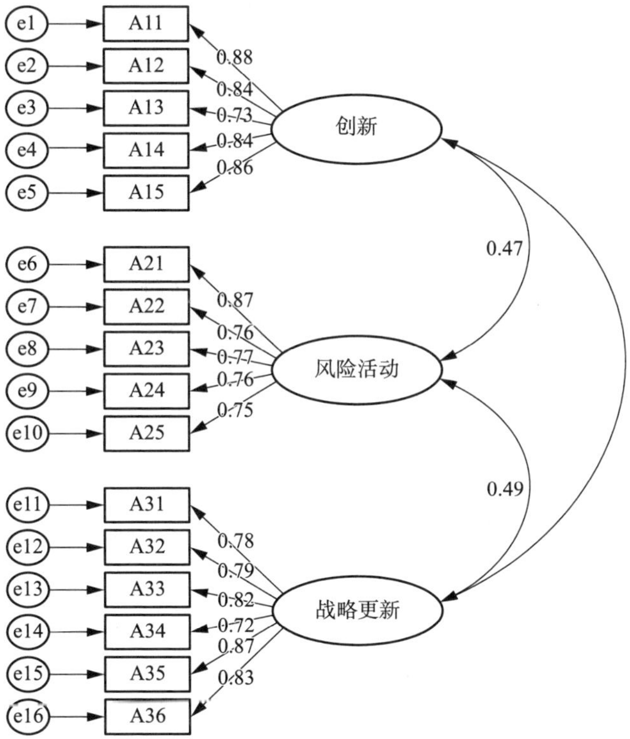

图5-2　企业家精神的测量模型

表 5-21　企业家精神测量模型的拟合结果

路径	标准化因子负载	S. E.	C. R.	P	AVE
A11←创新	0. 881	—	—	—	0. 692
A12←创新	0. 842	0. 082	13. 761	0. 000	
A13←创新	0. 731	0. 079	12. 090	0. 000	
A14←创新	0. 843	0. 087	13. 820	0. 000	
A15←创新	0. 863	0. 065	13. 984	0. 000	
A21←风险活动	0. 871	—	—	—	0. 596
A22←风险活动	0. 762	0. 91	12. 411	0. 000	
A23←风险活动	0. 770	0. 077	13. 011	0. 000	
A24←风险活动	0. 763	0. 089	12. 402	0. 000	
A25←风险活动	0. 751	0. 098	12. 194	0. 000	
A31←战略更新	0. 782	—	—	—	0. 606
A32←战略更新	0. 791	0. 091	12. 901	0. 000	
A33←战略更新	0. 824	0. 077	13. 061	0. 000	
A34←战略更新	0. 722	0. 083	11. 643	0. 000	
A35←战略更新	0. 871	0. 055	14. 321	0. 000	
A36←战略更新	0. 831	0. 075	13. 475	0. 000	

拟合优度指标值：χ2/df = 0. 458，GFI = 0. 939，RMSEA = 0. 001，NFI = 0. 951，TLI = 0. 991，CFI = 0. 998

（2）企业家精神培育环境的收敛效度检验。

对企业家精神培育环境中制度环境、社会文化环境、教育环境、行业环境以及企业内部环境五个潜变量进行验证性因子分析，测量模型和拟合结果分别如图 5-3 和表 5-22 所示。第一，就因子载荷而言，所有测量题项的标准化因子载荷均大于 0. 7，且均达到显著水平。第二，就拟合优度指标而言，χ2/df = 0. 869，不仅小于 5，而且小于更加严格的标准 2；GFI = 0. 938，NFI = 0. 941，TLI = 0. 998，CFI = 0. 999，均远大于 0. 9 的最低标准；RMSEA = 0. 001，不仅小于 0. 10，而且小于更加严格的标准 0. 01，表明模型拟合效果很理想。第三，就平均变异数抽取量而言，制度环境、社会文化环境、教育环境、行业环境以及企业内部环境这五个因子的 AVE 值分别为 0. 817、0. 720、0. 768、0. 743 以及 0. 715，均超过 0. 5 的最低标准。上述拟合结果表明，企业家精神培育环境的测量量表具有较好的收敛效度。

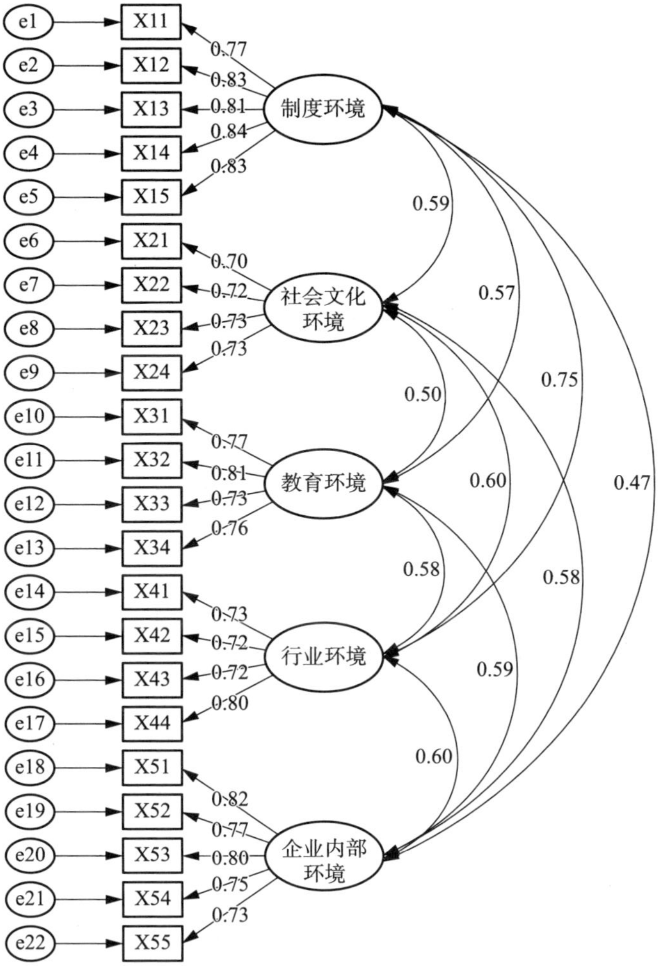

图 5-3 企业家精神培育环境的测量模型

表 5-22 企业家精神培育环境测量模型的拟合结果

路径	标准化因子负载	S. E.	C. R.	P	AVE
X11←制度环境	0. 771	—	—	—	0. 817
X12←制度环境	0. 832	0. 079	13. 06	0. 000	
X13←制度环境	0. 811	0. 081	12. 09	0. 000	
X14←制度环境	0. 843	0. 082	13. 92	0. 000	
X15←制度环境	0. 833	0. 085	13. 52	0. 000	

续表

路径	标准化因子负载	S. E.	C. R.	P	AVE
X21←社会文化环境	0. 701	—	—	—	0. 720
X22←社会文化环境	0. 722	0. 078	12. 531	0. 000	
X23←社会文化环境	0. 732	0. 067	13. 012	0. 000	
X24←社会文化环境	0. 733	0. 079	12. 503	0. 000	
X31←教育环境	0. 773	—	—	—	0. 768
X32←教育环境	0. 812	0. 091	11. 901	0. 000	
X33←教育环境	0. 734	0. 082	12. 361	0. 000	
X34←教育环境	0. 762	0. 083	10. 643	0. 000	
X41←行业环境	0. 731	0. 084	11. 164	0. 000	0. 743
X42←行业环境	0. 722	0. 085	12. 213	0. 000	
X43←行业环境	0. 722	0. 096	11. 243	0. 000	
X44←行业环境	0. 804	0. 093	12. 09	0. 000	
X51←企业内部环境	0. 822	0. 083	11. 161	0. 000	0. 715
X52←企业内部环境	0. 772	0. 092	12. 253	0. 000	
X53←企业内部环境	0. 803	0. 092	11. 282	0. 000	
X54←企业内部环境	0. 751	0. 092	12. 092	0. 000	
X55←企业内部环境	0. 731	0. 088	11. 262	0. 000	
拟合优度指标值：χ2/df = 0. 869，GFI = 0. 938，RMSEA = 0. 001，NFI = 0. 941，TLI = 0. 998，CFI=0. 999					

3. 区分效度检验

区分效度是指构面代表的潜在特质与其他构面所代表的潜在特质间低度相关或有显著的差异存在（吴明隆，2009）。本章通过比较不同潜变量的 AVE 平方根与不同潜变量间的相关系数来进行区分效度检验。如果两个潜变量之间的相关系数小于这两个潜变量的 AVE 均方根，就说明区分效度满足分析要求（Fornell & Larcker，1981）。

表 5-23 和表 5-24 分别为企业家精神以及企业家精神培育环境的区分效度检验结果，其中对角线括号内的值为各潜变量 AVE 的平方根，其余的值为潜变量之间的相关系数。如表 5-23 和表 5-24 所示，各潜变量的 AVE 的平方根值均大于其所在行与列的相关系数值，这说明测量具有很好的区分效度。

表 5-23 企业家精神的区分效度检验结果

	创新	风险活动	战略更新
创新	(0.832)		
风险活动	0.400***	(0.772)	
战略更新	0.438***	0.513***	(0.778)

注：对角线上数据为各变量 AVE 的平方根，其他数据为两两变量相关系数；***表示显著性水平 $P<0.001$。

表 5-24 企业家精神培育环境的区分效度检验结果

	制度环境	社会文化环境	教育环境	行业环境	企业内部环境
制度环境	(0.817)				
社会文化环境	0.666***	(0.720)			
教育环境	0.523***	0.502***	(0.768)		
行业环境	0.506***	0.505***	0.442***	(0.743)	
企业内部环境	0.436***	0.525***	0.497***	0.497***	(0.775)

注：对角线上数据为各变量 AVE 的平方根，其他数据为两两变量相关系数；***表示显著性水平 $P<0.001$。

4. 内容效度检验

内容效度是指一个测验本身所包含的概念意义范围或程度，也就是测验或量表内容的适当性与代表性（林嵩，2008）。如果测量问卷涵盖研究计划所要探讨的内容，就可说其具有较高的内容效度。通常通过文献分析和访谈方法来评估测量题项的代表性和综合性，从而评估变量测量的内容效度（谢荷峰，2007）。本章对测量题项的内容效度，也采用了上述两种方法进行控制：第一，本书的所有变量测量题项的设置，均是参考相关已有的研究文献，直接对已有的量表进行修正后采用，在没有合适的量表供直接采用时，则根据概念定义，结合实际问题的研究背景来进行题项设置。第二，在文献分析的基础上，采用预测试的方式，通过问卷填写者的反馈和评价，对测量题项进行了修正。因此本章的各个变量的测量均具有较高的内容效度。

第四节　实证检验结果

一、企业家的现状分析

（一）企业家多集中在中年阶段

如图 5-4 所示，内蒙古地区企业家的年龄分布为：35 岁以下占 10.04%、35（含）~40 岁占 21.34%、40（含）~45 岁占 36.82%、45（含）~50 岁占 23.43%、50（含）岁以上占 8.37%。这一年龄分布表明：第一，内蒙古企业家多集中在中年阶段，以 40（含）~45 岁居多。因为企业家的形成需要知识、经验和资源的积累，这与年龄成一定的正比例。第二，内蒙古企业家年龄段分布呈现波浪式的正态分布，符合一般人才分布构成规律。

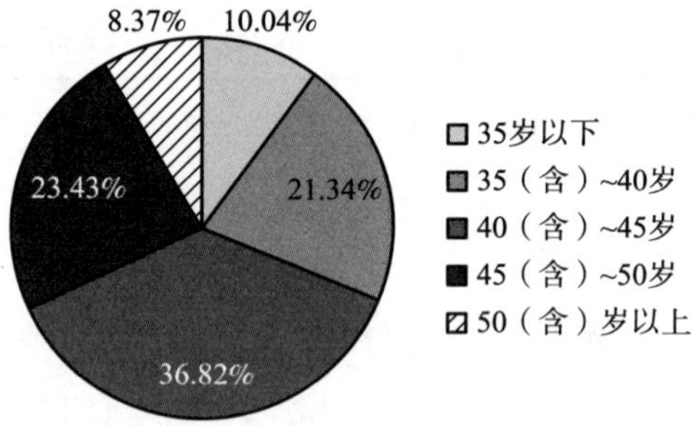

图 5-4　内蒙古企业家年龄分布

（二）企业家学历以本科为主

如图 5-5 所示，内蒙古企业家的学历分布为：专科占 7.11%、本科占 52.72%、硕士研究生占 36.82%、博士研究生占 3.35%，学历以本科为主。这一学历分布状况表明，内蒙古企业家已经掌握一定的专业理论知识，在此基础上更注重实践能力的提升和工作经验的积累。

（三）企业家攻读专业集中在管理类

如图 5-6 所示，内蒙古企业家的专业分布为：文史哲法律占 9.62%、经济占 26.36%、管理占 45.61%、理工农医占 14.23%、其他占 4.18%。这一专业分布状况表明，内蒙古企业家攻读的专业集中在管理类，这与他们的工作

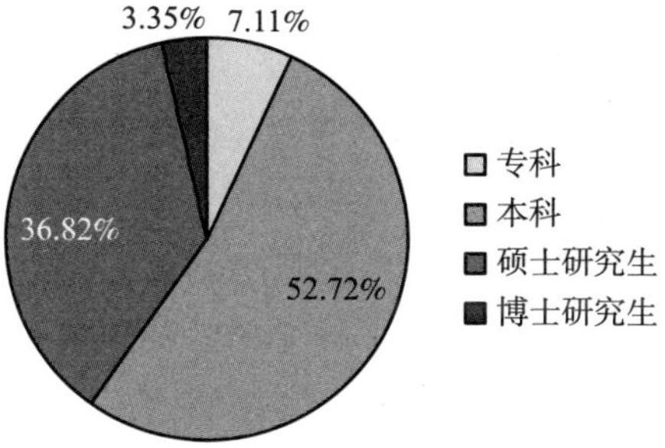

图 5-5 内蒙古企业家学历分布

职能相匹配，说明内蒙古企业家已具有专业的管理知识和技能，并能够将其运用到日常管理工作中。

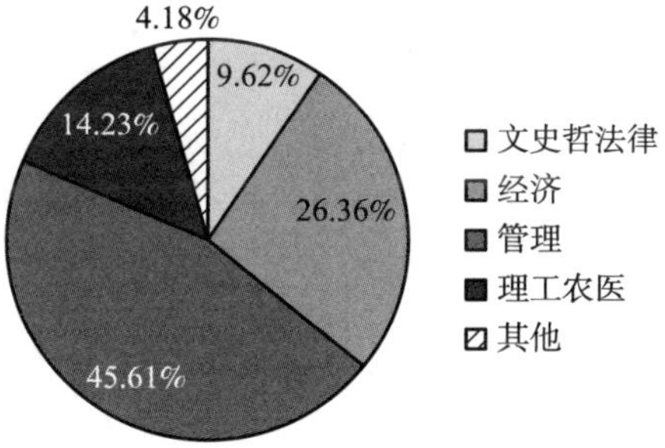

图 5-6 内蒙古企业家专业分布

（四）企业家任期较长

如图 5-7 所示，内蒙古企业家的任期分布为：1 年以下占 7.11%、1（含）~3 年占 16.74%、3（含）~5 年占 31.80%、5（含）~10 年占 26.36%，10（含）年以上占 17.99%。这一任期分布状况表明，内蒙古企业家大多任期较长，在管理岗位积累了一定的经验和资源，对业务熟悉甚至可以说是精通，但同时由于长期处于组织之中，管理思维模式受到局限，所以很难再有创新和突破。

二、企业家精神的现状分析

（一）企业家在创新力度上仍有很大提升空间

关于企业家在企业家精神创新维度的自我评价，本次调查设计了五个问题。调查结果显示，关于“企业在过去三年里推出了大量的新产品和服务”

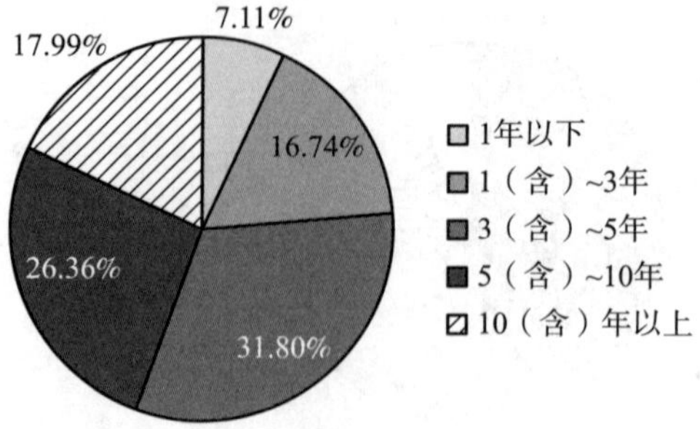

图 5-7　内蒙古企业家任期分布

这一说法，表示“非常同意”和“比较同意”的企业家仅占 27.2%，均值为 2.988；关于“企业比主要的竞争对手取得了更多的专利”这一说法，表示“非常同意”和“比较同意”的企业家仅占 22.7%，均值为 2.914；关于“企业在本行业的突破式创新上起领头羊的作用”这一说法，表示“非常同意”和“比较同意”的企业家仅占 27.0%，均值为 2.971；关于“企业在提升产品或服务方面的花费远远高于行业平均水平”这一说法，表示“非常同意”和“比较同意”的企业经营者占 33.9%，均值为 3.084；关于“企业舍得在新产品或服务上投资”这一说法，表示“非常同意”和“比较同意”的企业家占 32.2%，均值为 3.044（见表 5-25）。综合来看，企业家比较关注创新与研发，并在产品、服务上进行投资，不断推陈出新，但均值只达到 3.000，说明企业的创新力度仍显不够，尚有一定的提升空间。

表 5-25　“创新”维度的企业家精神调查结果

编号	题项	很不同意/%	不太同意/%	同意/%	比较同意/%	非常同意/%	均值
A11	企业在过去三年里推出了大量的新产品和服务	7.1	20.1	45.6	21.3	5.9	2.988
A12	企业比主要的竞争对手取得了更多的专利	3.8	28.6	45.0	18.1	4.6	2.914
A13	企业在本行业的突破式创新上起领头羊的作用	4.6	26.2	42.2	21.5	5.5	2.971
A14	企业在提升产品或服务方面的花费远远高于行业平均水平	4.6	23.4	38.1	26.8	7.1	3.084
A15	企业舍得在新产品或服务上投资	5.4	23.8	38.5	25.1	7.1	3.044
A1	创新	—	—	—	—	—	3.000

（二）企业家承担风险的意识与能力不足

关于企业家在企业家精神风险活动维度的自我评价，本次调查设计了五个问题。调查结果显示，关于“企业进入了新的市场领域”这一说法，表示“非常同意”和“比较同意”的企业家仅占31.8%，均值为3.021；关于“企业创立了新的企业”这一说法，表示“非常同意”和“比较同意”的企业家仅占31.1%，均值为3.042；关于“企业在现有的市场上找到了新的立足点”这一说法，表示“非常同意”和“比较同意”的企业家占36.0%，均值为3.142；关于“企业对新的商业机会舍得投资”这一说法，表示“非常同意”和“比较同意”的企业经营者仅占32.6%，均值为3.116；关于“企业创立了新的半自动化和自动化部门”这一说法，表示“非常同意”和“比较同意”的企业家仅占32.6%，均值为2.995（见表5-26）。综合来看，企业家具备承担风险的能力，但均值只达到3.063，仅略高于中值3，这说明多数企业家承担风险的意识与能力仍不足。

表5-26 “风险活动”维度的企业家精神调查结果

编号	题项	很不同意/%	不太同意/%	同意/%	比较同意/%	非常同意/%	均值
A21	企业进入了新的市场领域	4.6	26.8	36.8	25.5	6.3	3.021
A22	企业创立了新的企业	5.9	21.4	41.6	24.8	6.3	3.042
A23	企业在现有的市场上找到了新的立足点	3.8	23.8	36.4	26.4	9.6	3.142
A24	企业对新的商业机会舍得投资	3.8	24.7	38.9	21.3	11.3	3.116
A25	企业创立了新的半自动化和自动化部门	6.3	29.3	31.8	23.8	8.8	2.995
A2	风险活动	—	—	—	—	—	3.063

（三）企业家战略更新不及时

关于企业家在企业家精神战略更新维度的自我评价，本次调查设计了六个问题。调查结果显示，关于“企业剥离了一些不盈利的部门”这一说法，表示“非常同意”和“比较同意”的企业家占37.7%，均值为3.208；关于“企业改变了一些部门的竞争战略”这一说法，表示“非常同意”和“比较同意”的企业家占38.1%，均值为3.189；关于“为了加强部门之间的合作和交流，企业重组了一些部门”这一说法，表示“非常同意”和“比较同意”的企业家占39.1%，均值为3.171；关于“企业重新定义了公司所在的行业”这一说法，表示“非常同意”和“比较同意”的企业经营者占33.8%，均值为3.077；关于“企业引进了创新的人力资源管理体系”这一说法，表示“非常同意”和“比较同意”的企业经营者占34.3%，均值为3.090；关于“企业在行业内首个引进新的商业概念和实践”这一说法，表示“非常同意”和“比较同意”的企业家仅占36.4%，均值为3.151（见表5-27）。综合来看，企业家具备战略更新的意识，但均值只达到3.147，略高于中值3，这说明多数企业家战略更新的行动并不及时，行动力尚待提高。

表5-27 “战略更新”维度的企业家精神调查结果

编号	题项	很不同意/%	不太同意/%	同意/%	比较同意/%	非常同意/%	均值
A31	企业剥离了一些不盈利的部门	4.2	21.8	36.4	24.7	13.0	3.208
A32	企业改变了一些部门的竞争战略	5.0	20.9	36.0	26.4	11.7	3.189
A33	为了加强部门之间的合作和交流，企业重组了一些部门	3.8	24.8	32.4	29.0	10.1	3.171
A34	企业重新定义了公司所在的行业	5.9	22.2	38.1	25.9	7.9	3.077
A35	企业引进了创新的人力资源管理体系	5.0	23.4	37.2	25.9	8.4	3.090
A36	企业在行业内首个引进新的商业概念和实践	5.0	20.5	38.1	27.2	9.2	3.151
A3	企业家的战略更新	—	—	—	—	—	3.147

三、企业家精神培育环境的现状分析

（一）制度环境

关于企业家精神培育环境中制度环境现状的评价，本次调查设计了五个问题。调查结果显示，关于“政府制定了健全的创业与创新扶持政策”这一说法，表示“非常同意”和“比较同意”的企业家占33.1%，均值为3.022；关于“政府为企业提供了高效廉洁的行政服务”这一说法，表示“非常同意”和“比较同意”的企业家占36.4%，均值为3.055；关于“政府为企业提供了公平便捷的融资渠道”这一说法，表示“非常同意”和“比较同意”的企业家占33.5%，均值为2.977；关于“政府制定了支持本地企业家成长的政策”这一说法，表示“非常同意”和“比较同意”的企业经营者占35.2%，均值为3.081；关于“政府为企业家权益提供了较好的法律保护”这一说法，表示“非常同意”和“比较同意”的企业经营者占33.8%，均值为2.992（见表5-28）。综合来看，对企业家精神培育的制度环境评分均值只达到3.147，略高于中值3，说明多数企业家对企业家精神培育的制度环境满意度一般。

表5-28　企业家精神制度培育环境现状调查结果

编号	题项	很不同意/%	不太同意/%	同意/%	比较同意/%	非常同意/%	均值
B11	政府制定了健全的创业与创新扶持政策	9.2	23.8	33.9	21.8	11.3	3.022
B12	政府为企业提供了高效廉洁的行政服务	7.5	27.6	28.5	24.7	11.7	3.055
B13	政府为企业提供了公平便捷的融资渠道	10.5	24.3	31.8	24.3	9.2	2.977
B14	政府制定了支持本地企业家成长的政策	10.0	18.0	36.8	24.3	10.9	3.081
B15	政府为企业家权益提供了较好的法律保护	9.2	25.9	31.0	23.8	10.0	2.992
B1	制度环境	—	—	—	—	—	3.147

（二）社会文化环境

关于企业家精神培育环境中社会文化环境现状的评价，本次调查最后确定为四个问题。调查结果显示，关于“所在社会拥有开放、包容的文化环境”这一说法，表示“非常同意”和“比较同意”的企业家占32.2%，均值为3.050；关于“所在社会拥有尊重企业家及其贡献的社会价值观”这一说法，表示“非常同意”和“比较同意”的企业家占34.3%，均值为3.060；关于“所在社会拥有以商为荣、义利共存的社会理念”这一说法，表示“非常同意”和“比较同意”的企业家仅占28.4%，均值为3.012；关于“所在社会拥有鼓励创新、宽容失败的创业精神”这一说法，表示“非常同意”和“比较同意”的企业经营者占30.5%，均值为2.991（见表5-29）。综合来看，对企业家精神培育的社会文化环境评分均值只达到3.028，略高于中值3，说明多数企业家对企业家精神培育的社会文化环境不甚满意。

表 5-29　企业家精神社会文化环境现状调查结果

编号	题项	很不同意/%	不太同意/%	同意/%	比较同意/%	非常同意/%	均值
B21	所在社会拥有开放、包容的文化环境	5.0	21.8	41.0	27.6	4.6	3.050
B22	所在社会拥有尊重企业家及其贡献的社会价值观	5.4	25.1	35.1	26.4	7.9	3.060
B23	所在社会拥有以商为荣、义利共存的社会理念	5.0	26.4	40.2	19.2	9.2	3.012
B24	所在社会拥有鼓励创新、宽容失败的创业精神	5.0	26.4	38.1	25.5	5.0	2.991
B2	社会文化环境	—	—	—	—	—	3.028

（三）教育环境

关于企业家精神培育环境中教育环境现状的评价，本次调查最后确定为四个问题。调查结果显示，关于“你曾接受教育的学校增设了创业教育课程”这一说法，表示“非常同意”和“比较同意”的企业家占 28.0%，均值为 2.989；关于“你曾接受教育的学校非常重视课外活动的开展”这一说法，表示“非常同意”和“比较同意”的企业家仅占 24.6%，均值为 2.918；关于“你曾接受教育的学校非常尊重学生个性的发展”这一说法，表示“非常同意”和“比较同意”的企业家仅占 25.9%，均值为 2.688；关于“你曾接受教育的学校重视学生创造思维与创新能力的培养”这一说法，表示“非常同意”和“比较同意”的企业经营者占 34.7%，均值为 3.058（见表 5-30）。综合来看，对企业家精神培育的教育环境评分均值只达到 2.913，低于中值 3，说明多数企业家对企业家精神培育的教育环境呈现负面评价。

表 5-30　企业家精神教育环境现状调查结果

编号	题项	很不同意/%	不太同意/%	同意/%	比较同意/%	非常同意/%	均值
B31	你曾接受教育的学校增设了创业教育课程	7.9	18.4	45.6	22.6	5.4	2.989
B32	你曾接受教育的学校非常重视课外活动的开展	5.9	26.4	43.1	19.2	5.4	2.918
B33	你曾接受教育的学校非常尊重学生个性的发展	6.7	25.9	41.4	20.9	5.0	2.688

续表

编号	题项	很不同意/%	不太同意/%	同意/%	比较同意/%	非常同意/%	均值
B34	你曾接受教育的学校重视学生创造思维与创新能力的培养	6.3	23.0	36.0	28.0	6.7	3.058
B3	教育环境	—	—	—	—	—	2.913

（四）行业环境

关于企业家精神培育环境中行业环境现状的评价，本次调查确定为四个问题。调查结果显示，关于“企业很难预测顾客需求及产品偏好的变化”这一说法，表示“非常同意”和“比较同意”的企业家占36.0%，均值为3.164；关于“企业很难预测到竞争对手的市场行为”这一说法，表示“非常同意”和“比较同意”的企业家占40.2%，均值为3.218；关于“企业所面临的技术变化非常迅速”这一说法，表示“非常同意”和“比较同意”的企业家仅占38.1%，均值为3.145；关于“企业所面临的市场竞争非常激烈”这一说法，表示“非常同意”和“比较同意”的企业经营者占40.5%，均值为3.297（见表5-31）。综合来看，对企业家精神培育的行业环境评分均值只达到3.206，略高于中值3，说明多数企业家对企业家精神培育的行业环境满意度一般。

表5-31 企业家精神行业环境现状调查结果

编号	题项	很不同意/%	不太同意/%	同意/%	比较同意/%	非常同意/%	均值
B41	企业很难预测顾客需求及产品偏好的变化	5.4	21.8	36.8	23.0	13.0	3.164
B42	企业很难预测到竞争对手的市场行为	4.6	20.5	34.7	28.9	11.3	3.218
B43	企业所面临的技术变化非常迅速	6.3	21.8	33.9	27.6	10.5	3.145
B44	企业所面临的市场竞争非常激烈	4.2	18.8	36.4	23.8	16.7	3.297
B4	行业环境	—	—	—	—	—	3.206

（五）企业内部环境

关于企业家精神培育环境中企业内部环境现状的评价，本次调查设计了五个问题。调查结果显示，关于“所在企业拥有完善的企业家激励与约束机制”这一说法，表示“非常同意”和“比较同意”的企业家占34.8%，均值为3.117；关于“所在企业拥有合理的企业家选任与评估机制”这一说法，表示“非常同意”和“比较同意”的企业家占40.6%，均值为3.188；关于“所在企业拥有科学的企业家决策机制”这一说法，表示“非常同意”和“比较同意”的企业家仅占34.7%，均值为3.184；关于“所在企业拥有鼓励创新的企业文化”这一说法，表示“非常同意”和“比较同意”的企业经营者占37.3%，均值为3.180；关于“所在企业拥有人性化与宽松的工作环境”这一说法，表示“非常同意”和“比较同意”的企业经营者占38.9%，均值为3.125（见表5-32）。综合来看，对企业家精神培育的企业环境评分均值只达到3.159，略高于中值3，说明多数企业家对企业家精神培育的企业环境的满意度一般。

表5-32　企业家精神企业内部环境现状调查结果

编号	题项	很不同意/%	不太同意/%	同意/%	比较同意/%	非常同意/%	均值
B51	所在企业拥有完善的企业家激励与约束机制	6.7	18.4	40.2	26.4	8.4	3.117
B52	所在企业拥有合理的企业家选任与评估机制	3.8	21.3	34.3	33.5	7.1	3.188
B53	所在企业拥有科学的企业家决策机制	4.2	18.8	42.3	23.8	10.9	3.184
B54	所在企业拥有鼓励创新的企业文化	5.4	17.2	40.2	28.9	8.4	3.180
B55	所在企业拥有人性化与宽松的工作环境	4.2	22.6	34.3	34.3	4.6	3.125
B5	企业内部环境	—	—	—	—	—	3.159

四、环境对企业家精神影响的实证检验结果

（一）相关性分析

本章采用Pearson相关系数来分析因素间的相关性，在显著性检验的基础上选择双尾检验，进而分析变量的各个内在维度之间的关系。本章将企业家

性别、企业家年龄、企业规模作为控制变量引入，它们对企业家精神培育的重要影响在以往研究中已得到验证。表 5-33 列出了由 Pearson 系数描述的企业家精神培育环境的 5 个维度（制度环境、社会文化环境、教育环境、行业环境和企业内部环境）、3 个控制变量和企业家精神之间的相关关系。从表 5-33中可以看出，企业家精神培育环境的各个维度与企业家精神都呈现出显著正相关关系，这为本研究的假设预期提供了初步证据。

表 5-33 变量之间相关分析

变量	均值	标准差	1	2	3	4	5	6	7	8
1. 制度环境	3.027	0.960	1							
2. 社会文化环境	3.207	0.871	0.666***	1						
3. 教育环境	2.978	0.797	0.523**	0.502***	1					
4. 行业环境	3.024	0.786	0.506***	0.505***	0.442***	1				
5. 企业内部环境	3.150	0.799	0.436***	0.525***	0.497***	0.497***	1			
6. 企业家精神	3.064	0.629	0.581***	0.654***	0.645***	0.689***	0.571***	1		
7. 企业家性别	1.289	0.454	0.061	0.056	0.081	0.020	0.008	0.064	1	
8. 企业家年龄	2.987	1.090	-0.001	-0.031	0.029	-0.036	0.050	0.052	0.033	1
9. 企业规模	2.778	1.204	-0.073	-0.014	-0.034	0.070	0.051	-0.027	-0.205**	0.135*

注：***表示显著性水平 $P<0.001$（双尾检验），**表示 $P<0.01$（双尾检验），*表示 $P<0.05$（双尾检验）。

（二）多元线性回归三大问题检验

为了正确使用多元线性回归模型并保证所得结论的科学性，需要检验回归模型是否存在多重共线性、序列相关以及异方差三大问题。只有在不存在这三个问题的前提下，模型回归的结果才具有可靠性与稳定性。因此，本章在进行回归分析之前，对上述三大问题分别进行检验。

1. 多重共线性问题检验

多重共线性是指解释变量之间存在线性相关的现象，通常用方差膨胀因子（Variance Inflation Factor，VIF）指数来判断（薛薇，2009）。如果 VIF 大于等于 10，说明自变量之间存在多重共线性。经检验，本章各回归模型的 VIF 指数均小于 10，可以判定本研究的解释变量之间不存在多重共线性问题。

2. 序列相关问题检验

序列相关是指不同的样本值之间存在相关关系。通常用 Durbin-Waston 值（DW 值）来判断（薛薇，2009）。如果 DW 值介于 1.5~2.5，说明模型不存在序列相关。经过检验，本章各回归模型的 DW 值均接近于 2，可以判定本研究各模型不存在序列相关问题。

3. 异方差问题检验

异方差是指随着解释变量的变化，被解释变量的方差存在明显的变化趋势，通常用散点图来判断（薛薇，2009）。具体来讲，以标准化残差为纵轴，以标准化预测值为横轴，来做出残差项的散点图，若散点分布呈现无序状态，说明模型不存在异方差问题。经过检验，本章各回归模型的散点图均呈无序状态，因此可以判定本研究的各模型均不存在异方差问题。

（三）多元线性回归结果分析

本章运用多元线性回归方法来验证所提出的研究假设，回归结果如表 5-34所示。模型 1 检验控制变量对企业家精神的影响，分析结果表明，企业家性别、企业家年龄和企业规模对企业家精神并没有显著的影响。模型 2 在控制企业家性别、企业家年龄和企业规模影响的基础上，检验制度环境、社会文化环境、教育环境、行业环境和企业内部环境对企业家精神培育的影响，统计分析结果表明，制度环境对企业家精神的培育具有显著的正向影响（$\beta=0.493$，$P<0.001$），因此假设 1 获得了统计数据的支持；社会文化环境对企业家精神的培育具有显著的正向影响（$\beta=0.380$，$P<0.001$），因此假设 2 获得了统计数据的支持；教育环境对企业家精神的培育具有显著的正向影响（$\beta=0.298$，$P<0.001$），因此假设 3 获得了统计数据的支持；企业内部环境对企业家精神的培育具有显著的正向影响（$\beta=0.100$，$P<0.05$），因此假设 5 获得了统计数据的支持；而行业环境对企业家精神的培育并没有显著的正向影响（$\beta=0.029$，$P>0.05$），因此假设 4 未获得支持。这也侧面反映了内蒙古等资源型地区的一个"通病"，即经济的增长、企业的发展过于依赖当地的资源，企业技术创新薄弱、产业结构单一，所以行业环境对企业家精神的培育影响不显著。

表 5-34　环境对企业家精神培育影响的回归分析结果

变量		企业家精神	
		模型 1	模型 2
控制变量	企业家性别	0.059	-0.014
	企业家年龄	0.053	0.074
	企业规模	-0.016	-0.053
自变量	制度环境		0.493***
	社会文化环境		0.380***
	教育环境		0.298***
	行业环境		0.029
	企业内部环境		0.100*
模型指标	R^2	0.007	0.680
	AR^2	-0.006	0.669
	F	0.537	60.030***

注：***代表显著性水平 $P<0.001$，*代表显著性水平 $P<0.05$。

第六章 内蒙古企业家精神的培育对策

第一节 企业家精神培育的国内外经验借鉴

一、发达国家培育企业家精神的经验

（一）美国培育企业家精神的经验

美国是世界500强企业数量最多的国家，每年可达总数的1/3，几乎是欧洲、日本进入世界500强企业数量的总和。从家喻户晓的IBM、杜邦、福特、可口可乐等老牌跨国公司，到新兴的麦当劳、联邦快递、微软、苹果、英特尔等公司。美国是企业家称雄的国度，他们驰骋于世界经济的大舞台，成为全世界企业家学习的榜样。究其原因，除了历史、地理、政治等影响因素外，美国企业家所具有的创新、冒险、坚韧、开放合作的企业家精神也是不可忽视的。但美国企业家精神的形成并非无本之木、无源之水，而是整个国家有着培育企业家精神的良好机制。

1. 政府为企业家精神培育提供服务、法律与政策保障

（1）提供健全的服务体系。美国政府对企业家精神培育提供一系列的服务，在信息、技术和人才培养等方面建立了较为健全的服务体系。美国政府、地方政府、私人机构与大学建立了一些中小企业发展中心，为当地的中小企业提供各项咨询服务。美国的小企业管理署是一个全国性的网络，其一方面为中小企业提供担保，另一方面组织专业性技术人员为企业提供科技咨询和培训服务。美国的小企业管理署包括全美的10个分局，100多个地方分支机构。美国政府会直接投入基础科学研究，而不参与应用研究，政府将应用研究交给市场，比如政府不会投资初创公司等，而是让企业、VC、创业家、银行金融形成一条符合市场需要的创新创业服务链条。政府直接投入建设国家实验室、重大研究平台以及高校的研究实验室，保持对科技最前沿研究的支

持。同时，美国政府对建立起一系列“鼓励创新发展”的教育制度十分重视，为企业创新创业体系源源不断地输送着人才。美国的企业家精神培育服务体系还包括为企业提供硬件、软件等信息的商业服务中心。

（2）提供完善的立法保障。美国企业家精神的培育离不开美国所建立的完备的法律体系，美国注重从多个方面进行立法，规范市场行为，确保企业家公平的竞争环境。首先，为规范、保护和扶持中小企业创新的发展，美国从 1953 年开始先后颁布了一系列的法律，包括《小企业法》《中小企业技术创新发展法》《中小企业法》《加强中小企业研究与发展法案》《小企业投资法》《小企业投资促进法》《小企业经济政策法》《小企业创新发展法》《小企业创新科研计划》等。在 2000 年，美国政府对《小企业创新发展法》中的一些内容进行了修订，根据现实的发展对其中的内容进行了补充，在中小企业科技创新以及成果转化方面进行了规范，在创新科研计划的法律时效上进行了延长。与此同时，法律要求总统每个年度都要提供报告，就中小企业技术创新进展以及技术创新在社会经济发展和就业方面的情况向国会进行报告。美国小企业局负责企业的项目咨询、贷款担保和政府扶持资金运用的监督，此外，培训、法律咨询、维权、宣传及信息服务等内容也属于美国小企业局的职责范围。其次，为了促进科技成果转化和支持大学衍生公司发展，美国联邦政府相继出台了一系列法律，一方面保护了知识产权，另一方面加快了技术创业的步伐。1980 年颁布的《贝多法案》和《史蒂文森—魏德勒技术创新法》允许大学或国家实验室保留由联邦政府经费资助所得的研发成果的知识产权，并鼓励将研发成果下放给小企业。这两个法案的颁布为大学知识产权的出售和转让提供了法律保障，大大促进了技术转让工作和科技创业活动的活跃。1989 年，《国家竞争力技术转移法》对前两个法案进行了修订，指出由政府、大学、研发机构、民间企业共同提升科技水平，并将研究成果迅速转化为生产力。

（3）提供完善的创新激励政策。一是引导企业成为创新主体。推动企业家创新，企业家和企业必须是主体，在美国，不仅市场运行机制和竞争机制为企业创新提供了基本保障，美国联邦政府也发挥了有效的作用。联邦政府采取有效措施，引导企业和企业家创新，推动企业技术创新活动的开展，主要措施包括：第一，政府收购手段。以集成电路为例，政府购买所起的推动作用要比政府的直接资助大得多，比如，1960 年美国政府购买了所有产品。

第二，税收抵免手段。美国通过实施《内部收益法典》《经济振兴税法》等法，明确税收抵免的办法，比如在财务上，企业超过基期年平均研究开发费用的部分可用以抵税；研发与贸易、经营费用等相关的费用可以作为日常费用。第三，政府资助手段。各个政府部门在促进创新中都有自己的措施，比如，国会立法要求，联邦各政府部门的年度拨款资金部分要求用来资助小企业的研发项目。美国商务部实施了先进技术计划、小企业创新研究计划等一系列项目计划，专门支持风险大、贡献大的高科技项目，支持拥有新发明的小企业进一步研究开发和成果商品化。第四，合作研究手段。美国政府倡导企业与大学等科研机构进行合作，共同开展高风险科研项目。大学的智力资源为企业的创新提供了动力和源泉，产学研之间的合作卓有成效。第五，专利手段。美国通过实施专利政策，保护了技术创新型企业的收益。二是发展企业孵化器。20 世纪 50 年代以来，美国通过发展企业孵化器，孵化了一批创新型企业，推动了企业家创新，也造就了一批企业家，比如美国政府在 IBM 公司、惠普公司、微软等公司的发展初期，都是通过企业孵化器的方式提供资金帮助其发展和壮大的。在孵化器方面，为入驻的企业提供场地和公共服务设施。对于其中的研究机构、商业机构个人和团体提供生活和工作空间，供其短期使用，以资助入驻企业进行战略研究和原创性开发活动。孵化器内部的竞争管理机制，培育了企业的创新文化，为处于萌芽状态的企业组织提供了发展的平台。孵化器的典型代表是风险投资公司，它的主要作用是将分散的中小额风险投资资金聚集成具有规模的风险投资基金，为科技成果的转化提供资金支持。当前，美国每年大约有 4000 多家风险投资公司为 1 万多家科技企业提供风险投资支持。三是创新资金支持。比如，美国政府为了支持企业家的创新活动，针对企业的需求和特定目标，在贷款担保、融资和投资方面给予企业财务帮助。美国政府近年来通过财政拨出专款的方式，为中小企业技术创新提供资金支持。在 1999 年，美国为中小企业技术创新投入的资金为 2700 亿美元，并且为 88000 家小企业进行了贷款担保。政府在对小企业进行贷款担保的同时，对贷款的期限和利率给予优惠。在民间市场化层面上，美国政府通过风险投资基金对中小企业的技术创新创业进行扶持。

2. 社会文化环境为企业家精神培育提供全方位支持

（1）开放、创新的文化。“大熔炉”（the Melting Pot）是关于美国的一个比喻，意为美国可以融合世界各种不同的文化为美国文化所用。美国是一个移民国家，美国的移民来自世界的各个角落，欧洲、南美、非洲、亚洲等，每个移民族群都有自己的文化，美国社会不排斥这些差异，不同的文化在美国这个开放、自由、民主、法制的环境里融合形成多元的美国文化。开放性的文化有利于开放性思维和智慧，成为美国不断进步的内在精神动力源泉，实现了创新型文化的自我良性发展和嬗变过程。

（2）冒险、进取、善待失败的文化。美国人的格言是“不冒险就不会有大的成功，胆小鬼永远不会有大作为”，除法律外，美国人认为一切传统和先例都是创新的障碍，他们乐于向传统和先例挑战。在美国社会，人们向上进取的精神是炽热的，不断进取的独特思维以及“活着为了工作”的生活工作观念，使得许多人都在拼命工作，不惜付出自己的一切辛苦与智慧来谋求事业上的发展。对于失败，大家能够积极给予帮助和支持，不进行冷嘲热讽。美国人将失败看作成功的一个台阶，将失败看作走向成功的“试错成本”，这是美国人勇于进取的一个表征。美国人的崇尚冒险、不断进取以及善待失败构成了企业家精神培育必不可少的文化基础，同时这些也是企业家精神的基本注脚。

（3）成就崇拜和英雄崇拜的心理积淀。美国公众注重成就，仰慕英雄，有深厚的成就崇拜和英雄崇拜的心理积淀。个人成就是所有美国人价值观中评价最高的价值之一。美国人有很强的成就（或成功）意识。成功是所有美国人的追求，是诱人的前景、前进的动力。他们坚信，一个人的价值就等于他在事业上的成就。一些事业有成的企业家成了新时代的英雄。他们个人奋斗的过程和结果，成了社会文化价值取向的参照系，父母教育子女的活教材。这种崇拜成就与崇拜英雄的文化为企业家精神的培育提供了良好的社会舆论氛围。

3. 高校的创业教育培养了大学生的企业家精神

美国是最早在学校进行创业教育的国家，美国高校创业教育的发展是自下而上的探索，与社会和市场需求紧密结合，其创业教育体系与社会发展基本实现了良好的互动对接，趋近成熟。

（1）高等教育改革的保证。从最初借鉴欧洲高等教育体制而创办九所殖民地学院，到审时度势发起州立大学运动，以及成立研究型大学等，美国不断描绘出多层次、多样化的厚重的高等教育体系。美国的高等教育体系从无到有，进而建立起现代大学。在学术创业者的领导下，美国现代大学制度逐渐建立起来，并从大众化的州立大学和精英化的研究院制向高等教育系统结构的两端延伸，为高等教育发挥更大的社会作用和新技术的研发奠定了基础。大学内部进行持续革新，特别是选修制的建立和普及，充分调动了学生学习的能动性和积极性，为新学科的迅速引入和发展提供了制度保障。在美国高等教育不断改革求新的进程中，大学的本质逐渐得以体现，一是州立大学和社区学院保证了高等教育的大众化和普及化，使得企业家精神培养的教育对象变得多元化，同时研究型大学的建立和研究生院的建立保证了高校科研实力的持续壮大，为高校保持创新活力奠定了基础。

（2）制定了持续鼓励学生创新创业的政策。学校制定了以利益共享为原则的专利许可收入分配制度，对于教师或学生在学校期间获得的专利，学校只从技术转让后的毛收入中扣除15%作为专利申请费和办公费用，其余获利归所在院系和专利所有者。学校还设置专门机构，服务师生参与创新创业活动；学校设立了研究激励基金、缺口基金等孵化资金，为创业者提供资金支持，促进了创新精神的发展。

（3）美国设立专门的企业家精神教育课程。许多院校不但在工商管理专业开设企业家精神教育，而且在理工院校也开展企业家精神培养；不但在大学开设企业家精神教育，而且延伸到中学、小学，甚至是幼儿园教育中。美国现在已形成了一批致力于企业家精神教学与研究的专家学者，出版了一批重视实战案例的企业家精神教材，建立了资助学生创业的各种基金与项目，这些对企业家精神的培育发挥了重要作用。

（二）日本培育企业家精神的经验

日本作为一个陆地面积只有37.8万平方公里的海岛国家，资源匮乏，人口密集，自然灾害频发。然而日本在二战后短短40年间，经济实力迅速复兴崛起，众多日本企业都发展成为世界顶尖企业，实力之雄厚远非一般国家的企业能望其项背。日本企业的成功既有国际形势下的大量需求刺激，又有日本企业员工敬业忠诚的献身精神，更有不断进取的企业家精神的指引。“士魂商才”的理想人格，国家至上的民族精神、忠于职守的敬业精神、锐意进取的创新精神等，无一不是日本企业家精神的优秀基因。日本从文化传承、政府引导、家庭教育和社会推动等多个方面进行企业家精神的培育，为中国的企业家精神的培育提供必要的借鉴。

1. 政府引导

（1）政府制定有利于企业家精神培育的政策和法律。日本明治政府为了振兴国家，曾制定了三大政策：殖产兴业、富国强兵、文明开化，使日本一举成为亚洲唯一的新兴资本主义国家，实力迅速增强。殖产兴业的政策带给日本企业的影响最为深远，日本政府为了培育、引导本国工业产业的发展，不惜亲自创办企业，在企业经营成功之后转手给一些具有官方背景的私人经营，开创了政府引导、干预企业的先例，日后日本企业的一些制度比如主银行制就是政府影响干预企业经营的体现。日本政府为了鼓励企业创新，先后通过的法律包括：《中小企业指导法》《中小企业基本法》《中小企业创新活动促进法》《中小企业现代化资金资助法》《中小企业信用金库法》等，这些法律在税收、融资筹资、信用保证等方面有明确规定。完善的法律法规体系为日本企业家精神的培育提供了有力的制度保障。依据国内外形势的发展和变化，日本还对专利法进行了修改。在日本经济发展的早期，日本实施的是专利弱保护的策略，为日本企业进行反向工程和实施“专利外围战略”等提供制度上的便利，从而有利于吸引外国技术；从 20 世纪 90 年代中期开始，日本将技术追赶型的弱专利政策转变为技术创新型的强专利政策，在知识产权的立法、司法和行政上进行了系列调整；在 90 年代后期，根据形势的变化将创新政策调整为“重视专利政策”——对开创性发明创造和专利进行强有力的保护，肯定发明者的贡献，对其创新型劳动给予保护和承认。当前，日本的创新制度从早期的以知识扩散为主的政策向强化发明者的政策方向演变，专利制度和行政管理方式都有着与此相同的趋势。

（2）注重中小企业研发投入。日本政府重点支持中小企业研发投入，为日本经济发展注入活力。长期以来，尽管日本政府对企业的研发投入比重不高，但日本的总体研发强度即研发活动投入占 GDP 的比例在持续增长，并且已经超过了美国、德国、法国和英国等主要西方国家。同时，从 20 世纪 90 年代中期开始，日本政府调整了研发投入结构。1995 年开始实施《日本科技基本法》。从实施《第一期科学技术基本计划》《第二期科学技术基本计划》开始，日本对企业研发活动的政府投入和资助开始转向中小企业，政府对中小企业的技术开发给予 50% 的赞助，并对中小企业中的新建公司给予税务免除。

（3）注重产官学结合。日本政府推动企业家创新的一个重要途径，是强化政府在产学联合中的引导和管理作用。为了提高科技竞争力，促进产学研官的结合，政府对科技体制进行了改革，用以克服中小企业研发动力和能力缺乏的问题。这些措施包括：改革人才培养和有关科技教育的实施体系；增强产业竞争力，改革产、学、官的构成系统；强化科学知识的学习，构筑与社会沟通的渠道；振兴区域科学技术，培育知识基础环境；实施大学等科技基础设施的扩充和整治；加强与科技有关的社会伦理责任及风险管理。政府通过制定这些科学技术政策，把民间企业、政府研究机构和大学的力量结合起来，对重要科学技术领域选定各种课题集中力量进行攻关，这些措施使日本持续保持与不断巩固世界经济和科技强国的地位。

2. 文化传承

在日本企业家精神中处处体现了“大和文化”的精髓，企业家精神的培育受日本传统文化的影响很大，主要体现合作精神、进取精神、学习精神等文化的传承。

（1）合作精神。日本传统的社会观念一直强调集体本位主义，即便在当今社会，“不要给别人添麻烦”的意识仍根植于日本人的内心，这种从整体出发考虑问题的团队精神在本质上是一种利益共同体的思维方式。日本高校重视“和亲一致”的精神，淡化个人竞争，强调团队的竞争力培养。体现在企业经营上，企业家在进行重大决策时实行集体行为而非个人行为，这种合作的文化与美国崇尚自由、提倡个人英雄主义的文化形成鲜明对比。日本企业终身雇佣制的传统，也使得企业中的每个人都成为这个利益共同体的一员，每个人都为企业和他人的命运负责。在集体利益面前，强调自我牺牲和奉献精神，这种富有凝聚力的集体奋斗氛围也为日本企业在风险考验面前齐心协力、共渡难关奠定了精神基础。

（2）进取精神。日本民族具有强烈的忧患意识，拥有止于至善的精神和善于将“危机”转化为“机遇”的内质心理，这使得他们时刻保持自强不息、奋发拼搏、精益求精的进取精神。对于战后日本的崛起，日本作家户川猪佐武认为：“美国所带来的所有物质文明，都使他们（日本人）一味惊异，善于思考问题的人们痛感大大落后了的日本与相当先进的美国文明之间的差距，不能不激起一种要超赶美国的热情和使命感。”近代以来，日本企业家把经营哲学上升到价值信仰层面，在产品工艺方面追求极致，把敬业进取精神上升到人格完善的高度。

(3)学习精神。日本是一个善于摄取异文化精华的民族，通过吸收和创新实现不断超越。以新技术利用为例，日本企业从不满足于直接使用他国开发的技术，而是不断学习、钻研其中的科学规律和方法，为己所用，进而开发出新技术、新产品。以创业教育为例，日本的创业教育起步较晚，直到20世纪80年代末才开始。最初实施创业教育、开设相关课程的学校大约30所，而近年来发展势头迅猛，到21世纪初已有超过200所学校开设了相关课程。

3. 学校推动

企业家精神教育是创业教育的重要组成部分。日本创业教育研究中心通过系统的问卷访谈，针对日本大学创业教育的模式提出了一个主要围绕企业家精神和创业家资质能力，并符合日本文化特色的基本框架。这个框架成为日本许多大学开展企业教育的人才培养参照。根据这一框架，创业教育=企业家精神教育+创业家资质能力开发。

(1)秉持学术自由，培育创新文化。日本的企业家精神教育以创新为灵魂，这源于其对自身生存危机的忧患意识和接受先进异文化的学习意识。日本的大学教育强调学术自由、推崇创新，这为创业教育的开展营造了良好的氛围。例如，被誉为亚洲最有成就的以科研为主的大学之一——京都大学，共产生了9位诺贝尔奖获得者，该校以“自主学习”为校训，以课堂中的批判性为荣，目标是培养具有独立思考和判断能力的学生，学生很早就可以在本专业之外自由选择一个感兴趣的领域进行学习和研究，使其在习得卓越知识的同时能够拥有创造精神。自由宽松的学术氛围和严谨务实的学风并不矛盾，倡导学术自由，建构灵活多元的教育体系，赋予学生更多的自主选择权以及发展兴趣的可能性，使创新文化成为校园主流文化，为企业家精神中的创新元素发展营造有利氛围。

(2)围绕核心价值，强化人格教育。日本企业家精神中的合作、进取、学习精神植根于其民族性，有着深厚的文化传统和社会根基。日本的公民教育贯穿于青少年阶段，到大学阶段已基本完成。在奠定了良好基本素质的基础上，大学教育更推崇青年的个性自由和创造力发展，以此克服在创新型社会形态下，保守压抑的民族性格中的不利因素。

(3)整合资源要素，完善体制机制。资源有效配置和信息共享对发现新机会、创造新价值的企业家精神培养具有重要的环境支撑作用，而在儒家文化的影响下，传统的日本社会强调等级、秩序，组织结构相对封闭，不利于这一作用的有效发挥。为此日本官、产、学各界积极行动，完善体制机制，充分整合资源要素。随着知识经济时代的到来，日本大学内部掀起推动跨学科研究和产学研结合的潮流。以东京大学为例，知识的交叉融合是东京大学开展科学研究的一个重要指导理念，东京大学前校长小宫山宏在 21 世纪“卓越研究基地”（Centers of Excellence，COE）计划中曾指出，知识交叉的场所是新知识生产的土壤。东京大学的 28 个 COE 计划都是跨学科研究项目。除跨学科发展外，日本大学创新教学与科研发展模式还体现在 20 世纪 90 年代之后，在新自由主义政策的引导下，日本的产业界要求政府出台有关大学产学研一体化的政策。1998 年 5 月，日本政府颁布了《关于促进大学技术研究成果向民间事业者转移的法律》，进一步促进大学科学研究与社会生产相结合。2001 年 6 月，日本文部省又发布了《为了以大学为起点的经济活性化的构造改革计划》。以东京大学为例，早在国立大学法人化之前，东京大学已经开始了被称为“知识回馈”的产学合作。2004 年，东京大学提出了产学合作的基本方针，明确了把产学合作作为学校知识生产的基础。

（4）强调过程育人，丰富实践土壤。日本创业教育界认为，针对不同的年龄阶段，创业教育有不同的阶段性任务。例如，对创业知识和技能的学习，主要在高中高年级及大学阶段展开，而企业家精神教育则是贯穿于小学低年级开始到成为社会人的整个学习阶段。大学阶段企业家精神教育的突出特点是：与中小学阶段相比，更注重实践性，与社会人阶段相比，具有较高的容错率。从这个意义上讲，大学阶段的企业家精神教育就是通过让学生亲身参与、尝试，在过程中培养企业家品格、提升创业能力，同时寻找差距、发现不足，并对自身是否适合创业做出判断。为实现这一意图，在一般的课程、讲座等传统知识传授渠道之外，企业家精神教育更强调通过实习、竞赛等实践途径，培养学生挑战新事物的精神以及从事创业的意识、能力，提高学生的创业素养和广泛的社会意识。日本高校非常重视将创业计划竞赛作为检验学生创业教育成效的重要手段，以早稻田大学为例，该校自 1998 年起开始举办创业计划大赛，并于 2002 年开设了早稻田大学风险论坛，征集并选拔优秀创业计划。东京大学则于 2005 年开始组织实施支持学生创业的教育项目“创业者道场”。目前，这一项目正朝着大学校园普及的方向发展。北京大学作为国内最早开展创业教育的高校之一，自 1999 年开始举办创业计划大赛，系统培训和大赛实操为激发大学生创新创业潜力、培养企业家精神发挥了积极作用。根据日本大学开展创业实践教育的经验，国内高校应以开展模拟创业、筹备创业计划大赛、举办创业训练营、建设创新创业基地等活动为抓手，加强指导的系统性、广泛性以及对项目实施可行性的落地指导。

（5）健全培养体系，拓宽教育平台。作为先天创新基因并不发达的国家，日本能够用短短数十年在创新人才培养和企业家精神教育方面取得成效，与其健全的企业家精神培养体系和不断延伸的创业教育平台关系密切。与日本相比，家庭教育和基础教育阶段的企业家精神培育在我国基本处于空白状态，并未引起足够重视。这使得大学阶段的企业家精神教育既缺乏基础，也无法突出重点。此外，日本的企业家精神教育不仅重视家庭参与，还强调社会参与。许多企业参与高校创业课程开发，并为大学生提供实习机会，一些企业家还经常到高校为学生开展创业讲座或指导创业项目，从课程到实践各个层面积极参与到创业教育和企业家精神培育中。日本大学重视与国外大学的校际交流，与哈佛大学、麻省理工学院、北京大学、清华大学等高校在创业教育方面开展合作，并通过参加国际创业计划大赛等活动，学习国外高校先进的创业教育理念和模式，探索符合国情的企业家精神培养路径。例如，东京大学与北京大学自 2008 年开展创业教育国际交流活动以来，每年两校分别派出创业团队前往对方学校与该校学生交流创业心得或合作开展创业项目策划等。借鉴日本高校经验，我国高校加强企业家精神培养的体系建设和平台建设，其实质是在服务于企业家精神培养的目标下，吸纳包括学校、家庭、企业等一切相关力量到培养教育过程中，甚至在国际合作交流中，吸纳异文化中的有利因素，取长补短。

4. 家庭教育

家庭教育是日本企业家精神培育的重要载体。家族对未来接班人的继承道路进行长期规划，有计划地培养家族接班人，使继承人循序渐进接受家族内部企业家精神，并有效避免由于现任领导人的突发事件给企业带来的冲击。家族企业就如此一代代把家族优秀的企业家精神传承下来，保证了企业的长久健康发展。家庭教育的另外一个内容，就是“家”文化的传承，日本的“家”文化源于中国的儒家思想，把儒学中的“忠孝”“仁义”等哲学理念运用于企业管理中。“家”文化是日本家庭教育的依据，是文化传承中的精华，企业家精神传承中更少不了“家”精神传承。一般说来，日本企业家精神的形成往往离不开“家”文化，企业家精神的传承在一定程度上就是“家”文化的传承。日本企业大多是家族企业，在成长过程中能够突破狭义的家族观念，打破发展瓶颈，实现快速成长和长盛不衰，与优秀“家”文化的传承是分不开的。

二、我国发达地区培育企业家精神的经验借鉴

（一）深圳市培育企业家精神的经验

作为中国改革开放的“窗口”和“试验田”，深圳市创新型经济非常活跃，新常态下经济发展成效显著。在全国经济爬坡过坎的背景下，深圳市经济“逆势增长”和创新发展的重要秘诀是，通过发挥政府“扶持之手”，助力市场“无形之手”，管住政府“乱为之手”和“掠夺之手”，在激发和保护企业家精神方面做出了卓有成效的工作。

1. 努力打造“创新善政”，完善激发和保护措施

近年来深圳市加快政府职能转型，努力打造“创新善政”和“亲企业家良政”，完善促进企业成长和创新的政策支撑体系。

（1）完善激发企业创新的普惠性政策支持体系。以自主创新为主导战略，深圳市出台国家创新型城市建设“1+4”文件、自主创新“33条”、国家自主创新示范区“1+10”文件、“孔雀计划”以及高层次人才队伍建设“1+6”文件等一系列全局性、前瞻性的政策，初步形成较为完善的激发创新和企业家精神的政策法规体系，为企业成长和创新创造了良好的政策环境。

（2）加快产业扶持方式改革，构建了精准化的企业和企业家精神培育资金支持体系，以财政“小资金”撬动社会“大资本”。深圳市设立一批财政专项资金和资助平台，建立了无偿与有偿并行、事前与事后结合的资金资助体制，改变了之前完全由政府资助的产业扶持模式。同时还建立了精准化的财政扶持体系。依据企业生命周期，借助财政资助平台，引导成立了一批产业、企业、股权、创投基金，为新兴产业和中小企业提供强有力的资金保障。

（3）率先推进商事登记制度改革，积极改善营商环境。深圳市率先在全国范围内推进商事登记制度改革，率先推行“多证合一、一照一码”，商业环境显著改善。改革两年多以来，深圳商事主体总量迅速翻番，突破224万户，跃居全国大中城市首位，增量超过前30多年的总量。按深圳市常住人口1077.89万人计算，深圳市每千人拥有商事主体192户、拥有企业100户，创

业密度居全国首位。

（4）以社会投资管理体制为突破口，推动简政放权改革落到实处。2014 年 11 月 1 日起，深圳市建立了“备案为主、核准为辅、属地管理、一网受理、全程通办、网上拿证”的新社会投资管理体制，确立备案核准范围为 52 类 860 项鼓励类与全部允许类项目，只保留了国家规定的 13 类外商投资限制和 8 类生态类项目的审批权限，申请人可以通过互联网 24 小时办理全流程业务，社会投资管理效率大幅提升，总投资呈大幅增长态势。

2. 尊重市场“自然选择”，营造“蒲公英式裂变”创新文化和氛围

经过 30 多年的发展，深圳市市场化程度达到国内领先水平，率先建立了尊重市场和创新的文化和环境。

（1）政府充分认识和尊重市场规律，企业家成为真正的市场主体。政府真正“放手”，尊重市场规律并承认市场竞争的结果，企业成为执行市场规则的主体，充分参与激烈的市场竞争，因此造就了腾讯、研祥、中兴、深创投等一批创新创业成功的民营企业和新型国企，同时还淘汰了一批落后国企和民企，如深圳石化、赛格集团、三九集团、莱茵达等。

（2）着力维护公平竞争的市场秩序，发挥竞争促进创新的作用。政府采取“积极不干预”的策略，既不当“运动员”，也不当“裁判员”，只当“场地维护员”，积极充当创新战略规划者、推动者和市场秩序维护者，不大包大揽，摆正了政府与企业、政府与市场的位置，充分发挥企业家核心作用，努力营造“鼓励创新、宽容失败”的创新文化和市场环境，从而推动深圳的创新和企业家精神呈现“蒲公英式裂变”。截至 2016 年 3 月底，南山的众创空间数量接近 90 家，孵化面积超过 14 万平方米，其中，18 家获得国家科技部第二批众创空间认定，被纳入国家级孵化器管理服务体系。

（3）积极利用其开放、多元、包容的移民文化，夯实企业和企业家成长的文化土壤。深圳是全国最大的移民城市，吸引了来自五湖四海不同梦想的人，农民工和大学生、“土鳖”和“海龟”，各类人才和文化交融创造了类似硅谷一样的开放、包容、多元、个性自由的文化氛围，为企业和企业家成长营造了良好氛围，无论是国有企业还是民营企业均能较好地发挥企业家精神，找到自己的发展空间。

3. 发挥政府“牵线搭桥”作用，构建综合创新生态系统

深圳市通过建设创新载体，发挥企业家整合配置要素的能力，打造了综

合创新生态系统。

（1）在全国率先建立“以市场为导向、企业为主体、官产学研资介紧密结合”的综合创新生态系统。依托综合创新生态系统，深圳市推动形成3万多家创新企业集群，培育出高科技领头企业和企业家。截至2016年3月底，深圳自主创新呈现出“6个90%”的局面，即90%的创新型企业为本土企业、90%的研发人员在企业、90%的研发投入源自企业、90%的专利产生于企业、90%的研发机构建在企业、90%以上的重大科技项目由龙头企业承担。

（2）发挥其市场经济活跃优势，不断完善创新和企业家资源配置制度。近年来，深圳市大力推动要素市场化改革，推动土地、产权、资本、人才、劳动力等要素自由流动和整合，充分发挥市场配置创新和企业家资源的基础性作用，促进孕育企业家精神的各类要素汇集融合。

（3）打造一批创新载体，形成一批孕育创新企业和企业家精神的苗圃。截至2015年底，深圳市已经累计建设国家、省、市级重点实验室，工程实验室，工程研究中心，企业技术中心等各类创新载体1283家，建成了科技企业孵化器67家和科技创新资源共享平台，在移动互联、机器人、基因、北斗卫星导航等领域建立了45个产学研资联盟，与科技部共建国家技术转移南方中心，培育和成长了一批具有创新精神的企业和企业家，实现了创新、创业、创客、创投“四创联动”。

4. 完善产业配套体系，发挥供应链优势，降低企业和企业家成长成本

近年来，深圳继续发挥其制造优势，鼓励企业实现产业跨界融合，推动制造业服务化、服务网络化，不断向全球价值链上下游拓展，延伸产业链条，持续夯实自身制造业基础和体系以及供应链管理能力，极大地降低了企业家创新创业成本，最大限度地激发了企业家精神。以智能手机为例，深圳华强北1公里范围内，可以找到所需的任何原材料，并且在不到一周的时间内就能完成“产品原型—模具制模—产品—小批量生产”的整个流程，成本可能仅相当于硅谷的1%~5%。同时，深圳发达的金融产业也为深圳企业创新创业提供了强有力的支持，深圳号称中国创投之都，集中了全国1/3的创投机构和创投资本，可满足不同类型创业者、处于不同生命周期阶段企业的融资需求。

5. 积极推动企业“内引外联”，培育成长一批充满活力的全球化企业家

深圳市坚持“引进来”与“走出去”相结合，引进、培育成长一批创新

活力强的全球化企业家。“引进来”方面，首先，主动整合全球创新资源，吸引了微软、英特尔等一批跨国公司和研究机构在深圳设立研发中心，推动深圳向全球性科创中心转变。其次，推进“孔雀计划”，引进全球高端人才，同时与莫斯科大学、清华大学、加州大学伯克利分校等名校合作，助力企业家培养和成长。最后，积极推进区域创新协作，推进“深港创新圈”建设，推动深港两地研发设施、检测平台等创新资源合作共享。“走出去”方面，首先，广泛开展国际创新合作。积极参与中微子实验国际合作项目、国际基因组计划等国际大科技计划，提升自身科研水平和协同创新能力。其次，推动深圳本地的龙头企业“出海”，成为国际市场弄潮儿，吸纳整合全球创新资源。华为、中兴、腾讯、创维、迈瑞等均在海外设立了研发和创新中心或并购产业链中的外国创新企业。

（二）浙江省培育企业家精神的经验

浙江省所创造的经济社会发展奇迹，包括浙江企业家群体的兴起等，被世人称为“浙江现象”。所谓“浙江现象”，就是在地域环境、物质资源、工业基础等客观条件比较落后的条件下，靠浙江人民自身的努力，在不太长的时间内，使浙江经济在发展速度、经济总量、经济结构、区域特色、市场建设、制度创新以及发展趋势等方面获得异乎寻常成就的事实。“浙江现象”最光辉夺目的地方在于浙江人民在创造经济发展奇迹的同时，孕育了浙江企业家精神。

1. 政府为企业家精神的培育提供完善的服务与政策支持

（1）强化政府服务。2016 年 12 月，时任浙江省委副书记、代省长车俊在省委经济工作会议上倡导提出，要以“最多跑一次”的理念和目标深化政府自身改革。“最多跑一次”改革涉及政府治理、公共管理、地方政府创新等各领域工作，应群众需求而生、为解决问题而变，既植根于浙江行政审批制度改革形成的体制机制优势，又在价值取向、流程优化、信息共享、力量整合等方面有了新的超越，是省委省政府向全省人民做出的承诺，体现的是以人为本，蕴含的是观念革新，推动的是转型发展，是一场从理念、制度到作风的全方位深层次变革。各级政府部门以“最多跑一次”改革为统领，努力实现由“干预型”向“协调型”、“管理型”向“服务型”的职能转变。乘着“最多跑一次”改革的东风，浙江的政府服务能力获得了进一步提升，企业家的获得感也在改革中不断强化。

（2）完善政商关系。保护和激发企业家精神，就要防止政府的缺位和越位。自改革开放以来，浙江省政府在处理与企业的关系中始终秉承着一种开放、包容的态度，能交给市场的就尽量交给市场、能服务企业的就尽量服务企业，浙江政界与商界建立了一种健康有序的关系，与中央提出的“亲”“清”政商关系可谓是高度契合。进入新时代，建立“亲”“清”政商关系，是培育独具浙江特色企业家精神的必要构成。就政府而言，要厘清与市场的关系，继续深化放管服改革，积极营造依法保护企业家合法权益的法治环境，营造尊重和激励企业家干事创业的社会氛围，为企业创造“一视同仁”的公平竞争环境。

（3）推出企业家精神培育的政策。浙江省人力资源和社会保障厅在2011年年底向社会公开发布了《关于加大人才培养引进力度支持浙商创业创新的若干意见》。该意见明确提出：第一，着力培养创新型浙商企业家。每年组织一批中青年浙商企业家，到国外知名高校和相关企业接受思维创新、管理创新等培训，加快企业经营管理人才培训基地建设，开展浙江异地商会负责人的轮训工作，开展职业经理人任职资格培训与认证工作。第二，壮大浙商企业创新创业人才队伍。加快引进培养一批适应浙江省转型升级需要的浙商企业人才，引进高层次人才和创新团队，每年组织选派一批企业人员赴国（境）外进行3~6个月的培训，选派一批金蓝领高技能人才赴国（境）外进行短期进修培训。给予各类人才以资金支持和奖励，比如，给予“钱江技能大奖”入选人才10万元、“首席技师”入选人才5万元的奖励，给予“千人计划”100万元、“海鸥人才计划”50万元的一次性省政府科学技术人才补贴。博士后科研工作站每招收1名博士后研究人员，省财政给予3万元生活补助；博士后出站后在浙商企业工作的，省财政给予2万元一次性安家费。鼓励浙商企业建立技能大师工作室，省财政一次拨付5万元的开办经费。对于浙江省企业重点技术创新团队，除省财政连续三年每年给予20万元的经费资助外，企业所在地政府再给予一定比例资金配套。第三，落实浙商企业人才税收等优惠政策。个人获得省政府科学技术奖的奖金和经省政府认可的高技术人才、高技能人才等各类人才的奖金，缓缴个人所得税；对个体工商户、个人独资企业和合伙企业的工资薪金，按总额2.5%标准内据实扣除职工教育经费支出。对企业发生的高层次与高技能人才培训，准予扣除不超过工资薪金总额 2.5%的职工教育经费支出。第四，回归浙商人才可破格晋升相应职称。根据其学历、资历，经资格认定的回归浙商可以直接申请申报相应专业技术资格，可以破格直接申报高级经济师资格。第五，鼓励浙商企业兴办人力资源服务和职业培训机构。鼓励浙商创办人力资源服务企业，省外猎头公司在省内开展业务也受到欢迎，这有助于浙商企业人才市场化配置。政府通过购买服务的方式对在引才中成效明显的人才中介机构及行业组织给予一定经费支持。由省财政对其中的省级公共实训基地资助 100 万~200 万元，鼓励职业培训机构承担政府公共培训项目。政府建立完善紧缺职业（工种）政府补贴和企业培养相结合的高技能人才培训制度，定期组织浙商企业优秀高技能人才到对口高职院校、技师学院进行研修，相关经费采取政府补贴和企业、个人相结合的方式进行分担。第六，认真做好回归浙商的社会保险工作。可享受二级医疗待遇的对象包括浙商企业中的省特级专家、国家和省“千人计划”入选者等高层次人才。境外浙商回乡发展的人员，可参加中国境内各项社会保险。支持浙商兴办营利性和非营利性医疗机构，鼓励浙商企业为高层次人才购买补充医疗保险。第七，为回归浙商企业高层次人才提供人才驿站。鼓励高校、科研院所、政府人才交流机构和各类经济开发区、创业园区等探索建立高层次人才驿站，吸引海内外高层次人才，并享受相应的政策待遇。第八，不断提高服务浙商企业人才工作水平。建立“绿色通道”机制，为符合条件的海外高层次人才提供出入境、居留等服务。对各类引进人才的居留和出入境、落户、税收、医疗、保险、住房、配偶安置、子女入学等方面进行重点跟踪、协调和保障。2017 年 11 月 6 日，浙江省委省政府印发《高水平建设人才强省行动纲要》，明确指出要加强企业家人才队伍建设。开展“浙商名家”成长行动，组织产业领军企业家赴国外学习考察、对接合作、投资并购。建立企业家参与战略决策对话咨询制度。支持龙头企业整合人才、技术、资本、市场等要素，建立人才创新创业专业孵化器。分级分业对全省规模以上企业主要负责人进行普遍轮训。开展“浙商薪火”传承行动，采取专题培训、创新论坛、代际交流、导师帮带等方式，提升新生代企业家经营管理能力。选送优秀青年企业家到世界 500 强企业、境外合资合作企业、海外分支机构学习交流。开展“科技浙商”培育行动，突出科技创业、海归创业，综合运用产业基金、专项资金、政府采购等工具，在项目申报、团队建设、产业对接、市场推广等方面提供支持服务，培育一批科技创业领军人才。探索建立经济效益与社会效益相结合的企业家评价机制。推荐优秀科技型企业家到高校、科研院所兼职。

2. 底蕴深厚的社会文化推动了企业家精神的形成

（1）越文化的影响。越文化对浙江企业家精神的形成有潜在影响。与临近的吴文化和徽文化相比，越文化有自己突出的特色。越文化是吴越文化的一支。吴越文化在文化上同源，同属百越族，但由于自然条件、域外影响的差异，两者逐步出现差异。吴地由于受中原先进技术和文化的影响，生产力相对发达，加上地处太湖平原，是典型的鱼米之乡，在生活上相对优越。越地相对闭塞，自然上临海滨江，山多地少，生存条件相对艰难。这就导致吴文化相对安逸、典雅、柔美，而越文化较多保留着原始的质朴、阳刚和野性。体现在性格特征上，吴人安于守成，越人敢于冒险。由于宋以后大量移民的迁入，特别是一些世家大族的入主，使徽州的徽文化与中原文化联系更紧密，儒家传统文化对徽文化产生重要影响。越地处于边地，虽受中原文化影响，但越文化仍然顽强存在，其质朴悍勇、务实进取的特征在浙江企业家中表现得淋漓尽致。其相比于儒家的官本位思想更加超脱，与权力机构相对保持距离。

（2）浙江先贤思想的影响。一个地方风气的形成，往往与当地杰出人物密切相关，其中的思想家往往发挥着思想引领作用。王阳明、黄宗羲是浙江思想家中的标志性人物。王阳明先后提出了以“心即理”“知行合一”“致良知”为基本框架的心学理论。“心即理”强调人的主体意识能动性。“知行合一”是心之自性。“知之真切笃实处即是行，行之明觉精察处即是知，知行工夫本不可离。”“致良知”，认为良知本是人的自性，只是往往被贪欲所蒙蔽，应通过修养，克服私欲之蔽，尽量发挥良知的作用，将良知贯彻到日常生活中去。黄宗羲提出“工商皆本”的主张，反对传统的农为本、工商为末的思想。黄宗羲等极力推崇“经世致用”，他们的思想有别于传统的程朱理学，对解放人的思想起到了武器般的作用。从今天的浙江企业家身上我们可以看到这些思想家的影子，他们思想开放，敢说敢做，知行合一，注重个人修养和社会责任，深得这些先贤思想的精髓。

（3）浙江商帮精神的影响。有来处才有去处，有传承才有发展。浙江企业家精神的形成是历史上浙江商帮精神传承的结果。一个商帮的形成必然有其核心的理念、核心的人物。中国人乡土观念重，亲戚、乡亲关系是经商的重要社会资本。因此，一个优秀企业家的出现往往会带动周边一帮企业家群体的出现。浙江有湖州商帮、龙游商帮、宁波商帮、萧绍商帮、绍兴商帮（越商）、温州商帮、台州商帮、义乌商帮等著名浙商群体，其中宁波商帮最为典型。宁波商帮是中国近代最大的商帮，为推动中国民族工商业发展做出了卓越贡献，推动了中国工商业的现代化。宁波商帮开创了近代中国多项第一，如第一家现代意义上的中资银行、第一家中资轮船航运公司、第一家中资机器厂等。宁波商帮对上海的崛起和此后香港的繁荣都发挥了关键作用。宁波商人足迹遍布海内外，涌现出一大批商业大佬，代表人物有虞洽卿、叶澄衷、包玉刚、董浩云、邵逸夫、张忠谋、丁磊等，他们在商界具有举足轻重的地位，在中国历史上产生了巨大影响力。叶澄衷是宁波商帮的先驱，他的作为对浙江商人群体的影响很大。在今天的浙商群体中，仍可以清晰地感受到他留下的精神财富。叶澄衷具有极强的开拓精神：他创办了中国第一家民族火柴厂和第一家民办银行，其经营领域涉及五金、航运、纺织等；他热心公益、重视教育，创办了上海近代第一家民办学校"澄衷蒙学堂"，培养出胡适、倪征燠、竺可桢、乐嘉陵和李达三等知名人士；他在家乡创办义学，培养出包玉刚、邵逸夫等近代商业大佬。他为人宽厚诚信，被称为"首善之人"，后世的包玉刚、邵逸夫等企业家深得其思想精髓。基于辐射效应，他们的经商理念对浙江的其他商人群体也产生了深远影响。改革开放以来，义乌人、温州人得风气之先，秉承越文化的积极进取、务实创新精神，义乌商人、温州商人成为国内知名的商人群体。徐冠巨、鲁冠球等改革开放后的第一代企业家群体崛起，在全国范围内确立了行业领袖地位；马云、丁磊、杨元庆等新生代企业家后来居上，成为新经济的标杆性人物。不管世代如何更迭，浙商精神从叶澄衷、包玉刚、邵逸夫等身上流传下来并逐步发扬光大。

第二节 企业家精神的内容与培育主体

一、企业家精神培育的总体要求

企业家是经济活动的重要主体。改革开放以来，一大批优秀企业家在市场竞争中迅速成长，一大批具有核心竞争力的企业不断涌现，为积累社会财富、创造就业岗位、促进经济社会发展、增强综合国力做出了重要贡献。营造企业家健康成长环境，弘扬优秀企业家精神，更好发挥企业家作用，对深化供给侧结构性改革、激发市场活力、实现经济社会持续健康发展具有重要意义。为此，2017 年 9 月 8 日，中共中央、国务院颁布了《关于营造企业家健康成长环境弘扬优秀企业家精神更好发挥企业家作用的意见》，提出了企业家精神培育的总体要求。

（一）指导思想

全面贯彻党的十八大和十八届三中、四中、五中、六中全会精神，深入贯彻习近平总书记系列重要讲话精神和治国理政新理念、新思想、新战略，着力营造依法保护企业家合法权益的法治环境、促进企业家公平竞争诚信经营的市场环境、尊重和激励企业家干事创业的社会氛围，引导企业家爱国敬业、遵纪守法、创业创新、服务社会，调动广大企业家积极性、主动性、创造性，发挥企业家作用，为促进经济持续健康发展和社会和谐稳定、实现全面建成小康社会奋斗目标和中华民族伟大复兴的中国梦做出更大贡献。

（二）基本原则

1. 模范遵纪守法、强化责任担当

依法保护企业家合法权益，更好发挥企业家遵纪守法、恪尽责任的示范作用，推动企业家带头依法经营，自觉履行社会责任，为建立良好的政治生态、净化社会风气、营造风清气正环境多做贡献。

2. 创新体制机制、激发生机活力

营造“亲”“清”新型政商关系，创新政企互动机制，完善企业家正向激励机制，完善产权保护制度，增强企业家创新活力、创业动力。

3. 遵循发展规律、优化发展环境

坚持党管人才，遵循市场规律和企业家成长规律，完善精准支持政策，推动政策落地实施，坚定企业家信心，稳定企业家预期，营造法治、透明、公平的政策环境和舆论环境。

4. 注重示范带动、着力弘扬传承

树立和宣传企业家先进典型，弘扬优秀企业家精神，造就优秀企业家队伍，强化年青一代企业家的培育，让优秀企业家精神代代传承。

二、企业家精神的内容

企业家精神概念的提出已有多年，其含义的广泛性、不稳定性、多层次性使其成为一个多维概念。受到经济发展、文化环境等因素的影响，在不同地区、不同时代，企业家精神的表现形式和核心内容也有很大不同。时代是企业家精神发扬的时空背景。企业家精神的发扬，要与时代共呼吸，与新时代的需要相结合，紧密结合新的时代条件和实践要求。中国特色社会主义进入新时代，我国社会主要矛盾已转化为人民日益增长的美好生活需要和不平衡不充分的发展之间的矛盾，企业家必须围绕解决这个社会主要矛盾，开展生产经营。无疑，企业家只有专心致志地解决这个社会主要矛盾，才能将企业家精神与人民美好生活需要满足相结合，进而在解决发展不平衡不充分过程中发挥企业家的最大作用。因此，当代中国企业家必须要认识并掌握市场发展规律，才能在新时代运用新思想，将自身的创新创业精神发扬光大。就当代中国现阶段而言，企业家精神被赋予了新的内涵与内容，主要体现在以下几个方面：

（一）爱国敬业、遵纪守法、艰苦奋斗的精神

1. 崇高的理想信念

加强对企业家特别是年青一代民营企业家的理想信念教育和社会主义核心价值观教育，开展优良革命传统、形势政策、守法诚信教育培训，培养企业家国家使命感和民族自豪感，引导企业家正确处理国家利益、企业利益、员工利益和个人利益的关系，把个人理想融入民族复兴的伟大实践。

2. 自觉遵纪守法意识

在全面依法治国背景下，法治精神是企业家创新精神得以保护和企业发展的重要保障。企业家要自觉依法合规经营，依法治企、依法维权，强化诚信意识，主动抵制逃税漏税、走私贩私、制假贩假、污染环境、侵犯知识产权等违法行为，不做偷工减料、缺斤短两、以次充好等亏心事，在遵纪守法方面争做社会表率。党员企业家要自觉做遵守党的政治纪律、组织纪律、廉洁纪律、群众纪律、工作纪律、生活纪律的模范。

3. 艰苦奋斗精神风貌

激励企业家自强不息、勤俭节约，反对享乐主义，力戒奢靡之风，保持健康向上的生活情趣。企业发展遇到困难，要坚定信心、迎接挑战、奋发图强。企业经营成功，要居安思危、不忘初心、谦虚谨慎。树立不进则退、慢进亦退的竞争意识。

（二）创新发展、专注品质、追求卓越的精神

1. 创新发展

激发企业家创新活力和创造潜能，依法保护企业家拓展创新空间，持续推进产品创新、技术创新、商业模式创新、管理创新、制度创新，将创新创业作为终身追求，增强创新自信。提升企业家科学素养，发挥企业家在推动科技成果转化中的重要作用。吸收更多企业家参与科技创新政策、规划、计划、标准制定和立项评估等工作，向企业开放专利信息资源和科研基地。引导金融机构为企业家创新创业提供资金支持，探索建立创业保险、担保和风险分担制度。

2. 工匠精神

建立健全质量激励制度，强化企业家“以质取胜”的战略意识，鼓励企业家专注专长领域，加强企业质量管理，立志于“百年老店”持久经营与传承，把产品和服务做精做细，以工匠精神保证质量、效用和信誉。深入开展质量提升行动。着力培养技术精湛技艺高超的高技术人才，推广具有核心竞争力的企业品牌，扶持具有优秀品牌的骨干企业做强做优，树立具有一流质量标准和品牌价值的样板企业。激发和保护老字号企业企业家改革创新发展意识，发挥老字号的榜样作用。

3. 追求卓越

弘扬敢闯敢试、敢为天下先、敢于承担风险的精神，支持企业家敏锐捕捉市场机遇，不断开拓进取、拼搏奋进，争创一流企业、一流管理、一流产品、一流服务和一流企业文化，提供人无我有、人有我优、人优我特、人特我新的具有竞争力的产品和服务，在市场竞争中勇立潮头、脱颖而出，培育发展壮大更多具有国际影响力的领军企业。

（三）履行责任、敢于担当、服务社会的精神

1. 主动履行社会责任

增强企业家履行社会责任的荣誉感和使命感，引导和支持企业家奉献爱心，参与光彩事业、公益慈善事业、“万企帮万村”精准扶贫行动、应急救灾等活动，支持国防建设，在构建和谐劳动关系、促进就业、关爱员工、依法纳税、节约资源、保护生态等方面发挥更加重要的作用。国有企业家要自觉

起到履行政治责任、经济责任、社会责任的模范带头作用。

2. 干事担当

激发企业家致富思源的情怀，引导企业家认识到改革开放为企业和个人施展才华提供的广阔空间、良好机遇、美好前景，先富带动后富，创造更多经济效益和社会效益。引导企业家认识把握引领经济发展新常态，积极投身供给侧结构性改革，在振兴和发展实体经济等方面做更大贡献。激发国有企业家服务党服务国家服务人民的担当精神。国有企业家要更好肩负起经营管理国有资产、实现保值增值的重要责任，做强做优做大国有企业，不断提高企业核心竞争力。

3. 积极投身国家重大战略

完善企业家参与国家重大战略实施机制，鼓励企业家积极投身“一带一路”建设、京津冀协同发展、长江经济带发展等国家重大战略实施，参与“引进来”和“走出去”战略，参与军民融合发展，参与中西部和东北地区投资兴业，为经济发展拓展新空间。

三、企业家精神培育的主体

企业家精神是依附于企业家身上的，具有一定的先天性和内生性，但如果缺少企业家精神培育外界主体作用的发挥，那么企业家精神就只能维系在某个突发的个体上——它的出现也是随机跳跃的，企业家精神无法扩展到整个人类组织中以产生更大范围的社会进步。企业家精神的培育需要政府、社会、高校以及企业四个主体充分发挥各自的职能，是一个多方面主体共同努力的结果。因此，多主体协同的企业家精神培育是十分必要的，各个主体各司其职，并做好有效沟通，将主体自身在社会环境中的优势协同起来加以运用，同时注重多主体之间的相互协同。在企业家精神培育的主体系统中，政府的作用是为企业家精神培育提供制度环境，社会的作用是为企业家精神培育提供文化氛围，高校的作用是为企业家精神培育提供教育平台，企业的作用是为企业家精神培育营造内部管理机制。

（一）政府

政府作为一个政治组织，是对一定区域进行全方位管理的机构。政府是国家公共行政权力的象征，同时也是权力的承载体和执行体，以维持社会秩序的长期有效稳定。为了促进经济的平稳有序发展，政府需要协调各经济关系，使资源能够得到有效配置，对市场发展环境进行监管和掌控，促进生产力的全面发展，为社会主体打造良好的物质基础；为了保证社会和谐稳定，政府需要对社会关系进行有效梳理，保证利益格局平衡，实现公正分配，注重人文关怀和教育，关注民生，满足不同阶层社会群体的需求；为了实现政策导向作用，政府时刻关注公众切身利益、社会经济发展阶段、文化教育程度及问题、社会道德风尚的走向、食品卫生安全、法律执行与束缚力、环境污染及改造情况、农林牧渔业发展前景与危机等一系列问题，根据问题找解决方案，通过政策牵引保证社会的良好发展。所以，政府起到总管家的作用，大到国家政府，小到地方乡镇区政府，都要扮演好自己的角色，实现社会的进步和产业的发展。

就企业家精神培育而言，政府的重要作用体现在它可以为企业家精神培育提供良好的制度环境。制度是由象征性要素、社会活动和物质资源组成的多方面的、持久的社会结构，制度环境则是组织为了获取合法性和外界支持而必须遵守的规则和要求（Scott，2001）。对企业家精神培育行为而言，其合法性机制表现在企业家需要积极寻求组织内外部利益相关者的认同，适应和遵循组织场域中的社会秩序模式，最终表现为企业家行为对制度环境的遵从和适应。如果企业家处于良好的制度环境之中，那么这样的制度环境就会为企业家的创业与创新活动提供有力支持以及可预期的行为框架，从而激发企业家的创新精神。具体而言，政府利用自身职能可以从两个方面为企业家精神培育提供良好的制度环境：第一，通过切实转变政府职能、进一步推进行政审批制度改革、完善涉企政策和信息公开机制、健全企业家参与涉企政策制定机制、加大对企业家的帮扶力度、强化监督和问责机制等手段加强对企业家提供优质高效务实服务。第二，通过健全保护企业家合法权益的法律制度、逐步完善企业融资制度、坚定不移地推动科技创新政策、完善鼓励和推动全民创新创业行为的政策为企业家精神培育提供稳定和连续的制度与政策。

（二）社会

社会是指在特定环境下共同生活的人群，能够长久维持的、彼此不能够离开的、相依为命的一种不容易改变的结构。社会文化是与基层广大群众生产和生活实际紧密相连，由基层群众创造，具有地域、民族或群体特征，并对社会群体施加广泛影响的各种文化现象和文化活动的总称。广义上的文化指人类社会历史实践过程中人类所创造的物质财富和精神财富的总和。狭义上的文化是指社会的意识形态以及与其相适应的文化制度和组织机构。文化属于历史的范畴，每一社会都有和自己社会形态相适应的社会文化，并随着社会物质生产的发展变化而不断演变。作为观念形态的社会文化，如哲学、宗教、艺术、政治思想和法律思想、伦理道德等，都是一定社会经济和政治的反映，并带给社会经济、政治等各方面巨大的影响作用。

就企业家精神培育而言，社会的重要作用体现为塑造良好的社会文化氛围。企业家精神培育的社会文化是存在于企业家周围，并影响企业家精神形成的各种社会文化条件的总和，包括权利、契约、信仰、艺术、道德、法律、风俗以及作为社会成员的人所掌握和接受的任何其他的才能和习惯的复合体。企业家个体选择何种价值观以及价值观体系如何变迁对于企业家精神的形成具有决定性的作用。然而，企业家价值观的选择并非任意而为，它总是要受到一定的社会文化的制约。企业家精神往往从所在社会文化环境中汲取特定的价值观念，采取相应的行为方式，在一定程度上，社会文化决定了企业家精神的取向与内涵，将显著地作用于企业家的管理思维和实际操作，是企业家精神形成的源泉。在诚实守信、开放包容、尊重企业家及其贡献、以商为荣与合作共赢、鼓励创新与宽容失败的社会文化环境中，企业家才具有更加强烈的创业与创新意愿，因而才能孕育出更丰富的企业家精神；相反，在消极的、与企业家精神培育相悖的社会文化环境中，企业家精神就会呈现出一种转瞬即逝的泡沫化现象和个案现象，难以长久延续和广泛发展。具体而言，社会利用自身职能可以从三个方面为企业家精神培育提供良好的社会文化：第一，通过营造鼓励创新、宽容失败的文化氛围以及加强集思广益的团队精神的建设等手段来培育创新、宽容与合作的文化环境。第二，通过塑造企业家的社会形象、破除“唯官为尊、唯权为重、重官轻商”的陈旧意识、强化社会公众对企业家精神的舆论支持等手段来营造积极向上的舆论氛围。第三，要学会吸收各种异质文化。

（三）高校

高校泛指对公民进行高等教育的学校，是本科院校、专门学院、高等职业技术学院、高等专科学校的统称，从学历和培养层次上讲包括专科、本科、硕士研究生、博士研究生。在知识经济的时代，人才是带动社会发展的主要群体，高等教育承担着培养全面发展的高素质人才的重任，为社会经济的快速前进和科研水平的稳步提升提供综合性专业型人才。高等教育作为培养青年科学技术、开发自身潜能、培养兴趣爱好的教育平台，其人力资源的开发和教学体系的构建是国家及人民密切关注的。在科教兴国的背景下，高等教育学校的办学质量不仅仅决定了该校在社会各界的名声和地位，更影响了学生的自身能力和发展方向。高校的专业设置和课程构架，对刚走出应试教育的青年学生来说具有很强的影响力，专业的选择和课程的安排影响着学生的未来发展，也决定了社会未来的深度；高校的课外活动和各类竞赛也会对学生的发展起到一定牵引作用，培养学生综合素质和能力，以便于走出校园后更好地适应社会，也会在活动和竞赛中找到自己未来发展的方向；高校的教育体制和管理能力体现了中国科教水平和高层次管理情况，政府对教育系统的重视程度以及社会和企业对人才的认可度、需求度，都会反映出当代高校教育是否成功。因此，高校自身的质量对国家深化改革和长足发展都起着十分重要的作用，与社会环境和区域经济都有紧密联系。

就企业家精神培育而言，高校的重要作用体现在它可以为企业家精神培育提供良好的教育平台，改变受教育者的精神状态与知识结构，使其具备创新精神、冒险精神和风险承担精神，使其从事更多的创新活动，从而有助于企业家精神的形成。具体而言，高校利用自身职能可以从两个方面为企业家精神培育提供良好的教育平台：第一，通过创业教育培养大学生的企业家精神，具体可以采取的对策包括明确高校创业教育的教学目标、设置创业教育的专门机构与制度、优化课程体系的设置、夯实教学内容、构建“以学生为中心”的教学模式、加强师资力量的建设、构建科学的教材选用机制。第二，通过学历教育与非学历教育两个途径造就提高企业家精神的终生培育机制。

（四）企业

企业是社会经济的运作主体，从出现民间作坊到最终形成大中小类规范化企业，企业的成长见证了社会经济的飞速发展。企业是一种社会经济组织，其以获得利润为最终目标，通过对生产要素的重新组合来向市场提供必需的商品或服务，其特点为自主经营、自负盈亏、独立核算并且具有法人资格。企业在经济活动中通过生产和经营活动，在竞争中不仅创造社会财富，而且也是先进技术和先进生产工具的积极采用者和制造者，这在客观上推动了整个社会经济技术的进步。企业就好比国民经济的细胞，中国的国民经济体系就是由数以百万计的不同形式的企业组成的，千千万万个企业的生产和经营活动，不仅决定着市场经济的发展状况，而且决定着中国社会经济活动的生机和活力。所以，我们说企业是最重要的市场主体，在社会经济生活中发挥着巨大作用。

就企业家精神培育而言，企业的重要作用体现在它可以为企业家精神培育营造内部管理机制。伴随中国经济转型的步伐，企业的发展不仅依靠企业家个人的能力和管理，还需要企业家将其创新精神、冒险精神、市场敏锐性、发展前瞻性、风险控制性和个人能力及修养等一系列企业家精神构成要素充分应用在企业运营过程中，使企业更具生命力。因此，良好的企业环境能够唤起企业家的创新精神、冒险精神和风险承担能力，能为现代企业家精神的培育提供充足的营养，因而才能孕育出更丰富的企业家精神。具体而言，企业利用自身职能通过完善企业家的激励与约束机制、建立和健全企业科学决策机制、完善企业家的选任机制、积极推进创新的企业文化等手段健全激发企业家精神的内部管理机制。

第三节　企业家精神的培育对策

一、政府要为企业家精神培育提供良好的制度环境

企业家精神的培育是一个长期的系统性工程。从企业家精神培育的主体来看，政府占支配地位。要实现企业家精神培育环境的彻底改善，政府应该根据企业家精神培养的现实需求，找准自己的角色定位，为企业家提供优质高效务实服务，提供稳定和连续的制度与政策。

（一）政府要为企业家提供优质高效务实服务

1. 切实转变政府职能

政府应不断转变思路，把企业推向市场，让企业家来造就企业，让企业成为真正的“运动员”，让市场来做“裁判”，让政府来做“守门员”。也就是说，在市场调节体系下，政府可以发挥适当的引导作用和提供企业发展所需要的政策效果，真正使政府做到“有所为，有所不为”。内蒙古自治区人民政府印发《内蒙古自治区 2015 年推进简政放权放管结合转变政府职能工作方

案》，按照该方案，自治区适应改革发展新形势、新任务，从重数量向求实效转变，从“给群众端菜”向“让群众点菜”转变，从分头分层级推进向纵横联动、协同并进转变，从减少审批向放权、监管、服务并重转变，着力解决跨领域、跨部门、跨层级的重大问题，并推进行政审批、投资审批、职业资格、收费清理、商事制度、教科文卫体等领域改革，以及推出一批创新监管、改进服务的举措，为企业松绑减负，为创业创新清障搭台，为稳增长、促改革、调结构、惠民生提供有力支撑，培育经济社会发展新动力。因此，政府应该将自身从“主导”角色转换到“服务”角色，通过市场发掘激发企业家精神。

2. 进一步推进行政审批制度改革

针对现存审批事项多、各部门审批互为前置条件、程序复杂、审批时限长、收费名目繁多、企业负担偏重等问题，要减少审批事项，简化审批流程，再造审批流程，优化所有涉及政府公共管理、公共服务事项的办理流程。要推行行政审批标准化工作，凡具有行政审批职能的部门和单位要按照统一要求，修改完善行政审批业务手册或行政审批工作指南，建立审批标准化库，探索实行格式化审批和案例式审批。清理规范社团、行业组织和社会中介组织，对决定改变管理方式的审批事项，要按规定交由社团、行业组织或中介组织实行自律管理，并指导其制定操作规程，健全运行机制。同时，加强行政审批及电子监察信息系统建设，实现审批部门、事项、人员、授权向市、区政务服务中心窗口集中，审批环节流转向网上协同审批平台集中，全面落实主协办并联审批机制。

3. 完善涉企政策和信息公开机制

利用实体政务大厅、网上政务平台、移动客户端、自助终端、服务热线等线上线下载体，建立涉企政策信息集中公开制度和推送制度。加大政府信息数据开放力度。强化涉企政策落实责任考核，充分吸收行业协会商会等第三方机构参与政策后评估。

4. 健全企业家参与涉企政策制定机制

建立政府重大经济决策主动向企业家问计求策的程序性规范，政府部门研究制定涉企政策、规划、法规，要听取企业家的意见建议。保持涉企政策稳定性和连续性，若基于公共利益确需调整的，严格调整程序，合理设立过渡期。

5. 加大对企业家的帮扶力度

发挥统战部门、国资监管机构和工商联、行业协会商会等的作用，建立健全帮扶企业家的工作联动机制，定期组织企业家座谈和走访，帮助解决企业实际困难。对经营困难的企业，有关部门、工商联、行业协会商会等要主动及时了解困难所在、发展所需，在维护市场公平竞争的前提下积极予以帮助。支持再次创业，完善再创业政策，根据企业家以往经营企业的纳税信用级别，在办理相关涉税事项时给予更多便捷支持。加强对创业成功和失败案例的研究，为企业家创新创业提供借鉴。

6. 强化监督和问责机制

政府及其有关部门要自觉接受人大及其常委会的法律监督和工作监督、政协的民主监督、人民法院依法实施的法制监督、人民群众的信访监督和新闻媒体的舆论监督。要注意加强政府内部层级监督和专门监督，上级行政机关要切实加强对下级行政机关的监督，及时纠正违法违规或者不恰当的行政行为，并切实保障和支持审计、监察等部门依法独立行使监督权。坚持有错必纠、有责必问，要严格执行行政监察法、公务员法、行政机关公务员处分条例和关于实行党政领导干部问责的暂行规定，对因有令不行、有禁不止、行政不作为、失职渎职、违法行政、违规操作等行为，导致发生重大责任事故、影响恶劣事件或者严重违法行政案件的，要依法依纪严肃追究有关领导直至行政首长的责任和连带责任，督促和约束行政机关及其相关工作人员严格依法行使权力、履行职责。

（二）政府要提供稳定和连续的制度与政策

1. 健全保护企业家合法权益的法律制度

我国当前的法律环境建设还存在一定程度的残缺和脱节问题，很多企业家的人力资源、创新意志无法得到很好保护，甚至在行政权力的约束下被剥夺，企业家的人身自由、财产、安全等都需要得到更好的保障。没有明确和自由的所有权，连企业都不可能出现，更不可能有充分的经营权和能动性较强的企业家精神的产生。保护私人财产神圣不可侵犯是市场经济和企业家精神的逻辑前提，“一项专为包括新思想、发明创造在内的知识所有权而制定的法律可为创新活动提供更为经常的刺激，没有这种所有权，便没有人会为社会利益拿私人财产冒险，自然也就不会激励更进步的企业家精神”。因此，要努力健全保护企业家合法权益的法律制度，具体要从以下三个方面入手：第一，依法保护企业家财产权。全面落实党中央、国务院关于完善产权保护制度依法保护产权的意见，认真解决产权保护方面的突出问题，及时甄别纠正社会反映强烈的产权纠纷申诉案件，剖析侵害产权案例，总结宣传依法有效保护产权的好做法、好经验、好案例。在立法、执法、司法、守法等各方面各环节，加快建立依法平等保护各种所有制经济产权的长效机制。研究建立因政府规划调整、政策变化造成企业合法权益受损的依法依规补偿救济机制。第二，依法保护企业家创新权益。探索在现有法律法规框架下以知识产权的市场价值为参照确定损害赔偿额度，完善诉讼证据规则、证据披露以及证据妨碍排除规则。探索建立非诉行政强制执行绿色通道。研究制定商业模式、文化创意等创新成果的知识产权保护办法。第三，依法保护企业家自主经营权。企业家依法进行自主经营活动，各级政府、部门及其工作人员不得干预。建立完善涉企收费、监督检查等清单制度，清理涉企收费、摊派事项和各类达标评比活动，细化、规范行政执法工作，最大限度地减轻企业负担、减少自由裁量权。依法保障企业自主加入和退出行业协会商会的权利。研究设立全国统一的企业维权服务平台。

2. 逐步完善企业融资制度

通过多方面的金融创新，鼓励多渠道融资，发展风险投资机构；支持有实力、有信誉的企业面向社会发行债券，设立创业创新以奖代补专项资金，实行股权融资、项目融资，从而为企业创新资金的进入和退出构建高效的通道。同时，采用政府投入为引导、企业投入为主体、民间资本和社会各方面共同参与的方式，逐步建立、健全并形成运作规范、监控有效的为创业创新服务的担保体系。另外，建议在各盟市以及条件较好的旗县设立专门面向中小企业的金融机构，制定专门针对中小企业信贷业务的管理办法、评级标准和操作流程；根据当地中小企业的特点，量身定做能满足中小企业融资需求的信贷品种。

3. 坚定不移地推动科技创新政策

当前，我国推行的供给侧结构性改革为培育企业家精神提供了良好的契机，而科技创新是重要引擎。科技创新在支撑产业调整、培养科技人才等方面促进供给侧结构性改革，也不断促进企业家精神的培育与转化。具体表现为在科技成果方面实现科技成果和经济的对接，充分发挥现有科研成果的效益；在科技人才培养方面，用好用活科技人才，充分发挥其积极性、创造性；在科研机构改革方面，优化科研机构的功能布局和区域布局，为经济社会全面服务；在科技设施服务方面，加强科技设施布局的前瞻性，增强开放性，更多地发挥直接服务产业功能；在科技项目布局和管理方面，更多考虑产业需求。以科技创新为例，可以加快发展科技信息中介服务业，形成企业家精神的转化中心。专业化的科技信息中介不仅能够有效地将科技创新成果传播、扩散到企业和社会，提高供给成果的传播效率，而且科技信息中介本身属于科技、信息产业，在国外是占有相当比重的一类产业。再如，可引入科技创新 PPP（公私合营）模式，发展科技金融，促进企业家精神转化。在经济下行压力加大和科技财政投入紧张的情况下，引入社会资本实行 PPP 模式，一方面有利于增加全社会科技投入总量，另一方面有利于科技创新成果更好地转化为市场成果，加快企业家精神转化与落地。

4. 完善鼓励和推动全民创新创业行为的政策

全民创业是以激发企业家精神为核心，以创新型企业为载体，通过有效开发、整合和利用相关资源与拓展市场空间，实现资源的有效、合理集聚和利用，有效满足市场需求的过程。因此，通过形成全民创业的环境和氛围，鼓励、支持百姓的创业行为，能够不断地壮大本地区的民营企业家队伍，促进企业家群体的形成，从而有利于触发、培养并积聚广大个体的创造热情，为民营企业的发展壮大、创新、创业以及集聚企业家精神营造良好的氛围、环境和有效的服务与支撑体系。

（1）放宽全民创业领域。要进一步降低准入条件、简化注册登记手续，提供更多创业场所，引导各类群体积极主动创业。实行非禁即入的政策，凡法律法规未禁入的行业和领域，均对非公有制企业开放，任何部门不得设置限制条件，最大限度地降低准入门槛。支持中心城区市级都市工业园区和新区省级经济开发区，开辟专门场所，建立高校毕业生、复员转业军人、待岗下岗失业人员和失地农民初次创业基地。充分整合利用现有工青妇等各类服务中心和社会事业团体场地资源，加强各类创业中心、小企业创业基地和楼宇经济建设，积极打造大学生创业园、妇女创业基地和下岗职工创业基地等特色创业载体。

（2）培育创业主体。从内蒙古经济社会发展实际出发，提倡三个结合，即注重科技人员创业与下岗职工创业相结合，既要充分发挥科教优势，鼓励科技人员创业，也要扶持下岗失业人员创业；注重城镇居民创业与农村居民创业相结合，既要着眼于城乡统筹发展，鼓励城镇居民创业，也要着力化解二元结构矛盾，扶持农村居民创业；注重外地企业创业与本地企业创业相结合，既要充分发挥区位、交通等比较优势，吸引外地企业来内蒙古创业，也要择优扶强，支持本地企业到外地和国外创业。

（3）完善全民创业扶持政策。要积极发挥政策引导作用，加大财政投入，大力扶持初始创业，积极鼓励二次创业，尤其是要加大对科技人员创业的政策支持力度。设立市级全民创业引导资金，实行以奖代补资金的激励政策，以奖代补资金用于补助各区政府支持全民创业的各项工作、表彰创业先进个人和企业。支持科技人员创业，建立和完善市属科研机构、高校和企事业单位科技人员离岗留职创办高新技术企业政策，归国留学人员和拥有自主知识产权的科技人员创办企业政策等。大力扶持初始创业，逐步将目前《再就业优惠证》中有关鼓励创业的扶持政策扩展到全体初始创业者，实现全覆盖。鼓励支持二次创业，鼓励发展微小企业，对从个体工商户新转成的私营企业，在两年过渡期内，可继续实行税收定期定额核定征收的办法。设立市级中小微型企业成长工程以奖代补专项资金，重点激励各区推动微小企业进入规模以上行列。

（4）健全全民创业服务体系。加强创业培训指导，强化产业引导，进一步健全全民创业服务体系，是推进全民创业重要措施，也是确保全民创业顺利进行的重要保障。加强创业培训指导，建立市、区全民创业服务指导中心，健全市、区公共人力资源服务机构，为有意创业者和初创企业，提供创业咨询和创业辅导培训服务。增加政府对创业培训的投入，劳动社会保障部门要鼓励创业扶持对象参加创业技能培训，并给予一次性或分期分批创业技能培训补贴，培训机构对创业培训合格者，要积极提供就业指导、项目开发、税费减免和小额担保贷款等“一揽子”服务。根据国家产业政策、本地的具体资源优势、投资需求和市场趋向，出台内蒙古创业指导目录和实施细则，强化创业产业引导。引导创业资金投入到国家急需和倡导的行业或产业，投入到地方优势资源的开发和特色产业发展中去。进一步创新行政管理方式，加强服务型政府建设，为创业提供便捷高效政务服务，营造良好的创业氛围。

二、社会要引导形成有利于企业家精神培育的社会文化氛围

良好的社会文化氛围是企业创新的灵魂，它对创业行为及其所秉持的价值观念产生认同感，并由此营造出鼓励、推崇创业和容忍失败的文化氛围，从而促进企业家精神的培育和演进。钱德勒（1999）研究发现，美国社会文化更有益于推崇个人开拓和冒险精神、尊敬个人奋斗获得的成功，这种崇尚克服困难、除弊革新的创业精神，引导着美国企业之间日趋激烈的竞争，从而促使敢于创新、勇于冒险、努力追求个人成功的企业家精神的形成。因此，为了更好地培育和发扬企业家精神，社会要营造有利于企业家创业和创新活动的社会文化氛围。

（一）培育创新、宽容与合作的文化环境

1. 营造鼓励创新的文化氛围

加强对“敢为人先、追求卓越”精神的宣传，在全区特别是呼包鄂经济圈，充分调动其积极性，以敏锐的洞察力、高度集中的注意力、丰富的想象力和充沛的精力投入到创新中，形成强大的创新合力。不断积淀创新意识，扩展理论创新空间，挖掘认识问题的广度，推进创新事业深化发展，与时俱进，不断满足创新发展的需要。

2. 营造宽容失败的文化氛围

对企业家合法经营中出现的失误失败给予更多理解、宽容、帮助。对国有企业家以增强国有经济活力和竞争力等为目标，在企业发展中大胆探索、锐意改革所出现的失误，对于不属于有令不行、有禁不止、不当谋利、主观故意、独断专行等情形者，要容错，为担当者担当、为负责者负责、为干事者撑腰。

3. 加强集思广益的团队精神的建设

防止在创新活动中个人单打独斗，更好地发扬跨学科“集群”创新、群策群力协同攻关、集思广益的团队精神。在实践活动中，坚持真理原则与价值原则，坚持求真务实，面对机遇，敢于争先；面对艰险，敢于探索；面对落后，敢于奋起；面对竞争，敢于创新。用浓厚的创新文化沉淀去激发创新人才的生机、活力和动力。要加强政府的引导与培育，促进创新文化的形成发展，真正形成“敢于冒险、崇尚创新、追求成功、宽容失败”的创新文化。

（二）营造积极向上的舆论氛围

1. 塑造企业家的社会形象

企业家是社会中的稀缺资源，全社会要形成尊重企业家、理解企业家、关怀企业家、支持企业家的社会氛围，尊重企业家的特殊劳动，重视企业家的社会价值。宣传企业家对国家和企业所做的贡献，突出企业家队伍建设的重要性和紧迫性，逐步营造一种社会各界人士尊重和崇尚企业家及其队伍的社会氛围。在全社会范围内，运用《内蒙古日报》、内蒙古电视台等主流媒体倡导“创新是一个民族的灵魂”这一思想，树立以企业家精神为核心，执着追求，积极、开拓、进取、高效、卓越的价值观。引导各级党委、政府要把培养造就大批高素质的企业家队伍作为抓先进生产力的具体措施，创造有利于优秀企业家脱颖而出的良好社会基础和舆论环境。通过宣传企业家队伍中的先进人物和典型事迹，在全社会形成关心、尊重企业家的社会氛围，强化争当企业创业者的价值取向。

2. 破除“唯官为尊、唯权为重、重官轻商”的陈旧意识

让人们明白，内蒙古要发展，经济要先行；经济要发达，企业要健壮；企业的发展壮大依赖于企业家，全社会要形成尊重、爱护、支持企业家的新风尚，使企业家成为社会上受人尊重、令人羡慕和向往的职业之一，真正做到“产业第一，企业家老大”。真正使创新、开拓的企业家创新精神在我国成为社会风尚。

3. 强化社会公众对企业家精神的舆论支持

尝试在小学、中学、大学生中开展崇尚企业家职业的活动，适当地开设企业家专业课或讨论课等，培养学生对企业家职业的浓厚兴趣。在企业开展“艰苦创业创新、诚信立业守业”活动，在机关开展“支持创业创新、服务创业创新”活动，在科技人员中开展“科技创业创新、人才创业兴业”活动，在城乡群众中开展“创业创新有功、劳动致富光荣”活动。通过积极营造鼓励竞争、崇尚成功的社会环境，从而为企业家精神的培育提供强有力的舆论支持。

（三）要学会吸收各种异质文化

汪小勤和张佑林（2006）认为传统文化是企业家精神的来源之一，并构

成现代经济增长的动力和源泉。内蒙古企业家精神的产生也是自发的，内蒙古传统文化孕育了内蒙古的企业家精神，如内蒙古“中国乳都”呼和浩特企业家低调务实，敢于创新；鄂尔多斯企业家敢于冒险，团结上进；赤峰企业家踏实肯干，头脑灵活。这些都反映了传统文化对内蒙古各地的民营经济与个体私营经济产生的影响。同时，对文化的继承也要与时俱进，做到对传统文化在扬弃中超越，对现代文化在包容中创新。如果再辅之以西方文化中崇尚竞争、鼓励创新、优胜劣汰的竞争机制，这样就可吸收各种异质文化使之与本民族文化相结合，在多元文化的交融、整合中，不断获取综合创新的活力。也可以从知识中不断获取创新的动力源，这样就能全面提升内蒙古企业家的综合素质，因此，要提倡尊重差异，兼收并蓄，兼容并包，在差异中求和谐，在多样中求统一，培育出一个民主自由、宽容开放、公平诚信、充满活力，创新主体与创新环境之间和谐相处的系统。

三、高校要完善企业家精神的教育培训机制

在企业家精神培育研究体系中，美国最早将企业家精神引入高校教育体系，并不断深入研究和完善。事实证明，通过高校来培育企业家精神是最正确最有效的途径。进入 21 世纪后，我国对企业家精神教育的重视程度加深，《2010—2020 国家中长期教育改革和发展纲要》明确指出要在高等学校大力推行创业和企业家精神的培育。因此，高校已经成为完善企业家精神培育的重要主体。

（一）通过创业教育培养大学生的企业家精神

企业家精神培育体现在创业教育的实践中，美国是全球最早兴起创业教育研究和实践的国家。美国考夫曼企业家精神研究中心（The Kauffman Center For Entrepreneurship Leadership）将企业家精神培育定义为向个体教授理念和技能以使其能识别被他人所忽略的机会、勇于做他人所犹豫的事情，包括机会感知、风险性的资源整合、开创新企业和新创企业管理等内容（张玉利、杨俊，2004）。企业家精神培育是与创业教育密不可分的，可以说企业家精神培育是创业教育的核心，创业教育是企业家精神培育的有效载体（张玉利，2004）。

1. 明确高校创业教育的教学目标

高校的企业家精神培育应该是面向全体高校学生的，它的直接目标并不

是要求学生创业，而是培养学生的“创业素质”，即“企业家精神”。具体而言，高校创业教育的教学目标是分阶段、多层次的有机融合。第一，大一阶段的教学目标是培养学生对企业家的兴趣。将校外企业家引入校园，为学生讲授创业的艰辛与收获，激发学生对企业家的兴趣、对创业的冲动，培养学生企业家精神式的思维模式与价值观。第二，大二阶段的教学目标是培养学生基本创业理论。面向各专业开设创业教育基础课程，掌握企业家创业应该具备的基本理论知识。同时，开展丰富多彩的创业计划大赛、创业政策宣讲活动，进一步强化对创业的理解。第三，大三阶段的教学目标是系统化培养企业家精神。针对有创业意愿且适合创业的学生群体，分以下几步系统化培养企业家精神。首先，开设创业专题、创新技能训练、创业模拟实训等课程，采用多样化的教学方法，重点培养学生的创新精神、冒险精神以及机会意识。其次，带领学生到企业参观或者短期实习，加强学生与企业之间的交流，进一步领会企业家思维。最后，对于好的创业项目、优秀的创业团队，学校要给予鼓励和支持。通过指派创业导师、提供创业资源等手段，提高创业团队的实践能力，在实践中培育企业家精神。第四，大四阶段的教学目标是塑造未来的企业家。对于发展较好、有潜力的创业团队，高校、企业、政府和社会组织等都应该给予一定的扶持，促进创业团队的成长，在实践中进一步培育企业家精神。

2. 设置创业教育的专门机构与制度

基于企业家精神培育的创业教育模式是高校创业教育走向科学化的重要举措，既需要高校领导的高度重视，更需要设置相应的机构和出台相应的制度，从而为企业家精神培育的创业教育模式落实提供保障。第一，设置创业教育的专门机构。成立由校长牵头，有关职能部门领导、各学院院长参加的企业家精神培育工作指导委员会，协调全校创业教育工作；委员会下设企业家精神培育工作小组，或者成立企业家精神培育学院（中心），主抓全校创业教育工作；在工作小组或学院（中心）下面，成立专门教研室、实践中心、创业团队培育中心，负责创业教育课程设置、实践安排、创业团队管理等工作。第二，出台创业教育相应的制度。围绕组织机构设置工作职责，同时围绕创业团队建设，出台“创业项目遴选管理办法”“创业基地使用办法”“创业基金使用办法”等政策条例。

3. 优化课程体系的设置

（1）优化专业课课程体系结构。在课程设置模式上，更加突出以企业家精神为核心的管理教育创新与整合的特征，强调环境互动和应对“不确定性”的能力，强调向管理职能活动的渗透。按专业类基础、专业核心和专业方向规范、调整、设置专业课程，降低专业基础课的比重，凝练专业核心课的学科特色，提高专业方向选修课的比重。其中，专业类基础课由学科大类专业共同基础课组成；专业核心课由反映创业教育区别于其他专业的本质特征、培养学生创业思维与技能的专业必修课组成；专业方向课由反映创业教育前沿、特色和优势，满足学生不同学习兴趣的模块课程组成。

（2）突出实践导向型教学环节。一方面，通过创业设计、案例研究、嘉宾演讲、案例教学、情境模拟、社会调研、企业实习、毕业论文以及第二课堂等方式的广泛深入运用，丰富实践教学的内容；另一方面，从实际、实用、实践的角度出发，坚持理论够用原则，以实践活动为导向进行课程设置，设置为独立实践教学环节、课程内属实践教学环节两大类，增加实践教学比重。

（3）注重多学科的相互渗透。在专业的教学领域内，结合该专业各门课程的特点，将企业家精神培育的有关内容和因素，有机渗透到相应的教学内容中去，在课堂教学的特定时空中，努力达到与此紧密相关的企业家精神培育教学的要求。通过学科渗透教育来实施企业家精神培育，要求各专业的教学人员要有进行企业家精神培育的自觉性与积极性，要注重有机渗透或融合，要在传授普通文化知识或专业知识时，恰到好处地对学生进行生动活泼的点拨、渲染、提示，开展实验，激发学生的创业意识，增加创业知识，提高创业能力。例如，思想政治教育可以发挥其课程优势，在授课过程中进行理想信念教育、艰苦奋斗精神教育、诚实守信思想教育以及团队协作精神教育等。同时，企业家精神教育又是高校思想政治教育的有效载体，它内含思想政治教育价值，对提高目前我国高校思想政治教育的时代性、针对性和实效性能起到相当大的作用。

4. 夯实教学内容

课程体系的设置应该将企业家精神培育要求与课程教学内容有机融合，因此，客观上要求创业教育教学内容的设置要坚持以下原则：第一，积极整合教学内容。防止课程之间的交叉与重叠，对照创业教育培养方案中的课程体系，认真制定各课程的教学大纲，明确课程教学的要求和边界，避免内容重叠和交叉重复。第二，加强课程教学的延展性。提高学生对创业知识的应用与转化能力，力求构建融合知识传授、能力培养、素质教育于一体的课程设计。第三，加强教学内容更新与传承。根据经济社会发展和科技进步的变化与需要，将国际前沿学术发展、最新研究成果和实践经验融入课堂教学，注重培养学生的批判性和创造性思维。

具体而言，创业教育的教学内容主要注重以下三点：第一，要注重对学生的素质教育。素质教育是提高民族素质的奠基工程，是基础教育的根本目的和最终任务，是面向未来的教育，是当今世界教育改革的主流，实施素质教育势在必行。在大学阶段对学生实施素质教育，就要充分挖掘学生的潜力，发展学生个性，这是我国高校教育体制改革的重要方面。企业家精神培育力求通过教学课程、课外活动、校外实习等多种渠道，培养学生创新、冒险、合作、敬业、学习、坚持、诚信等方面的精神品质，并通过一系列教学实践帮助学生将这些优秀品质由外化接受转化为内化成果，最终实现高校全体学生素质教育的目标。第二，注重对学生的职业生涯教育。大学生职业生涯教育是指为使学生适应未来工作岗位的要求，对学生进行的有关职业的基本知识、基本技能和职业道德等方面的培养和训练，对学生进行的职业生涯规划和管理、职业素质培养以及就业技能等方面的指导和服务，对学生进行的职业环境认识、职业见习、职业探索等方面活动的引导和组织。企业家精神培育是在高校开展学生职业素质培养，帮助学生开展职业见习，最终促进学生完成自身职业探索的有效途径。通过在高校开展有效的企业家精神培育，培养学生创新、冒险、合作、敬业、学习、坚持、诚信等方面的精神品质，可以进一步提高学生的基本职业素质，帮助学生培养自身的职业兴趣，提升每一位高校毕业生的就业能力。同时，在经过高校企业家精神培育的学生中，一些具有创业潜质的学生会脱颖而出，进而接受更进一步的创业教育和创业技能培训，最终成功创业，这也是在帮助其完成自己的职业生涯探索。可以说，对学生的职业生涯教育是高校企业家精神培育的重要内容。第三，对学生的创业启蒙教育。通过高校企业家精神培育，可以让学生初步接触企业，初步了解企业的建立过程，初步体会建立企业的过程。这些课程的设置都可以帮助学生开展创业启蒙教育，唤醒学生的创业意识，激发学生进一步开展创业实践的热情，为那些具备创业潜质并具有创业热情的学生开启创业之路。

5. 构建“以学生为中心”的教学模式

企业家精神培育的本质是对学生思维方式的培养，培养企业家式的思维方式和做事风格。所以，单凭“教师讲授—学生记忆”的传统教学方法效果并不理想。改革教师教学模式，实施“以学生为中心，以问题为导向，以任务为驱动”的教学模式，激发学生自主学习的内在动力和思维活力，着力培养学生获取知识的方法，解决问题的能力和敢于质疑、勇于探索的精神。灵活采取集中讲授、小班辅导、个别答疑相结合以及“课程+论文”“课程+设计”“课程+讲座”等不同的课程教学形式，转变“传授—接受”的教学模式，探索并实施注重学生创新意识和创新精神培养的“问题—发现”模式，倡导启发式、参与式、讨论式等教学方法。基于不同阶段实施相应的创业教育方法，更能够有效将企业家精神灌输到学生的思想中。对于大一学生而言，知名企业家的创业经历与杰出成就能够激发他们对企业家精神的兴趣，所以采用专家讲座、举办论坛的教学方法效果较好。大二阶段讲授创业教育基础课程，宜采用案例教学来启发学生对企业家精神的思考，还可通过举办各类创业计划大赛、社团活动、校外兼职、勤工俭学激发学生对企业家精神的讨论。大三阶段可以采用变换情境的方法，将课堂由学校移动到企业、创业孵化园，给学生带来全新的视觉冲击与感受，通过到用人单位进行实习或见习活动来实施企业家精神培育。大四阶段通过支持优秀创业团队，不仅使创业学生深刻领悟到企业家精神，而且对其他学生也是鲜活的案例教材。

6. 加强师资力量的建设

在加强创业教育的过程中，应该注意实现师资队伍的多元化发展，适当聘请一些有影响的经济学家、政府官员、技术专家以及各类企业家作为客座教授，以提高企业家精神培育的质量和水平。即针对实践性较强的课程聘请有着丰富创业和管理经验的社会人士担任创业课程的主讲教师。此种方式严格区别于当前在我国高校中广泛流行的企业家讲座的教育模式，企业家讲座的教育内容和方式不具有系统性和连续性。课堂与教师的真正社会化，要求高校针对某些实践性较强的课程，如创业机会识别等课程，聘请一位或多位有着丰富创业或企业管理经验的社会人士共同对课程进行开设。

7. 构建科学的教材选用机制

一是加强理论教材建设。结合创业教育自身定位和发展实际，科学建立包括教材选用、评价在内的动态评价信息反馈制度，选用教材时防止“攀高”（脱离生源特点选教材）或“闭锁”（仅仅选用校内教师编写的教材），同时积极编写符合创业教育实际需要的，高质量、有特色、填补空白的理论教材。二是加强实训教材建设。创业教育是一门实践性很强的课程，强调学生的参与性和互动性，因此，课程不能完全局限在课堂上使用的理论教材，还要组织编写直接针对大学生创业模拟和实验的实训教材。这种教材类似于实验指导手册，更偏重于指导大学生如何模拟现实中的经济管理行为，教学生如何进行融资、如何开展有效的营销活动、如何进行财务管理等，以获得更多的实际工作体验。

（二）通过学历教育与非学历教育造就提高企业家精神的终身学习机制

现代社会是一个学习型社会，要使企业家跟上时代发展步伐，就需要加大企业家的培训力度，及时补充各种急需的信息，建立一套完善的企业家精神培训制度。高校可以通过学历教育与非学历教育两个途径造就提高企业家精神的终身培育机制。

1. 正规的学历教育

EMBA 和 MBA 是培养企业家精神最有效的正规学历教育途径。第一，通过 EMBA 和 MBA 的学历教育可以夯实企业家创业与创新的理论基础。企业家即使拥有一定的社会经验，在理论基础和技术更新上，仍需要高校对其进行不间断的重复培育，所以高校对企业家的企业家精神培育是随着经济环境变化和科学技术发展不断推进更新的。通过 MBA 以及 EMBA 的学历教育可以为企业家的理论夯实和技术革新提供师资力量，深层次了解企业家精神应当具备何种品质，纠正企业家在世界观、价值观方面的错误，及时规范其自身行为，提升企业家群体的道德品质修养。在理论教育中，一是必须做好培训需求调查，并在此基础上精心进行课程设置。二是在培训内容上，要以开发为导向。训练的内容应该是动态的、发展的。三是在训练方法上，要坚持参与式训练方法。将现实案例交给训练对象分析，提出可行的解决方案。四是在训练形式上，坚持多种形式，针对企业存在的问题，提出见解，提高创新能力。第二，通过 EMBA 和 MBA 的学历教育为培育企业家精神提供实践机会。首先，为企业家量身定制讲座与交流会。有针对性地聘请国内外企业管理专家来讲座，举办形式多样的学术报告会、研讨会、现场咨询会等，资深学者和研究专家可以为企业家解析其自身问题或在交流会上解答疑惑；适时引进国内外先进的管理经验和模式，加强模拟演练，提高其能力和水平。其次，要办好移动课堂。定期将课堂移动到国内大公司、大企业和商务基地，认真学习先进的管理理念和经营管理方式，实地学习先进的企业管理经验。

2. 非学历教育

非学历教育应与正规的学历教育一起担负起培养企业家精神的重任，倡导和鼓励企业家参加在职学习，切实提高企业家的法制意识、政策水平和经营管理能力。一方面，鼓励有条件的高等院校建立企业家培训基地或经理学院，根据地方经济发展的要求，开展多种形式的企业家培训，加强对企业家的教育培训力度，进一步提高企业经理人员运用科学理论解决企业改革与发展中现实问题的能力与水平。另一方面，在非正式教育方面，"非学历教育"的灵活性和随时性有助于企业家学习最新的管理方式。企业家要利用网络优势，学习世界各国先进管理经验，学习经营管理知识，加强自我培训。

四、企业要健全激发企业家精神的内部管理机制

企业是企业家精神培育的核心主题，企业的内部管理体制是对企业家精神形成产生影响的企业内部因素。如果一个企业拥有完善的内部管理体制，那么就能够唤起企业家的创新精神、冒险精神和风险承担精神，由此孕育出更丰富的企业家精神。具体而言，可以从完善企业家的激励与约束机制、建立和健全企业科学决策机制、完善企业家的选任机制以及积极推进创新的企业文化四个方面入手。

（一）完善企业家的激励与约束机制

要激发企业家精神，保护企业家的创新动力，就必须建立企业家激励与约束机制。企业家激励与约束机制是指在一定的社会组织系统中，调节各种激励与约束因素同企业家之间相互联系、相互作用的关系以及由它决定的组织系统的功能和效率。

1. 完善企业家的激励机制

（1）以物质激励为手段充分激发企业家精神。第一，从薪酬水平来讲，以效益优先、兼顾公平和责任风险相一致为原则，积极推行年薪制，合理确

定基薪，适当增大风险薪酬比例，实行企业家薪酬与企业的经济效益挂钩，较大幅度提高企业家的薪酬水平，使之与他们的创造性、风险性劳动相一致。第二，从薪酬构成来讲，要注重长期激励。承认企业家劳动力是资本，按照人力资本投资应该得到回报的理论，采取明晰产权、送股等方式分给企业家部分资产，让其参与企业的一部分剩余资产索取。按照国家有关法律规定，研究制定股份制企业的经营者持股及相关奖励办法，鼓励企业经营者持大股或经营管理层控股，研究探索股票期权或模拟股权等奖励方式，使经营者自身受益与企业的长期发展紧密结合，避免企业经营者的短期行为，让更多的内蒙古企业家能够获得长期激励机制的动力和利益，更好地促进内蒙古企业家创新，推动内蒙古企业家精神的培育。第三，设立专项基金，对有突出贡献的经营者实行奖励。根据盈利或减亏、上缴税金、主要经济指标增长幅度、国有资产增值情况等指标，制定考核和奖励办法，实行年度政府奖励，列入本级财政计划。第四，引入经营者责任保险制度，对于创新活动中由非主观因素导致的失败进行适当的补偿，增强其经济承担的能力和风险意识。

（2）适当增加对企业家的精神激励。第一，荣誉激励。根据企业家的具体表现授予其荣誉称号，如省区市优秀企业家、省区市劳动模范、有突出贡献的企业家等并进行公示和表彰。为了提高企业家参政议政的积极性和发言权，可以授予一些优秀企业家政协委员、人大代表、政府咨询委员、政府顾问团成员、政府参事等参政议政的称号。第二，权力激励。尽量满足企业家希望获得经营自主权、人事任免权、财产处置权和分配权等的需求，激发企业家实现自我、满足自我、发展自我的权力欲望，达到推动社会进步的目的。第三，目标激励。适应职业经理人的要求，加强企业文化建设，让企业家逐渐认识到自己所承担的使命和对社会的贡献，认识到自己的个人价值可以从管理企业的职业生涯中得到满足和体现，从而自内心生发出对企业家职业的热烈追求和终身献身于企业建设的顽强信念，并身体力行，自觉抵制各种不良思想与诱惑的干扰，做企业家职业的实践者和忠实捍卫者。第四，信任激励。通过建立法人治理结构，完善现代企业制度，实施建立在信任基础上的委托代理关系，让企业家得到董事会、工会、党支部等的高度信任和充分授权。坦诚相待，及时沟通，营造和谐健康的工作环境，增强企业凝聚力和员工归属感，让企业家扎根企业。第五，建立事业激励机制。身体健康的优秀企业家，可不受退休年龄的限制，继续在原岗位工作。对于中小型企业的优秀企业家，可以聘用到大型企业去任职。对于工作实绩特别突出的企业中层干部，可以直接提拔到企业正职岗位。允许企业家通过一定方式兼任另外一些企业的职务，可以聘用民营企业家到国有及国有控股企业或集体企业任职，为优秀企业家提供更为广阔的事业空间。

2. 健全企业家的约束机制

激励与约束是对等的、不可分的，我们在建立企业家行为的激励机制的同时，还应当建立起相应的约束机制，使企业家的行为更加规范，防止权力的越轨甚至是腐败发生。第一，完善企业法人治理结构，推进现代企业制度建设。严格按照《中华人民共和国公司法》要求和企业的章程规定，明确细化股东会、董事会、监事会、经理层各自的职责范围，各司其职，有效制衡，逐步形成企业内部科学规范的监督机制。第二，注重发挥企业内部的民主监督作用。切实加强党的建设，充分发挥企业党组织的政治核心作用，注重抓好国有企业职代会建设，发挥职代会在企业中的民主管理和民主监督作用，坚持职工民主评议企业经营者制度，进一步改进和完善厂务公开制度，把握厂务公开的关键环节，深化厂务公开的内容，规范厂务公开的程序，发挥职工群众对企业经营管理者的监督作用。第三，建立符合企业特点的考核评价制度，健全有效的监督约束机制。实行企业经营管理者任期制和任期目标责任制，建立企业决策失误责任追究制度，严格按照有关规定，认真搞好企业经营者的年度审计、离任审计和企业重大经济事项的经济责任审计。条件成熟时，逐步推行国有及国有控股企业稽查特派员制度和财务总监制度。

（二）建立和健全企业科学决策机制

科学的决策机制是保证创新活动有序展开的另一重要条件。创新并非无原则的冒险，而是在审时度势、科学分析基础上的风险性经营，它需要有效的决策机制提供决策咨询、论证和控制，否则“创新”只能成为一种盲目的“赌博”，与创新精神的本质相违背。目前，我国企业在决策方面存在明显欠缺，企业决策缺乏民主氛围，最高经营者意志决定一切；缺乏有效的决策支持体系，决策信息收集和分析技术落后，难以有效回避决策风险。公司治理的终极目标正是科学决策，通过建立科学决策机制使经营者创新获得的“决策风险”最小化，降低创新成本，推动其创新精神形成是非常必要的。主要措施包括：建立公司治理信息系统，为公司治理机制的有效运行和创新决策活动提供有力的信息保障；规范决策程序，建立起民主决策、充分参与的决策制度，重视公司利益相关者在科学决策中的作用，将决策过程中的人为因素减至最小；优化决策资源配置，充分利用公司内外部决策资源，借鉴吸收各方面的意见，科学选择决策方案，减少决策失误。

（三）完善企业家的选任机制

完善的企业家选任机制是推动企业创新、培育企业家精神的重要途径之一。建立以董事会为主体、借助内外部经理市场的公开选拔招聘经营者的制度，以规范化的聘用合同清楚界定经营者享有的权利、承担的责任和义务，约束经营者的机会主义行为，推动经营者形成稳定的任职预期和报酬预期，进而从最大化个人效用角度出发进行创新活动。第一，多渠道选拔企业家。打破身份、行业、地域和所有制界限，依靠市场机制挑选优秀企业家，扩大公开招聘范围，改进和完善招聘形式，促进企业家人才合理流动，注重从企业副职、中层管理人员中培养和选拔企业经营者，建立机关与企业人才双向流动的机制，鼓励机关、事业单位的优秀人才领办创办企业，以优厚待遇吸引大专院校、科研单位和外地的人才到企业工作，按照“公开、公正、公平”的原则引入竞争机制，实行董事会聘任、职代会选举、投标竞争、人才市场招聘等多种方式选拔企业经营管理人才。第二，推进民主化、市场化进程，多种方式任用企业经营者。加强企业的民主政治建设，推进民主选举工作，在群众呼声较高、本单位有人选的工厂制或集体所有制企业，继续实行民主选举企业经营者的做法，进一步完善公开选聘企业经营管理者办法，加大面向社会公开选聘工作力度，积极推行企业内部竞争上岗。第三，创新企业家业绩考核评价方式。建立以税利和国有资产保值增值为主要标准的业绩考核制度，坚持和完善年度考核办法，把考核结果作为任免、奖励的重要依据，以任职期间企业的年度经济效益和考核结果为重要内容，建立企业家的业绩档案，注重对企业的动态了解，及时掌握企业领导班子的工作状态，不断完善企业领导班子各项工作、议事制度，提高民主决策、科学决策水平。

（四）积极推进创新的企业文化

1. 要塑造新的企业价值观

价值观是企业文化的核心，知识经济时代需要形成一种新的价值观和企业文化，这种文化包含这样一些基本要素：终身学习，不断发展，永远保持最强的竞争力；心胸开阔，注意吸收新知识、新信息；尊重知识和人才，尊重他人，自尊自信；适应变革，敢于决策，敢作敢为；甘冒风险，把握机会，树立高标准和强烈的取胜信念。塑造新的价值观，必须根据企业自身的特点，形成符合实际、独具特色、能为企业广大员工所理解和接受、能容纳全体员工利益要求的企业价值观。企业价值观不是对企业现状的描述，而是对企业理想的陈述。所以，对企业员工来说，企业价值观是一种富有挑战性的理想追求。

2. 要塑造形神俱佳的企业品牌

企业品牌是企业整体素质的表现，是企业的无形资产。它通过各种方式，将企业宗旨、职工素质、产品质量、经营规模、服务特色以及企业标识等传播给客户和社会公众。当前国内对企业品牌认识肤浅，似乎企业品牌就是商标。而实际上，决定企业品牌价值的绝不仅仅是商标，而是商标后面支撑这个企业品牌的企业核心能力和企业文化。因此，树立企业品牌意识，实施企业品牌战略，将成为我国企业面向市场、适应市场、开拓市场的前提条件。

3. 要树立“以人为本”的核心管理观念

21 世纪管理的核心是发挥人的积极性和主动性。随着知识经济的到来，组织形式日益朝着扁平式的灵活方向发展，企业也将成为学习型组织。在这种情况下，人的作用越来越重要。传统管理理论对人的认知主要经历了三个阶段，即自然人—经济人—社会人。而企业文化则跳出了传统观念，把人推向一个更高的阶段，即“文化人”或“决策人”。每个人都要有一定的决策机会和能力水平，因而发挥人的积极性就非常重要，创新亦是如此。根据当前的观念，创新不单单依靠个人的聪明才智，还依靠一个组织内的群体相互作用、相互启发，到一定程度产生一个突变，才能产生较理想的创新效果。因此，企业在创建企业文化时要十分关注人的志趣，注重人的文化背景，尊重人的价值和尊严，满足员工物质和精神需要，这样才能充分调动员工的积极性。

4. 要注重培养团队精神

团队精神可以最大限度地激发员工的积极性和创造性。企业培养团队精神可从以下几个方面着手：确立员工的主人翁地位，鼓励员工参与管理，重大决策广泛征求员工意见；培养员工的团结协作精神，引导员工团结向上，使员工和员工之间、员工与企业之间产生亲和力，增强企业凝聚力；鼓励员工全身心地投入工作，使员工愿意为实现企业目标尽最大努力。

参考文献

[1] Abernathy, W. J. , Utterback, J. M. Patterns of industrial innovation[J]. Technology Review, 1978, 80(7): 40-47.

[2] Acs, Z. J. , Audretsch, D. B. Small firms and entrepreneurship: An east-west perspective[M]. Cambridge: Cambridge University Press, 2001.

[3] Adaman, F. , Devine, P. A reconsideration of the theory of entrepreneurship: A participatory approach[J]. Review of Political Economy, 2002, 14(3): 329-355.

[4] Aghion, P. , Bessonova, E. On entry and growth: Theory and evidence [J]. Revue de l'OFCE, 2006 (5): 259-278.

[5] Aghion, P. , Harris, C. , Howitt, P. , Vickers, J. Competition, imitation and Growth with Step-by-Step innovation[J]. The Review of Economic Studies, 2001, 68(3): 467-492.

[6] Aghion, P. , Howitt, P. A model of growth through creative destruction [J]. Econometrica, 1992, 60(2): 323-351.

[7] Akamatsu, K. The synthetic principles of the economic development of our country[J]. Theory of Commerce and Economics, 1932(6): 179-220.

[8] Akbar, Y. H. , McBride, J. B. Multinational enterprise strategy, foreign direct investment and economic development: The case of the Hungarian banking industry[J]. Journal of World Business, 2004, 39(1): 89-105.

[9] Aldrich, H. E. , Wiedenmayer, G. From traits to rates: An ecological perspective on organizational foundings[M]. Greenwich, CT: JAI Press, 1993.

[10] Antonelli, C. Localized technological change and factor markets: Constraints and inducements to novation[J]. Structural Change and Economic Dynamics, 2006, 17(2): 224-247.

[11] Aparicio, S., Urbano, D., Audretschch, D. Institutional factors, opportunity entrepreneurship and economic growth: Panel data evidence[J]. Technological Forecasting and Social Change, 2015(102): 45-61.

[12] Arrow, K. The economic implication of learning by doing[J]. Review of Economics and Statistics, 1962(80): 155-172.

[13] Arthur, H. C. Business enterprise in its social setting[J]. American Economic Review, 1954.

[14] Arthur, W. B. Competing technologies, increasing return sand lockin by historical events[J]. The Economic Journal, 1989, 99(394): 116-131.

[15] Audretsch, D. B., Thurik, A. R. Capitalism and democracy in the 21st century: From the managed to entrepreneurial economy[J]. Journal of Evolutionary Economics, 2000(10): 17-34.

[16] Baden-Fuller, C., Stopford, J. M. Rejuvenating the mature business [M]. Massachusetts: Harvard Business School Press, 1994.

[17] Basu, S., Weil, D. N. Appropriate technology and growth[J]. The Quarterly Journal of Economics, 1998, 113(4): 1025-1054.

[18] Batjargal, B., Hitt, M. A., Tsui, A. S., Arregle, Jean-Luc, Webb J. W., Miller, T. L. Institutional polycentrism entrepreneurs social networks, and new venture growth[J]. Academy of Management Journal, 2013, 56(4): 1024-1049.

[19] Baumol, W. J. Economic theory and operations analysis[J]. Prentice-Hall, 1977, 44(1): 247-249.

[20] Baumol, W. J. Entrepreneurship, management, and the structure of payoffs[M]. Massachusetts: The MIT Press, 1993.

[21] Baumol, W. J. Entrepreneurship: Productive, unproductive and destructive[J]. Journal of Political Economy, 1990, 98(5): 893-921.

[22] Berkowitz, D., DeJong, D. N. Entrepreneurship and Post-socialist Growth[J]. Oxford Bulletin of Economics and Statistics, 2005(67): 25-46.

[23] Biggadike, R. The risky business of diversification[J]. Harvard Business Review, 1979, 79(5): 103-111.

[24] Blanchflower, D. G. Self-employment in OECD countries[J]. Labour

Economics, 2000, 7(5): 471-505.

[25] Boldrin, M., Levine, D. Against intellectual monopoly[M]. Cambridge: Cambridge University Press, 2008.

[26] Braguinsky, S., Gabdrakhmanov, S., Ohyama, A. A theory of competitive industry dynamics with innovation and imitation[J]. Review of Economic Dynamics, 2007(10): 729-760.

[27] Busenitz, L. W., Gomez, C., Spencer, J. W. Country institutional profiles: Unlocking entrepreneurial phenomena[J]. The Academy of Management Journal, 2000, 43(5): 994-1003.

[28] Cantillon, R. Essay of the nature of commerce[M]. Beijing: Commercial Press, 1986.

[29] Capon, C. Organizational environment internal organization and external organization[M]. Beijing: Economic Management Press, 2005.

[30] Carayannis, E. G., Roy, R. I. S. Davids VS Goliaths in the small satellite industry the role of technological innovation dynamics in firm competitiveness [J]. Technovmion, 2000: 287-297.

[31] Cardon, M. S., Stevens, C. E., Potter, D. R. Misfortune or mistakes? Cultural sensemaking of entrepreneurial failure[J]. Journal of Business Venturing, 2011, 26(1): 79-92.

[32] Casson, M. The Entrepreneur: An economic theory[M]. Cheltenham: Edward Elgar Publishing, 1982.

[33] Caves, R. E. Industrial organization and new findings on the turnover and mobility of firms[J]. Journal of Economic Literature, 1998, 36(4): 1947-1982.

[34] Chenery, H. B., Robinson, S., Syrquin, M. Industrialization and growth: A comparative study[M]. New York: Oxford University Press, 1986.

[35] Cheng, L. K., Dinopoulos, E. A multisectoral general equilibrium model of Schumpeterian growth and fluctuations[J]. Journal of Economic Dynamics and Control, 1996, 20(5): 905-923.

[36] Cho, K. H. A study on the effect of international environment and personal characteristics of entrepreneur influencing on entrepreneurship[J]. Journal of the Korean Entrepreneurship Society, 2009(4): 71-94.

[37] Clark, C. Conditions for economic progress[M]. London: Macmillan publishing, 1957.

[38] Coleman. Foundations of social theory[M]. Beijing: Social Sciences Academic Press, 2008.

[39] Contiu, L. C. Can entrepreneurship education drive the students'entrepreneurial spirit of development? [P]. Globalization and Intercultural Dialogue: Multidisciplinary Perspectives-Education Sciences, 2014: 101-108.

[40] Covin, J. G., Slevin, D. P. A conceptual model of entrepreneurship as firm behavior[J]. Entrepreneurship Theory and Practice, 1991, 16(1): 7-25.

[41] Daumas, E. Theory of economic growth[M]. Beijing: Commercial Press, 1983.

[42] DiMaggio, P. J., Powell, W. W. The iron cage revisited: Institutional isomorphism and collective rationality in organizational fields[J]. American Sociological Review, 1983, 48(2): 147-160.

[43] Drucker, P. F. Innovation and entrepreneurship[M]. Beijing: China Machine Press, 1985.

[44] Duncan, R. L. Characters of organizational environments and perceived environmental uncertainty [J]. Administrative Science Quarterly, 1972 (17): 313-327.

[45] Dunn, S. C., Seaker, R. F., Waller, M. A. Latent variable in business logistic research: Scale development and validation [J]. Journal of Business Logistics, 1994, 15(2): 145-172.

[46] Dunning, J. H. Multinational enterprises and the global economy[M]. Wokingham: Addison Wesley, 1993.

[47] Duranton, G., Puga, D. Nursery cities: Urban diversity, process innovation and the life cycle of products[J]. American Economic Review, 2001, 91(5): 1454-1477.

[48] Edward, P. Lazear. Entrepreneurship[J]. Journal of Labor Economics, 2005, 23(4): 649-680.

[49] Eisenhardt, K. M., Bourgeois, L. J. Politics of strategic decision making in high-velocity: Toward a mid range theory[J]. Academy of Management Journal,

1988(4): 737-770.

[50] Fayol. Industrial management and ordinary management[M]. Beijing: China Machine Press, 2007.

[51] Fayolle, A., Gailly, B. The impact of entrepreneurship education on entrepreneurial attitudes and intention: Hysteresis and persistence[J]. Journal of Small Business Management, 2015(1): 75.

[52] Fine, B. Endogenous growth theory: A critical assessment[J]. Cambridge Journal of Economics, 2000(24): 245-265.

[53] Fisman, R., Love, I. Trade credit, financial intermediary development, and industry growth[J]. Journal of Finance, 2003, 58(1): 353-374.

[54] Fogel, R. W. Economic growth, population theory, and physiology: The bearing of long-term processes on the making of economic policy[J]. American Economic Review, 1994, 84(3): 369-395.

[55] Fornell, C., Larcker, D. F. Structural equation models with unobservable variables and measurement error: Algebra and statistics[J]. Journal of Marketing Research (JMR), 1981, 18(1): 39-50.

[56] Fowler, F. J. Survey research methods[M]. Newbury Park, CA: Sage Publications, Inc., 1988.

[57] Gabon, H. Restructuring through FDI in romanian manufacturing[J]. Economic Systems, 2002(26): 387-394.

[58] Galindo, M. A., Mendez, M. T. Entrepreneurship, economic growth, and innovation[J]. Journal of Business Research, 2014(67): 825-829.

[59] Garcia-Posada, M., Mora-Sanguinetti, J. S. Entrepreneurship and enforcement institutions: Disaggregated evidence for spain[J]. European Journal of Law and Economics, 2015, 40(1): 49-74.

[60] Ghiselli, E. E. Explorations in managerial talent[M]. California: Pacific Palisades, 1971.

[61] Global Entrepreneurship Research Association. Global entrepreneurship monitor 2014 Global report[R]. London: London business school, 2014.

[62] Grossman, G. M., Helpman, E. Innovation and growth in the global economy[M]. Cambridge, MA: MIT Press, 1991.

[63] Grossman, G. M., Shapiro, C. Optimal dynamic R&D programs[J]. Rand Journal of Economics, 1986, 17(4): 581-593.

[64] Gupta, V. K., Guo, C., Canever, M., Yim, H. R., Sraw, G. K., Liu, M. Institutional environment for entrepreneurship in rapidly emerging major economies: The case of Brazil, China, India, and Korea[J]. International Entrepreneurship & Management Journal, 2014, 10(2): 367-384.

[65] Guth, W. D., Ginsberg, A. Guest Editors' introduction: Corporate entrepreneurship[J]. Strategic Management Journal, 1990(11): 5-15.

[66] Hansen, E. Structural panel industry evolution: Implications for innovation and new product development[J]. Forest Policy and Economics, 2006(8): 774-783.

[67] Harrison, J. S., Hall, E. H., Nargundkar, R. Resource allocation as an outcropping consistency: Performance implication[J]. Academy of Management Journal, 1993(36): 1026-1051.

[68] Harrod, R. F. An essay in dynamic theory[J]. The Economic Journal, 1939, 49(193): 14-33.

[69] Hébert, R. F., Link, A. N. In search of the meaning of entrepreneurship [J]. Small Business Economics, 1989, 1(1): 39-49.

[70] Hector, S-B. Entrepreneurship and economic growth: An empirical analysis [J]. Journal of Development Entrepreneurship, 2007(3): 38-54.

[71] Helsley, R. W., Strange, W. C. Agglomeration, opportunism, and the organization of production [J]. Journal of Urban Economics, 2007, 62(1): 55-75.

[72] Henry, W. E. The business executive: The psycho dynamics of a social role[J]. American Journal of Sociology, 1949(54): 286-291.

[73] Herrington, M., Kew, J., Kew, P. Tracking entrepreneurship in south africa: A GEM perspective[J]. African Journal of Psychology, 2009(4): 711-724.

[74] Hitt, M. A., Ireland, R. D., Hoskins, R. E. Strategic management concepts and cases[M]. Beijing: Renmin University of China Press, 2009.

[75] Hoffmann, W. G. The growth of industrial economies [M]. translated from German by Henderson, W. H. and Chaloner, W. H. Manchester: Manchester

University Press, 1958.

[76] Holcombe, R. G. Entrepreneurship and economic growth [J]. The Journal of Austrian Economics, 1998(2): 45-62.

[77] Huarng, K. H., Ribeiro-Soriano, D. E. Developmental management: Theories, methods, and applications in entrepreneurship, innovation, and sense-making[J]. Journal of Business Research, 2014, 67(5): 657-662.

[78] Hunya, G. Recent impacts of foreign direct investment on growth and restructuring in central european transition countries[C] // The Vienna Institute for International Economic Studies, wiiw. The Vienna Institute for International Economic Studies, wiiw, 2002.

[79] Jermier, J. M. Bass & Stogdill's handbook of leadership: Theory, research & managerial applications[J]. Leadership Quarterly, 1993, 4(1): 103-109.

[80] Jone, C. I. R&D based models of economic growth [J]. Journal of Political Economy, 1995, 13(4): 759-784.

[81] Jones, C. I. Was an industrial revolution inevitable? Economic growth over the very long run[J]. Advances in Macroeconomics, 2001, 1(2).

[82] Jovanovic, B., Lach, S. Diffusion lags and aggregate fluctuations. New Name: Product innovation and the business cycle[J]. NBER Working Papers, National Bureau of Economic Research, Inc, 1993: 4455.

[83] Kazanjian, R. K. Relation of dominant problems to stages of growth in technology-based new ventures [J]. Academic Management Journal, 1988, 31(2): 259-279.

[84] King, Robson. A dynamic model of investment and endogenous growth [J]. The Scandinavian Journal of Economics, 1993(3): 445-466.

[85] Kirzner, I. M. Competition and entrepreneurship [M]. Chicago: The University of Chicago Press, 1973.

[86] Kirzner, I. M. Entrepreneurial discovery and the competitive market process: An austrian approach[J]. Journal of Economic Literature, 1997, 35(1).

[87] Klepper, S., Gort, M. Time paths in the diffusion of product innovation [J]. The Economic Journal, 1982, 92(367): 630-653.

[88] Klette, T. J., Kortum, S. Innovating firms and aggregate innovation

[J]. Journal of Political Economy, 2004, 112(5): 986-1018.

[89] Knight, F. H. Risk, uncertainty and profit[D]. Doctoral Dissertation, Cornell University, 1921.

[90] Kojima, K. Direct foreign investment and international trade in the product cycle[M]. New York: Praeger, 1978.

[91] Kondratieff, N. D. Long wave in economic life[J]. Economic Statistics Review, 1935(17).

[92] Krizner, I. M. How markets work: disequilibrium, entrepreneurship, and discovery[M]. London: Institute of Economic Affairs, 1997.

[93] Kuznets. National income and its composition[M]. Beijing: Commercial Press, 1941.

[94] Kydland, F. E., Prescott, E. C. Time to build and aggregate fluctuations [J]. Econometrica: Journal of the Econometric Society, 1982: 1345-1370.

[95] Lee, J. W., Barro, R. J. Schooling quality in a cross-section of countries [J]. Economica, 2001, 68(272): 465-488.

[96] Leibenstein, H. Entrepreneurship and development[J]. American Economic Review, 1968(8): 72-83.

[97] Lewis, W. A. Economic development under the infinite supply of labor [J]. Journal of Manchester, 1954.

[98] Li, C - W. Economic growth and international trade [J]. Scottish Economic Society, 2000, 47(2): 95-103.

[99] Long, J. D. Productivity, growth, convergence, and welfare: Comment [J]. American Economic Association, 1988, 78(5): 1155-1159.

[100] Lucas, R. E. On the mechanics of economic development[J]. Journal of Monetary Economics, 1988(22): 3-42.

[101] Ludwig von Mises. Some observations on current economic methods and policies[J]. Money Method and Market Process, 1951(7).

[102] Lumpkin, G. T., Dess, G. G. Enriching the entrepreneurial orientation construct - a reply to "Entrepreneurial Orientation or Pioneer Advantage" [J]. Academy of Management Review, 1996, 21(3): 605-607.

[103] Lumpkin, G. T., Dess, G. G. Linking two dimensions of entrepreneurial

orientation to firm performance: The moderating role of environment and industry life cycle[J]. Journal of Business Venturing, 2011(16): 429-451.

[104] Malthus, T. Population principle[M]. Beijing: Commercial Press, 1992.

[105] Manolova, T. S., Eunni, R. V., Gyoshev, B. S. Institutional environments for entrepreneurship: Evidence from emerging economies in eastern europe [J]. Entrepreneurship Theory and Practice, 2008(1): 203-218.

[106] Marschall. Principles of economics[M]. Beijing: Beijing Huaxia Publishing House, 2005.

[107] Mashall, L. F. What is the right supply chain for your product? A simple framework can help you figure out the answer[J]. Harvard Business Review, 1997(3-4): 105-106.

[108] McDougall, P., Robinson, R. B. New venture strategies: An empirical identification of eight "archetypes" of competitive strategies for entry[J]. Strategic Management Journal, 1990(11): 447-467.

[109] Metcalfe, J. S., Ramlogan, R. Competition and the regulation of economic development[J]. The Quarterly Review of Economics and Finance, 2005 (45): 215-235.

[110] Meyer, J. W., Rowan, B. Institutional organizations: Formal structure as myth and ceremony[J]. American Journal of Sociology, 1977(83): 340-363.

[111] Michael, G., Steven, K. Time paths in the diffusion of product innovation[J]. The Economic Journal, 1982(92): 630-653.

[112] Miller, D. The correlates of entrepreneurship in three types of firms[J]. Management Science, 1983, 29(7): 770-791.

[113] Mino, K. Indeterminacy and endogenous growth with social constant returns[J]. Journal of Economic Theory, 2001, 97(1): 235-253.

[114] Mintzberg, H. The structure in fives: Designing effective organizations [M]. Internation Edition, 1983.

[115] Moradi, M. A. Entrepreneurship and total factor productivity in Iran's manufacturing industries [J]. Journal of Global Entrepreneurship Research, 2011(2): 3-18.

[116] North, D. C. Institutions, institutional change and economic performance

[J]. Cambridge University Press, 1990, 80(1): 151-155.

[117] North, D. C. Institutions, transaction costs and economic growth[J]. Economic Inquiry, 1987, 25(3): 419-428.

[118] OECD. Entrepreneurship and local economic development: Programme and policy recommendations[R]. OECD. Paris and Washington, D. C., 2003.

[119] Owen, A. L. International trade and the accumulation of human capital [J]. Southern Economic Journal, 1999, 66(1): 61-81.

[120] Paul, K. Increasing returns and economic geography[J]. Journal of Political Economy, 1991, 99(3): 483-499.

[121] Pen-rose, E. T. The theory of the growth of the firm[M]. New York: John Wiley, 1959.

[122] Peredo, A. M., McLean, M. Social entrepreneurship: A critical review of the concept[J]. Journal of World Business, 2014(41): 56-65.

[123] Petty, W. Political arithmetic[M]. Beijing: Commercial Press, 2014.

[124] Porter, M. Competitive strategy[M]. New York: Free Press, 1981.

[125] Ricardo, D. On the principles of political economy and taxation[M]. Beijing: Guangming Daily Press, 2009.

[126] Rice, A. K. The enterprise and its environment[M]. London: Travistock, 1963.

[127] Romer, P. M. Increasing returns and long-run growth[J]. The Journal of Political Economy, 1986, 94(5): 1002-1037.

[128] Rostow, W. Economics from takeoff to sustainable growth [M]. Sichuan: Sichuan People's Publishing House, 1988.

[129] Ruiz, J., Coduras, A. Can company restructuring create a healthier work environment, promote corporate entrepreneurship, and improve productivity? [J]. Journal of Business Research, 2015(7): 1466-1467.

[130] Salas-Fumás, V., Sanchez-Asin, J. J., Storey, D. Occupational choice, number of entrepreneurs and output: Theory and empirical evidence with spanish data[J]. SERIEs, 2014, 5(1): 1-24.

[131] Sandberg, W., Hofer, C. Improving new venture performance: The role of strategy, industry structure, and the entrepreneur[J]. Journal of Business

Venturing, 1987(2): 5-28.

[132] Say. Introduction to political economy[M]. Beijing: Commercial Press, 1963.

[133] Schriesheim, C. A., Stogdill, R. M. Differences in factor structure across three versions of the Ohio State leadership scales[J]. Personnel Psychology, 1975, 28(2).

[134] Schumpeter, J. A. Capitalism, socialism and democracy[M]. New York: Haber and AO Publishing House, 1934.

[135] Schumpeter, J. A. The theory of economic development[M]. Beijing: Commercial Press, 1990.

[136] Scott, W. R. Institutions and organizations[M]. London: Sage, 2001.

[137] Segerstrom, P. S. Endogenous growth without scale effects[J]. American Economic Review, 1998(12): 1290-1310.

[138] Selznick, P. TVA and the grass roots: A study in the sociology of formal organization[M]. Berkeley: University of California Press, 1949.

[139] Slocum, H. Organizational behavior[M]. San Francisco, CA: Western Publishing Company, 1979.

[140] Smallbone, D., Welter, F. Entrepreneurship in transition economies: Necessity or opportunity driven? [J]. Small Business Economic, 2001, 16(4): 249-262.

[141] Smith, A. An inquiry into the nature and causes of the wealth of nations [M]. Beijing: The Chinese Overseas Publishing House, 2011.

[142] Sobel, R. S. Testing baumol: Institutional quality and the productivity of entrepreneurship[J]. Journal of Business Venturing, 2008, 23(6): 641-655.

[143] Solow, R. M. A contribution to the theory of economic growth[J]. The Quarterly Journal of Economics, 1956, 70(1): 65-94.

[144] Sosik, J. J., Jung, D., Dinger, S. L. Values in authentic action[J]. Group & Organization Management, 2009, 34(4): 395-431.

[145] Stevens, G. C. Integrating the supply chain[J]. International Journal of Physical Distribution&Material S Management, 1989(19): 3-8.

[146] Stevenson, H. H., Jarillo, J. C. A paradigm of entrepreneurship: En-

trepreneurial management[J]. Strategic Management Journal, 1990(11).

[147] Stoica, O., Roman, A., Rusu, V. D. The nexus between entrepreneurship and economic growth: A comparative analysis on groups of countries[J]. Sustainability, 2020, 12(3): 1186.

[148] Summers, R., Heston, A. The penn world table (Mark 5): An expanded set of international comparisons[J]. Quarterly Journal of Economics, 1991, 16(2): 327-368.

[149] Tang, L., Koveos, P. E. Venture entrepreneurship, innovation entrepreneurship and economic growth[J]. Journal of Developmental Entrepreneurship, 2004(8): 161-171.

[150] Urbano, D., Aparicio, S., Audretsch, D. Twenty-five years of research on institutions, entrepreneurship, and economic growth: What has been learned? [J]. Small Business Econnmics, 2019, 53(1): 21-49.

[151] Vernon, R. A. International investment and international trade in the product cycle[J]. The Quarterly Journal of Economics, 1966(5): 190-207.

[152] Von Hayek, F. A. Economics and knowledge[J]. Economic, 1937(4): 33-54.

[153] Vygotsky, L. S. Psychology of art[J]. Arts, 1971.

[154] Wang, K. L., Shu, Q., Tu, Q. Technostress under different organizational environments: An empirical investigation[J]. Computers in Human Behavior, 2008(6): 3002-3013.

[155] Wennekers, S., Thurik, R. Linking entrepreneurship and economic growth[J]. Small Business Economics, 1999(13): 27-55.

[156] Worthington, B. Enterprise environment[M]. Beijing: Economic Management Press, 2011.

[157] Xu, H. G., Ma, S. Y. Regional environment of destination and the entrepreneurship of small tourism businesses: A case study of Dali and Lijiang of Yunnan Province[J]. Asia Pacific Journal of Tourism Research, 2014(2): 144-161.

[158] Young, A. A. Increasing returns and economic progress[J]. Economic Journal, 1928, 38(152): 527-542.

[159] Yu, T. F-L. Entrepreneurship and economic development in Hong Kong

[J]. Routledge, 1997(7): 168-169.

[160] Zahra, S. Predictors and financial outcomes of corporate entrepreneurship: An explorative study [J]. Journal of Business Venturing, 1991 (6): 259-285.

[161] Zhu, Y., Wittmann, X., Peng, M. W. Institution-based barriers to innovation in SMEs in China[J]. Asia Pacific Journal of Management, 2012, 29 (4): 1131-1142.

[162] Zucker, L. G. Institutional theory of organization[J]. Annual Review of Sociology, 1987, 13(1): 443-464.

[163] 安苑，王浦．财政行为波动影响产业结构升级了吗？[J]. 管理世界，2012 (9): 19-35.

[164] 白少君，崔萌筱，耿紫珍．创新与企业家精神研究文献综述 [J]. 科技进步与对策，2014，31 (23): 178-182.

[165] 蔡华，于永彦，蒋天颖．民营企业家精神的测量与分析 [J]. 统计与决策，2009 (16): 163-165.

[166] 陈博．企业家精神与经济增长——基于省际面板数据的实证分析 [J]. 首都经济贸易大学学报，2012 (6): 11-18.

[167] 陈长江，高波．制度、企业家精神与中国经济增长动力的再检验 [J]. 经济经纬，2012 (1).

[168] 陈春丽．企业家精神对重庆经济增长影响的实证研究 [D]. 重庆：重庆大学，2011.

[169] 陈刚．独生子女政策与消失的企业家精神 [J]. 经济学动态，2020 (7): 84-98.

[170] 陈洪涛，陈劲，施放，郑胜华．新兴产业发展中的政府作用机制研究——基于国家政治制度结构的理论分析模型 [J]. 科研管理，2009，30 (3): 1-8.

[171] 陈欢，庄尚文，周密．消费需求转变、企业家精神与经济高质量发展 [J]. 首都经济贸易大学学报，2020，22 (6): 3-16.

[172] 陈俊龙，齐平，李夏冰．企业家精神、企业成长与经济增长 [J]. 云南社会科学，2014 (3): 84-88.

[173] 陈日平．中国企业家精神是深化改革发展的动力 [J]. 财讯，

2016（2）：70-72.

［174］陈威，张磊．企业家精神对中国经济增长影响的动态研究［J］．安徽工业大学学报（社会科学版），2011，28（2）：20-23.

［175］陈伟，赵富洋．企业自主创新能力评价指标体系研究及 DEA 综合评价模型构建［J］．科技管理研究，2008，28（10）：57-59.

［176］陈文龙．企业家精神与企业成长关系研究［D］．西安：陕西师范大学，2008.

［177］陈怡安，赵雪苹．制度环境与企业家精神：机制、效应及政策研究［J］．科研管理，2019，40（5）：90-100.

［178］陈致中，沈源清．企业家精神与中小企业战略转型［J］．现代管理科学，2014（6）：33-35.

［179］程俊杰．制度变迁、企业家精神与民营经济发展［J］．经济管理，2016，38（8）：39-54.

［180］戴勇，肖丁丁，锁颖馨．研发投入、企业家精神与产学研绩效的关系研究——以广东省部产学研合作企业为例［J］．科学学与科学技术管理，2010，31（11）：136-142.

［181］邓伟，纪明明．房地产行业的发展会影响企业家精神吗——来自我国地级城市面板数据的研究［J］．现代财经（天津财经大学学报），2017，37（1）：3-13，52.

［182］丁栋虹．论企业性质的异质型人力资本模式——兼论科斯交易费用模式的内在悖论性［J］．财经研究，2000（5）：3-8.

［183］丁栋虹，张翔．国内团队企业家精神研究评述——基于文献分析法［J］．北京理工大学学报（社会科学版），2013，15（1）：63-70.

［184］丁海芹，李丽梅．基于归因理论的中国企业家特质分析［J］．中国商界，2010（8）：237-238.

［185］丁晓晶．宏观环境视角下的企业家精神培育机制［J］．社会科学战线，2008（12）：252-253.

［186］董亚辉．中国企业家精神的培养策略研究［J］．时代经贸，2011（14）：42-43.

［187］董昀．体制转轨视角下的企业家精神及其对经济增长的影响［M］．北京：经济管理出版社，2012：7-9.

［188］杜少平．社会文化环境与企业管理［J］．经营与管理，1989（2）：37-38.

［189］杜莹，牛习昌，李芬儒．企业家道德规范及其实现形式［J］．河北经贸大学学报（综合版），2003（3）：1-7.

［190］冯伟，李嘉佳．企业家精神与产业升级：基于经济增长原动力的视角［J］．外国经济与管理，2019，41（6）：29-42.

［191］付桂生，郭锦墉．企业家精神与经济增长［J］．江西农业大学学报（社会科学版），2004（1）：82-84.

［192］符贵兴．民营企业家的素质现状与提升路径［J］．现代企业教育，2004（11）：9-10.

［193］付宏，毛蕴诗，宋来胜．创新对产业结构高级化影响的实证研究——基于2000—2011年的省际面板数据［J］．中国工业经济，2013（9）：56-68.

［194］甘罗娜，彭剑锋，许正权，马晓苗．员工企业家精神对绩效的影响机制研究——调节焦点视角［J］．科技进步与对策，2020，37（24）：134-141.

［195］高波，张志鹏．城市文化扩展与企业家精神形成［J］．南京社会科学，2004（9）：27-34.

［196］高波，赵奉军．企业家精神的地区差异与经济绩效——基于面板数据的估算［J］．山西财经大学学报，2009（9）：58-63.

［197］高洪深．区域经济学［M］．北京：中国人民大学出版社，2002：243-264.

［198］顾宁，关山晓，张敬雨．基于企业家精神培育的高校金融教学改革研究［J］．学术探索，2015（12）：141-146.

［199］官兵．企业家精神、金融制度与金融发展［J］．中央财经大学学报，2008（9）：55-58.

［200］郭俊华，白永秀．经济转型时期的企业家创新精神及其培育机制［J］．兰州大学学报（社会科学版），2009，37（6）：140-142.

［201］郭勇．企业决策与环境的调适方法初探［J］．武汉大学学报（哲学社会科学版），2005（4）：444-450.

［202］韩凤晶，谭旭红，石春生．企业家精神对企业动态核心能力影响

的实证研究［J］. 哈尔滨理工大学学报，2009，14（4）：129-132.

［203］韩磊，王西，张新谊. 制度环境驱动了企业家精神吗？——基于法与金融的实证研究［J］. 天津财经大学学报，2017（2）：39-54.

［204］贺明瑶. 企业家精神与企业文化关系初探［D］. 南京：南京师范大学，2012.

［205］何予平. 企业家与中国经济增长［J］. 当代财经，2006（7）：95-101.

［206］侯锡林. 企业家精神：高校创业教育的核心［J］. 高等工程教育研究，2007（2）：31-33.

［207］胡礼文. 企业家精神现状分析及其培育对策［J］. 价格月刊，2007（4）：81-83.

［208］胡小梅. 财税政策对产业结构升级的影响机制与效应研究［D］. 长沙：湖南大学，2016.

［209］胡序勇. 新疆地域文化与企业家精神［J］. 合作经济与科技，2010（8）：25-27.

［210］胡永刚，石崇. 扭曲、企业家精神与中国经济增长［J］. 经济研究，2016，51（7）：87-101.

［211］黄海艳，张红彬. 新时代企业家精神内涵及培育机制研究［J］. 国家行政学院学报，2018（6）：42-46+187.

［212］黄菁菁，原毅军. 产学研合作研发中企业家精神的价值［J］. 科学学研究，2014，32（6）：902-908.

［213］贾洪文，张伍涛，盘业哲. 科技创新、产业结构升级与经济高质量发展［J］. 上海经济研究，2021（5）：50-60.

［214］江春，张秀丽. 金融发展与企业家精神：基于中国省级面板数据的实证检验［J］. 金融经济学研究，2010，25（2）：62-70.

［215］蒋春燕. 高管团队要素对公司企业家精神的影响机制研究——基于长三角民营中小高科技企业的实证分析［J］. 南开管理评论，2011，14（3）：72-84.

［216］蒋春燕，赵曙明. 公司企业家精神制度环境的地区差异——15个国家高新技术产业开发区企业的实证研究［J］. 经济科学，2010（6）：101-114.

［217］蒋国俊，蒋明新．产业链理论及其稳定机制研究［J］．重庆大学学报（社会科学版），2004（1）：36-38.

［218］蒋含明，王军辉，李非．企业家创业、生产性公共支出与区域经济增长——基于动态空间面板方法的实证研究［J］．经济评论，2013（2）：76-84.

［219］江三良，张晨．企业家精神、产业政策与企业绩效——来自沪深A股制造业上市公司的证据［J］．南京审计大学学报，2020，17（4）：40-49.

［220］江胜名，江三良，吴石英．市场化、地方政府努力方向与产业结构升级［J］．福建论坛（人文社会科学版），2017（2）：81-90.

［221］江小国，张婷婷．环境规制、技术创新与制造业结构升级——基于动态空间杜宾模型和门槛效应的检验［J］．兰州财经大学学报，2021，37（3）：22-32.

［222］蒋兴国．我国产业结构调整与政府干预［D］．厦门：厦门大学，2001.

［223］蒋子军，王陆庄．学术型企业家特质及其创业行为与创业环境分析［J］．科研管理，2008，29（S2）：66-68，80.

［224］金碚．高技术在中国产业发展中的地位和作用［J］．中国工业经济，2003（3）：5-10.

［225］靳卫东，高波，吴向鹏．企业家精神：含义、度量和经济绩效的评述［J］．中南财经政法大学学报，2008（4）：101-105.

［226］卡萝塔·佩蕾丝．技术革命与金融资本——泡沫与黄金时代的动力学［M］．田方萌，译．北京：中国人民大学出版社，2007：14.

［227］旷锦云，程启智．企业家精神与企业可持续发展［J］．经济问题探索，2010（10）：80-85.

［228］黎常．社会文化特征对区域创业活动影响差异研究［J］．科学学研究，2014（12）：1888-1896.

［229］李贵成．返乡农民工企业家精神培育的环境调适与优化研究［J］．河南社会科学，2019，27（11）：106-112.

［230］李桂花．非理性、心智模式与创新——企业家精神的行为经济学研究［J］．上海经济研究，2019（7）：26-35.

［231］李宏彬，李杏，姚先国，张海峰，张俊森．企业家的创业与创新精神对中国经济增长的影响［J］．经济研究，2009，44（10）：99-108.

［232］李后建．市场化、腐败与企业家精神［J］．经济科学，2013（1）：99-111.

［233］李晶．公司企业家精神及其培育［J］．商务周刊，2004（9）：41-43.

［234］李论基，万希，李恩．社会企业家与传统企业家的人格特质差异分析［J］．商场现代化，2016（6）：96-98.

［235］李培红．领导特质理论的评述［J］．大众文艺（理论），2009（20）：17-18.

［236］李巍，丁超．企业家精神、商业模式创新与经营绩效［J］．中国科技论坛，2016（7）：124-129.

［237］李维安，王辉．企业家创新精神培育：一个公司治理视角［J］．南开经济研究，2003（2）：56-59.

［238］李小平，李小克．企业家创业促进了企业创新吗——基于省级工业企业所有权异质性的分析［J］．贵州财经大学学报，2017（2）：63-74.

［239］李新春，苏琦，董文卓．公司治理与企业家精神［J］．经济研究，2006（2）：57-68.

［240］李心芹，李仕明，兰永．产业链结构类型研究［J］．电子科技大学学报（社会科学版），2004（4）：60-63.

［241］李杏．企业家精神对中国经济增长的作用研究——基于 SYS-GMM 的实证研究［J］．科研管理，2011（1）：98-104.

［242］李艳双，马朝红，杨妍妍．企业家精神与家族企业战略转型——基于多案例的研究［J］．管理案例研究与评论，2019，12（3）：273-289.

［243］李宇，林菁菁．产业升级的内生驱动及其企业持续创新本质挖掘［J］．改革，2013（6）：118-127.

［244］李豫泽，陈涛．长三角金融发展对产业结构升级影响——基于两省一市数据的实证研究［J］．区域金融研究，2014（9）：84-88.

［245］李政．新时代企业家精神：内涵、作用与激发保护策略［J］．社会科学辑刊，2019（1）：79-85.

［246］李志，曹跃群．“企业家精神”研究文献的内容分析［J］．重庆工

商大学学报（社会科学版），2003，20（2）：79-81.

［247］梁丰，程均丽．地方政府行为、金融发展与产业结构升级——基于省际动态面板数据的实证分析［J］．华东经济管理，2018，32（11）：68-75.

［248］梁洪学．激发释放企业家精神的制度环境——对企业家精神的再认识［J］．学习与探索，2019（2）：137-142.

［249］梁树广．产业结构升级影响因素作用机理研究［J］．商业研究，2014，56（7）：26-33.

［250］林菁菁．产业升级的内生驱动及其企业持续创新本质挖掘［J］．改革，2013（6）：118-127.

［251］林嵩．结构方程模型原理及 AMOS 应用［M］．武汉：华中师范大学出版社，2008.

［252］林毅夫．新结构经济学：反思经济发展与政策的理论框架［M］．北京：北京大学出版社，2012：98-103.

［253］刘楚文．基于关键事件的中小企业家学习：一个认知的视角［D］．杭州：浙江大学，2007.

［254］刘洪凯，田倩，高文亮，张依萱，徐靖，许小英．供给侧改革背景下固定资产投资结构调整推进河北省产业结构优化的研究［J］．河北企业，2016（9）：89-90.

［255］刘建荣，李成彦．组织文化的纬度对家族企业企业家精神的影响［J］．心理科学，2005，28（2）：464-466.

［256］刘鹏程，李磊，王小洁．企业家精神的性别差异——基于创业动机视角的研究［J］．管理世界，2013（8）：126-135.

［257］刘启华，樊飞，戈海军，许丙胜．技术科学发展与产业结构变迁相关性统计研究［J］．科学学研究，2005，23（2）：160-168.

［258］刘敀龙．试论从心理角度培养和塑造企业家精神［J］．中小企业管理与科技旬刊，2013（3）：158.

［259］刘文琦．资本深化与技术创新协同对产业结构升级的影响研究［D］．南昌：南昌大学，2019.

［260］刘现伟．培育企业家精神激发创新创业活力［J］．宏观经济管理，2017（3）：41-45.

［261］刘晓阳，李建民，杨阳，刘晓光．以企业家精神引导地方高校创新型创业人才培养体系研究［J］．科技管理研究，2012（12）：90-91.

［262］刘鑫，蒋春燕．网络构建导向的人力资源实践对企业家精神行为的影响——吸收能力的与不正当竞争视角［J］．科学学与科学技术管理，2016，37（10）：107-118.

［263］刘在洲，汪发元．绿色科技创新、财政投入对产业结构升级的影响——基于长江经济带2003—2019年数据的实证分析［J］．科技进步与对策，2021，38（4）：53-61.

［264］刘志彪，王建国．工业化与创新驱动：工匠精神与企业家精神的指向［J］．新疆师范大学学报（哲学社会科学版），2018，39（3）：34-40+2.

［265］刘志铭，李晓迎．企业家精神与经济增长——奥地利学派的视角［J］．华南师范大学学报（社会科学版），2008（6）：12-19.

［266］刘志阳．改革开放四十年企业家精神的演进［J］．人民论坛，2018（35）：24-25.

［267］鲁传一，李子奈．企业家精神与经济增长理论［J］．清华大学学报（哲学社会科学版），2000（3）：42-49.

［268］卢根鑫．国际产业转移论［M］．上海：上海人民出版社，1997.

［269］鲁兴启．企业家精神与企业可持续发展［C］．2008年示范建设性企业家精神与中国商业模式创新国际学术研讨会，2012.

［270］罗斯托．经济增长阶段——非共产党宣言［M］．郭熙保，王松茂，译．北京：中国社会科学出版社，2001：61-73.

［271］罗卫东．企业家创新精神与浙江经济发展［J］．浙江社会科学，2000，90（2）：13-15.

［272］吕荣杰，杨蕾，张义明．人工智能、产业升级与人力资本的关系研究——基于省际面板的PVAR模型分析［J］．管理现代化，2021，41（1）：26-31.

［273］吕勇斌，李丽．制度视角下的企业家精神培育机制［J］．生产力研究，2004（12）：79-81.

［274］马超．产业结构、公共支出与区域经济发展——基于1955—2007年日本县级面板数据的Granger因果关系检验［J］．现代日本经济，

2010，174（6）：37-43.

［275］马荣．高铁建设对城市产业结构升级的影响研究［D］．西安：西北大学，2019.

［276］马微．金融结构对产业结构升级的影响效应研究［D］．西安：西北大学，2019.

［277］马卫东，曹亚，游玲杰，张雷冲．企业家精神对动态能力形成的影响研究——基于苏北地区企业的实证分析［J］．淮阴工学院学报，2010，19（4）：57-64.

［278］马寅杰．企业家精神的核心、形成和培育［J］．全国商情·经济理论研究，2007（4）：45-47.

［279］马志贤．浅谈企业家精神培育机制的构建［J］．煤炭经济研究，2007（8）：8-9.

［280］马忠新，陶一桃．企业家精神对经济增长的影响［J］．经济学动态，2019（8）：86-98.

［281］毛蕴诗，金雨晨，李杰．加工贸易相关产业转型升级研究——以广东省纺织服装业为例［J］．当代经济管理，2012，34（8）：58-63.

［282］南建设．企业内部环境的概念及构成要素研究述评及展望［J］．外国经济与管理，2015（4）：76-83.

［283］聂伟．企业文化视域下的企业家精神［J］．天津师范大学学报（社会科学版），2006（5）：22-25.

［284］牛翠萍，耿修林．企业家精神、管理层权力与企业可持续发展绩效的实证［J］．统计与决策，2020，36（19）：164-168.

［285］欧雪银．公司企业家精神的内涵与构成［J］．社会科学家，2011（2）：67-70.

［286］欧雪银．企业家精神与产业集聚关系研究新进展［J］．经济学动态，2013（6）：132-141.

［287］潘红波，夏新平，余明桂．政府干预、政治关联与地方国有企业并购［J］．经济研究，2008（4）：41-52.

［288］庞长伟，李垣．制度转型环境下的中国企业家精神研究［J］．管理学报，2011（10）：1438-1443.

［289］彭新敏．企业网络对技术创新绩效的作用机制研究：利用性—探

索性学习的中介效应［D］. 杭州：浙江大学，2009.

［290］彭正龙，姜卫韬. 企业家社会资本：概念、影响机制及其研究新方向［J］. 经济管理，2008（10）：10-16.

［291］卜美文，张俊民. 企业家精神、审计治理与公司价值——基于中国上市公司的经验证据［J］. 中央财经大学学报，2021（3）：74-87.

［292］芮明杰，李想. 网络状产业链构造与运行［M］. 上海：格致出版社，2009.

［293］邵传林. 法律制度效率、地区腐败与企业家精神［J］. 上海财经大学学报，2014（5）：48-57.

［294］邵传林. 制度环境、产权性质与企业家创新精神——来自中国工业企业的经验证据［J］. 证券市场导报，2015（3）：20-25+38.

［295］沈赏. 基于系统 GMM 的我国人工智能对产业转型升级影响效应分析［J］. 工业技术经济，2020，39（4）：155-160.

［296］宋铁波，曾萍. 合作还是创新？企业家精神对动态能力的影响——基于广东温氏的经验发现［J］. 研究与发展管理，2011，23（5）：11-20.

［297］宋宇. 企业家人力资本与企业经营［J］. 经济评论，2006（2）：12-16.

［298］苏贝，杨水利. 基于扎根理论的制造企业智能化转型升级影响因素研究［J］. 科技管理研究，2018，38（8）：115-123.

［299］宿慧爽，李响，曹忠威. 企业家精神培育过程中的政府行为研究［J］. 学习与探索，2020（9）：127-132.

［300］孙杨. 海南省固定资产投资对产业结构影响的实证分析［D］. 海口：海南大学，2009.

［301］孙云龙，刘万兆. 大学生创业教育模式探索——基于企业家精神培养视角［J］. 思想教育研究，2013（11）：87-89.

［302］汤学俊. 创业企业家精神的影响因素研究——兼论性别视角的差异［J］. 南京社会科学，2016（12）：23-33.

［303］陶静. 企业家创业精神与区域经济增长［D］. 合肥：合肥工业大学，2009.

［304］万玺，应晓跃. 国内创业教育发展对大学生企业家精神培育的启

示［J］. 重庆科技学院学报（社会科学版），2010（22）：159-160.

［305］王安全. 公司企业家精神与公司经营业绩关系研究［D］. 杭州：浙江大学，2001.

［306］汪川，陈晓霞，朱曦济. 年龄结构与企业家精神：基于中国省级数据的实证分析［J］. 当代经济研究，2014（7）：76-81.

［307］王春超，冯大威. 企业家创业行为研究新进展［J］. 经济学动态，2016（8）：115-125.

［308］王丹. 我国企业家危机处理行为对企业形象的影响研究［D］. 上海：上海外国语大学，2010.

［309］王德才，赵曙明. CEO 变革型领导行为、战略柔性与公司企业家精神关系——基于中小企业的实证研究［J］. 科学学与科学技术管理，2014，35（6）：144-153.

［310］王德才，赵曙明. 创业制度与公司企业家精神关系——基于珠三角高科技企业的实证研究［J］. 科技进步与对策，2013（19）：83-88.

［311］汪建，周勤，赵驰. 产业链整合、结构洞与企业成长——以比亚迪和腾讯公司为例［J］. 科学学与科学技术管理，2013，34（11）：103-115.

［312］王景英. 教育评价［M］. 北京：中央广播电视大学出版社，2004.

［313］汪蕾，蔡云，陈鸿鹰. 企业社会网络对创新绩效的作用机制研究——基于浙江的实证［J］. 合作经济与科技，2011（14）：59-64.

［314］王垒，刘新民，董啸. 我国企业家集群创新驱动沿海省域经济增长的实证分析［J］. 科技管理研究，2016，36（21）：192-197.

［315］汪丽，茅宁，龙静. 管理者决策偏好、环境不确定性与创新强度——基于中国企业的实证研究［J］. 科学学研究，2012（7）：1101-1109，1118.

［316］王文举，姚益家. 企业家精神、经济增长目标与经济高质量发展［J］. 经济经纬，2021，38（3）：86-94.

［317］王霞，开燕华，曾铖，郭兵. 企业家精神动态变化评价——来自北京、上海和天津的对比研究［J］. 经济体制改革，2017（6）：131-138.

［318］王先柱，陈峰，杨义武. 企业家精神与收入不平等——来自中国省级面板数据的实证研究［J］. 学习与探索，2015（11）：111-116.

［319］王秀. 企业家与战略［J］. 商场现代化，2015（22）：117-118.

［320］汪岩桥．关于企业家精神的思考［J］．浙江社会科学，2004（3）：157-162.

［321］王一乔．金融集聚对我国产业结构升级的影响研究［D］．哈尔滨：东北师范大学，2019.

［322］王元月，马蒙蒙，张一平．以技术创新实现我国资源型城市的产业转型［J］．山东社会科学，2002（2）：38-40.

［323］武翠，谭清美，王磊．要素市场扭曲对中国产业结构升级效率的影响——企业家精神的中介效应［J］．科技进步与对策，2021，38（6）：48-54.

［324］吴金明，邵昶．产业链形成机制研究——“4+4+4”模型［J］．中国工业经济，2006（4）：36-43.

［325］吴李洋，杨燕娇，龙海军．武陵山片区企业家精神培育策略浅析［J］．当代经济，2015（5）：22-23.

［326］吴明隆．结构方程模型——Amos的操作与应用［M］．重庆：重庆大学出版社，2009.

［327］西蒙·库兹涅茨．现代经济增长：速度、结构与扩展［M］．戴霉，易诚，译．北京：北京经济学院出版社，1992.

［328］席酉民．企业外部环境分析［M］．北京：高等教育出版社，2001.

［329］夏志勇．“物联网”时代的技术、商业与企业家精神重塑［J］．西北师大学报（社会科学版），2019，56（4）：140-144.

［330］肖海莲，周美华．负债抑制了企业家精神吗［J］．社会科学研究，2019（1）：45-54.

［331］肖建忠，唐艳艳．社会企业的企业家精神：创业动机与策略［J］．华东经济管理，2010，24（4）：107-110.

［332］肖龙海．创业教育的价值取向及实践路径——兼论企业家精神教育［J］．教育研究，2011（3）：69-71.

［333］谢荷锋，马庆国．组织氛围对员工非正式知识分享的影响［J］．科学学研究，2007（2）：306-311.

［334］解维敏．制度环境对企业家创新精神影响的实证研究［J］．海派经济学，2013（3）：11.

［335］邢小强，周平录．中国区域企业家精神的评估与分析［J］．技术经

济，2018，37（7）：47-56，80.

［336］熊平，程玮．企业文化建设与企业家精神培育［J］．中国高新区，2015（2）：36-39.

［337］许光建．新时代企业家精神的新内涵［J］．人民论坛，2018（35）：18-19.

［338］徐君．资源型城市产业转型风险评估［J］．统计与决策，2007（4）：112-114.

［339］许倩．企业家精神要素对甘肃经济增长影响的实证研究［D］．兰州：兰州大学，2010.

［340］徐树．社会企业家精神：社会使命与社会创新的融合［J］．中国商论，2013（32）：60-61.

［341］徐向艺．企业战略管理［M］．北京：经济科学出版社，2010.

［342］薛红志，张玉利，杨俊．机会拉动与贫穷推动型企业家精神比较研究［J］．外国经济与管理，2003，25（6）：2-8.

［343］闫世军，李丛文．企业家精神对经济增长的非对称影响——基于门限回归模型分析［J］．中国物价，2015（2）：29-32.

［344］颜为民，邵传林，裴志伟．地区腐败、金融市场化与企业家精神——基于中国省级层面的经验证据［J］．当代经济管理，2015，37（4）：91-97.

［345］严武，丁俊峰．金融发展、外商直接投资与产业结构优化——基于广东省数据的实证分析［J］．金融经济学研究，2013，28（2）：30-40.

［346］杨俊．新世纪创业研究进展与启示探析［J］．外国经济与管理，2013（1）：1-11.

［347］杨文华．金融发展、技术进步与产业升级——理论与实证研究［D］．贵阳：贵州财经大学，2013.

［348］杨勇，朱乾．企业家精神的决定因素——来自中国省级面板数据的经验［J］．经济经纬，2011（5）.

［349］杨勇，朱乾，达庆利．中国省域企业家精神的空间溢出效应研究［J］．中国管理科学，2014，22（11）：105-113.

［350］杨宇，郑垂勇．企业家精神对经济增长作用的实证研究［J］．生产力研究，2008（18）：11-13.

［351］杨宇，郑垂勇．“社会企业家精神”概念评述［J］．生产力研究，2007（21）：145-147.

［352］姚刚，蔡宁，蔡瑾琰，黄纯．焦点企业创业与集群升级实证研究——基于网络视角［J］．云南财经大学学报，2016（4）：132-141.

［353］姚齐源，宋伍生．有计划商品经济的实现模式——区域市场［J］．天府新论，1985（3）：1-4+11.

［354］叶宏球．浅析晋商企业家精神与晋商文化［J］．时代经贸旬刊，2013（4）：144.

［355］叶勤．企业家精神的兴起对美国经济增长的促进作用及其启示［J］．外国经济与管理，2000（10）：16-20.

［356］叶鹰．文献计量法和内容分析法的理论基础及软件工具比较［J］．评价与管理，2005，3（3）：24-26.

［357］殷丽梅．论创新驱动发展战略下企业家精神培养［J］．重庆科技学院学报（社会科学版），2016（7）：48-50.

［358］尹宗成，李向军．金融发展与区域经济增长——基于企业家精神的视角［J］．上海金融，2012（11）：38-44.

［359］于春晖，郑若谷，余典范．中国产业结构变迁对经济增长和波动的影响［J］．经济研究，2011，46（5）：4-16+31.

［360］于力，胡燕京．财政支出对我国产业结构升级的影响——基于1978—2006年省级面板数据的实证分析［J］．青岛大学学报（自然科学版），2011，24（4）：95-100.

［361］俞仁智，何洁芳，刘志迎．基于组织层面的公司企业家精神与新产品创新绩效——环境不确定性的调节效应［J］．管理评论，2015，27（9）：85-94.

［362］于涛．金融发展、企业家精神与产业结构升级——基于主观博弈的视角［J］．东北财经大学学报，2015（5）：18-23.

［363］余向前，谢娇，翁羽．企业家精神、组织创新与企业动态能力：企业家过度工作的调节中介分析［J］．温州大学学报（自然科学版），2021，42（2）：52-62.

［364］余兴．海西民营企业家精神培养的环境调适与优化［J］．福建师范大学学报，2012（1）：9-13.

[365] 郁义鸿．产业链类型与产业链效率基准［J］．中国工业经济，2005（11）：35-42.

[366] 袁宁．东北文化环境对民营企业家成长的影响解析［J］．东北亚论坛，2008，17（5）：68-72.

[367] 岳利萍，吴振磊，白永秀．中国资源富集地区资源禀赋影响经济增长的机制研究［J］．中国人口·资源与环境，2011，21（10）：153-159.

[368] 曾铖，李元旭，开燕华．我国中心城市企业家精神的指数评价与影响因素研究［J］．上海经济，2018（4）：71-81.

[369] 曾铖，李元旭，周瑛．我国地方政府规模对异质性企业家精神的影响分析——基于省级面板数据的实证分析［J］．研究与发展管理，2017，29（6）：68-80.

[370] 曾智洪．企业家危机管理胜任力构成要素的探索性研究［J］．华东经济管理，2012，26（11）：101-104.

[371] 张德刚．高技术产业化中的政府行为［J］．中国软科学，1999（7）：32-35.

[372] 张凤新，黄伟，张影丽．产业环境分析的方法研究［J］．经济与管理，2004（10）：77-78.

[373] 张辉蓉，贾瑜．教育环境对教师教学方式选择与运用影响程度的实证分析［J］．课程、教材教法，2014（8）：32-37.

[374] 张建琦，郑新，章文心．企业家战略规划能力的构成及其影响的实证分析——以广东省中小民营企业为例［J］．南方经济，2008（3）：72-79.

[375] 张军．金融多样化与经济增长［J］．上海金融，2002（5）：4-6.

[376] 张兰婷．企业家精神经济效应的实证研究［D］．马鞍山：安徽工业大学，2015.

[377] 张仁彬．区域产业结构调整中的政府干预——以云南省丽江市为例［J］．思想战线，2011，37（4）：127-128.

[378] 张若雪．产业的转移、升级、整合与中国经济［D］．上海：复旦大学，2009.

[379] 张维迎．论企业家：经济增长的国王［M］．上海：生活·读书·新知三联书店，1986.

［380］张维迎．企业家精神与中国企业家成长［J］．经济界，2010（2）：23-24.

［381］张旭，伍海华．我国产业结构调整中货币政策的选择［J］．经济研究参考，2002（31）：31.

［382］张瑛，于富勇．论企业家精神的培育［J］．现代企业教育，2006（14）：185-186.

［383］张正平．企业家精神与企业成长［J］．中小企业管理与科技旬刊，2011（8）：40-41.

［384］赵德森，姚建文．人力资本结构效应及其动态优化［J］．云南大学学报（社会科学版），2013，12（3）：75-79.

［385］赵黎明，王耀东．企业内部软环境平台建设［J］．安徽工业大学学报（社会科学版），2004（6）：53-55.

［386］赵曙明．论企业家成长的社会制度与环境，学习能力和社会责任［J］．南大商学论，2004（1）：3-15.

［387］赵文．中小民营企业家能力缺陷研究——以广东省为例［D］．广州：中山大学，2007.

［388］赵锡斌．企业环境分析与调适：理论与方法［M］．北京：中国社会科学出版社，2007.

［389］中国企业家调查系统．企业经营者对企业家精神的认识与评价——2009年中国企业经营者成长与发展专题调查报告［J］．管理世界，2009（6）：91-101.

［390］周霞，王雯童．创新驱动高技术产业升级——基于省际面板数据研究［J］．科技管理研究，2020，40（10）：10-18.

［391］周小虎．企业家社会资本及其对企业绩效的作用［J］．安徽师范大学学报（人文社科版），2002，30（1）：1-6.

［392］朱瑞雪，郭京福．社会责任与企业国际竞争力研究［J］．华东经济管理，2004，18（6）：28-30.

［393］朱元根．企业家精神及企业家成长的社会制度与环境［J］．前沿，2005（2）：28-30.

［394］庄子银．创新、企业家活动配置与长期经济增长［J］．经济研究，2007（8）：72-94.

[395] 庄子银．南方模仿、企业家精神和长期增长［J］．经济研究，2003（1）：38-42.

[396] 庄子银．企业家精神、持续技术创新和长期经济增长的微观机制［J］．世界经济，2005（12）：32-43.

附　录

“资源富集地区企业家精神培育机制研究”调查问卷

尊敬的先生/女士：

您好！本问卷是内蒙古大学经济管理学院进行的一项学术研究活动，旨在调查创业企业家精神。本次调查纯属学术行为，且匿名填写，不必有任何顾虑。您的认真作答对于提高本研究的科学性与严谨性具有非常大的帮助。衷心感谢您的热情协助，祝您工作顺利、生活愉快！

说明：请根据您及您所领导的企业的实际情况回答下面的问题，在相应的数字下或□内打对钩。空白处请填上您及您所领导的企业的相应信息。

编号	问题	很不同意	不太同意	同意	比较同意	非常同意
A11	企业在过去三年里推出了大量的新产品和服务	1	2	3	4	5
A12	企业比主要的竞争对手取得了更多的专利	1	2	3	4	5
A13	企业在本行业的突破式创新上起领头羊的作用	1	2	3	4	5
A14	企业在提升产品或服务方面的花费远远高于行业平均水平	1	2	3	4	5
A15	企业舍得在新产品或服务上投资	1	2	3	4	5
A21	企业进入了新的市场领域	1	2	3	4	5
A22	企业创立了新的企业	1	2	3	4	5
A23	企业在现有的市场上找到了新的立足点	1	2	3	4	5
A24	企业对新的商业机会舍得投资	1	2	3	4	5
A25	企业创立了新的半自动化和自动化部门	1	2	3	4	5
A31	企业剥离了一些不盈利的部门	1	2	3	4	5
A32	企业改变了一些部门的竞争战略	1	2	3	4	5
A33	为了加强部门之间的合作和交流，企业重组了一些部门	1	2	3	4	5

续表

编号	问题	很不同意	不太同意	同意	比较同意	非常同意
A34	企业重新定义了公司所在的行业	1	2	3	4	5
A35	企业引进了创新的人力资源管理体系	1	2	3	4	5
A36	企业在行业内首个引进新的商业概念和实践	1	2	3	4	5
B11	政府制定了健全的创业扶持政策	1	2	3	4	5
B12	政府为企业提供了高效廉洁的行政服务	1	2	3	4	5
B13	政府为企业提供了公平便捷的融资渠道	1	2	3	4	5
B14	政府制定了支持本地企业家成长的政策	1	2	3	4	5
B15	政府为企业家权益提供了较好的法律保护	1	2	3	4	5
B21	所在社会拥有开放、包容的文化环境	1	2	3	4	5
B22	所在社会拥有尊重企业家及其贡献的社会价值观	1	2	3	4	5
B23	所在社会拥有以商为荣、义利共存的社会理念	1	2	3	4	5
B24	所在社会拥有鼓励创新、宽容失败的创业精神	1	2	3	4	5
B31	你曾接受教育的学校增设了创业教育课程	1	2	3	4	5
B32	你曾接受教育的学校非常重视课外活动的开展	1	2	3	4	5
B33	你曾接受教育的学校非常尊重学生个性的发展	1	2	3	4	5
B34	你曾接受教育的学校重视学生创造思维与创新能力的培养	1	2	3	4	5
B41	企业所面临的市场竞争非常激烈	1	2	3	4	5
B42	企业所面临的技术变化非常迅速	1	2	3	4	5
B43	企业所面临的技术发展趋势很难预测	1	2	3	4	5
B44	企业面临的市场需求增长非常快	1	2	3	4	5
B51	所在企业拥有完善的企业家激励与约束机制	1	2	3	4	5
B52	所在企业拥有合理的企业家选任与评估机制	1	2	3	4	5
B53	所在企业拥有科学的企业家决策机制	1	2	3	4	5
B54	所在企业拥有鼓励创新的企业文化	1	2	3	4	5
B55	所在企业拥有人性化与宽松的工作环境	1	2	3	4	5

个人及企业背景资料：

1. 您的年龄：

□35 岁以下　□35（含）~40 岁　□40（含）~45 岁
□45（含）~50 岁　□50（含）岁以上

2. 您的性别：□男　□女

3. 您的受教育程度：

□初中或初中以下　□高中或中专　□专科
□本科　□研究生　□博士

4. 您所学的专业：

□文史哲法律　□经济　□管理
□理工农医　□其他

5. 您目前的职位：

□董事长兼总经理（总裁）　□董事长
□总经理（总裁）

6. 您从事目前职位的年限：

□1 年以下　□1（含）~3 年　□3（含）~5 年
□5（含）~10 年　□10（含）年以上

7. 您获取目前职位的途径是：

□内部提拔　□外部聘任　□自己创业
□继承祖业　□后期参股

8. 贵企业主导业务所属行业领域：

□农、林、牧、渔业　□采矿业　□制造业
□建筑业　□批发和零售业
□电力、热力、燃气及水生产和供应业
□交通运输、仓储和邮政业　□住宿和餐饮业
□信息传输、软件和信息技术服务业
□金融业　□房地产业　□租赁和商务服务业
□其他

9. 贵企业的性质：□国有企业　□非国有企业

10. 贵企业成立的年限：

□5 年以下　□5（含）~10 年　□10（含）~15 年

□15（含）~20 年　　　□20（含）年以上

11. 贵企业员工总人数为：

□100 人以下　　　□100（含）~500 人

□500（含）~1000 人

□1000（含）~1500 人　□1500（含）人以上

12. 贵企业所在地：________省（自治区）________市

再次感谢您的合作！祝您万事如意！

索 引